战略人力资本
与企业持续竞争优势

张艳丽　著

Strategic Human Capital
And Corporate Sustained Competitive Advantage

社会科学文献出版社
SOCIAL SCIENCES ACADEMIC PRESS (CHINA)

本著作的出版受教育部人文社会科学研究青年基金项目"创新生态系统视角下知识管理、社会资本互动对企业创新能力提升的影响机制研究"（19YJC630220）、北华航天工业学院科研基金项目"创新导向 HRMS 对创新型 HC 的影响机理研究———基于知识管理的视角"（BKY-2018-26）的资助，为其阶段性研究成果。

前　言

　　十八大以来，面对中国经济发展"新常态"的趋势和特征，创新驱动发展战略已成为国家的核心战略，成为推动国家经济发展的新动能。党的十九大报告明确提出，创新是建设现代化经济体系的战略支撑，要建立以企业为主体、以市场为导向、产学研深度融合的技术创新体系，重新强调了创新驱动发展战略中企业的主体地位。在企业边界内的可控资源中，人力资本具有主体性和创造性，是创新知识能动的载体，是创新的根本推动力，有助于企业获取竞争优势，其重要性越来越凸显。在 2015 年全国"两会"期间，习近平总书记指出"人才是创新的根基，创新驱动实质上是人才驱动"，体现了人力资本在实施创新驱动发展战略中的重要支撑作用。

　　由此，越来越多的企业关注不同竞争战略下人力资本构型的异同，人力资源管理实践怎样促进此种人力资本的生成，进而形成决定企业竞争战略目标实现的战略性人力资本，战略人力资本与企业持续竞争优势的关联机制和机理问题亦得到众多学者的日益关注。战略人力资本所具有的与战略匹配的知识、技能和能力是一种稀缺性资源，具有稀缺性、难以模仿性、不可替代性。而企业战略人力资本的内涵究竟是什么，在不同竞争战略下战略人力资本的构型是什么，这种资本的价值生成路径如何，又怎样助推企业获取并保持持续竞争优势，亦是本书关注的重点。

　　本书把"战略人力资本"作为研究对象，主要做了如下几方面的探索。

第一,厘清战略人力资本概念的内涵。本书在对国内外研究文献进行梳理的基础上,对战略人力资本的内涵进行了界定。战略人力资本是企业实现战略目标不可或缺的资源,是组织内满足资源基础论价值边界条件(价值性、稀缺性、不可替代性和组织性)的全体员工的知识、技能与能力的集合。战略人力资本是通过与战略匹配的人力资源管理系统实现价值创造效用,进而推动企业获取持续竞争优势的人力资本集合。

第二,构建战略人力资本构型以及测量指标体系。本书选取北京、天津和河北三地20家企业的高层和中层管理人员进行深度访谈,通过访谈提纲的设计、预访谈、访谈提纲的修正和正式访谈等步骤,采用质性研究的分析方法对访谈结果进行分析,对企业实施差异化战略以及成本减少战略时员工战略人力资本的要素构成特征进行探索,进而将战略人力资本的构型从知识、技能和能力三个维度划分为内部开发型人力资本和外部获取型人力资本,并构建了战略人力资本的测量体系。

第三,剖析战略人力资本与企业持续竞争优势关联机制的影响机理。本书按照"战略人力资本形成机理→战略人力资本对企业持续竞争优势的影响→战略人力资本的中介作用"的研究逻辑进行假设。其中,人力资源管理系统是战略人力资本价值生成的因变量,而战略人力资本又影响着企业持续竞争优势,即战略人力资本是人力资源管理系统与企业持续竞争优势关系的中介变量。同时,战略人力资本价值的生成以及创造又受企业竞争战略以及外部环境的调节作用。本书通过对中国779家企业的总经理、人力资源管理者以及直线经理(Line Manager)进行问卷调查,采用结构方程的分析方法对战略人力资本的形成机理以及如何推动企业获取并保持持续竞争优势问题的相关假设进行检验和逐层深入剖析,为企业如何通过人力资源管理实践形成战略人力资本并影响企业持续竞争优势提供理论依据和实证支持。

第四,提出提升企业战略人力资本的对策建议以及关于战略人力资本与企业持续竞争优势研究的进一步探索。企业面临的外部环境不断发生改变，企业的战略目标也需随之不断调整，不同的竞争战略所需的企业人力资源管理实践不同，所需的人力资本特征及培育方向要有所差异和侧重。未来，在实施创新驱动发展战略的时代背景下，企业对外部环境的依赖程度越来越强，企业创新能力的提升越来越依赖其所处的由企业、科研院所、高校等各类创新主体形成的创新生态系统。在创新生态系统中，企业应更加关注以创新为目标导向的创新型人力资本的价值提升对企业创新能力提升的重要作用。在创新生态系统中，企业创新能力的提升不但借力于企业内外部社会资本的积累，也借力企业通过知识管理对知识资源的有效整合作用。

　　本书在人力资本研究范围及深度上只是揭开冰山一角，因时间及能力有限，不足之处在所难免，恳请各位读者特别是同行指正。

张艳丽

2020 年 7 月

于北京

目　录

第一章　绪论

第一节　选题背景与问题的提出

一　选题背景

在经济新常态和创新驱动发展战略背景下，企业面临的市场竞争日趋激烈，保持自身的持续竞争优势愈发困难。人力资本（Human Capital，HC）在企业的各种发展要素中具有主体性和创造性，是企业发挥主观能动性和实施竞争战略的重要载体，创新驱动本质上是人力资本及其高新知识的创新驱动（Ployhart，2015）。人力资本对于企业的价值贡献程度，取决于其是否以及如何被用于企业特有的战略竞争目标。因此，在企业之间的竞争中，越来越多的企业开始关注人力资本如何促进竞争战略目标成功实施的问题、不同战略目标下人力资本构型的异同，以及不同竞争战略下人力资本作为企业的战略资源如何使企业获得持续竞争优势。在资源基础论（Resource-Based View，RBV）和战略人力资源管理理论的框架下，企业的人力资本可作为企业的战略资源。只有深入探究和解析与不同竞争战略匹配的人力资本构型（Wright & McMahan，2011），才能从源头上精准把握适合中国情境的企业人力资本的特征。与企业竞争战略匹配的人力资本是指企业中与战略决策密切相关的人力资本集合。人力资本与企业的竞争战略如何匹配的问题也受到了国

1

内外学者的不断关注。

人力资本的价值生成与企业的人力资源管理实践息息相关，由此，越来越多的企业关注人力资源管理实践怎样促进人力资本的生成，进而形成与竞争战略匹配的人力资本，即战略人力资本（Strategic Human Capital，SHC）。这种战略人力资本与企业持续竞争优势的关联机制和机理问题自然也得到了众多学者的关注（Carmeli & Tishler，2004）。战略人力资本具有战略属性，在资源基础论的框架下，战略人力资本表现为人力资本的战略资源，并且具有资源基础论价值边界条件（价值性、稀缺性、不可替代性和组织性），即 VRIO（Valuable, Rare, Inimitable and Organizational）（Barney，1991）。战略人力资本具有这些属性源于三点。第一，战略人力资本价值的递增性及投资收益的多重性使其具有价值性（Newbert，2008）。第二，战略人力资本与战略匹配的知识、技能和能力是一种稀缺资源，即具有稀缺性。战略人力资本的可变性、层次性、投资不可逆性和无形性决定了其难以被模仿、难以被替代。第三，战略人力资本本身具有可组织性。战略人力资本把人作为其特殊载体，除了主观能动性之外，还应该有一定的组织性和纪律性，这些都使得战略人力资本具备了可组织的特性。所以，对企业而言，企业战略人力资本的特征决定了其具有战略资源的属性以及价值性、稀缺性、不可替代性、组织性的特点。因此，如何提升战略人力资本价值，进而获取并保持企业的持续竞争优势，成为战略人力资源管理（Strategic Human Resource Management，SHRM）领域的学者以及企业日益关注的核心问题。

二　问题的提出

在企业的竞争中，与竞争战略匹配的人力资本在经济新常态和实施创新驱动发展战略的中国情境下越来越显示出其对于企业自身不断获取持续竞争优势的重要性和关键性，发挥的作用愈加不可替代。在资源基础论和战略人力资源管理理论的框架下，企业的人力资本可作为企业的战略资源予以表现（Carmeli & Tishler，2004），与一般的人力资本的区别在于其具有战略属性。从目前的研究来看，对战略人力资本与企业持续竞争优势的国内外相关研究（Barney，1991；Colbert，2004；Lepak & Shaw，2008；Wang et al.，2012）并不多见，已有的研究对人力资本为何可以作为战略资源进行了一定的论述。尽管这些研究将战略人力资本视为企业实施竞争战略不可或缺的一个重要因素，但尚未有学者对不同竞争战略下人力资本的构型特性、形成特定人力资本的人力资源管理系统的特性以及二者对企业持续竞争优势的作用机理给出清晰的论述。因此，本书基于企业不同竞争战略的视角（Porter，1980），对战略人力资本的内涵、构型、形成机理进行研究，并透视这种资本的价值生成途径（高素英、周建，2010）以及如何推动企业获取并保持持续竞争优势，这对进一步丰富和完善战略人力资源管理具有重要的理论意义，同时，也为在复杂激烈竞争的环境下管理者开发、管理、维系具有战略价值的企业人力资本提供理论指导。

第二节　研究的理论与现实意义

一　理论意义

对战略人力资本与企业持续竞争优势关联机制进行研究的理论意义如下。第一，目前的理论研究对战略人力资本的构型以及具体战略目标下这些构型有何特性没有明晰的认识，本研究对企业战略人力资本的内涵以及构型进行了深入挖掘，对进一步丰富和完善战略人力资源管理理论的内容具有重要的理论意义。第二，从人力资本的战略视角探讨不同竞争战略下战略人力资本的构型、价值创造以及企业持续竞争优势的提升路径，为企业在创新驱动战略下如何进行人力资源管理最佳决策提供崭新的研究视角。第三，从不同竞争战略层面准确界定战略人力资本的构型，并明晰其形成机理，对后续从公司层战略深入探究战略人力资本具有一定的借鉴意义。

二 现实意义

我国企业在激烈的外部环境中存在极为复杂的人力资源管理问题，对战略人力资本构型及如何为企业带来持续竞争优势进行研究，具有重要的现实意义。第一，基于战略形态对战略人力资本进行构型将使组织中战略人力资本的分类清晰明了，为企业人力资源管理实践带来相应便利，为在复杂激烈竞争的环境下管理者开发、管理、维系具有战略价值的企业人力资本提供理论指导。第二，明确企业战略人力资本的价值生成路径，厘清企业战略人力资本的形成机理，为中国企业发掘战略人力资本的价值创造潜力，寻求更符合中国企业的"最佳实践"。同时，为我国企业的人力资源管理进一步导入战略人力资本意识，构建我国企业战略经营的人力资本价值创造观，并为指导企业战略人力资源管理提供具有操作性的参考。第三，明确企业的战略人力资本如何为企业带来持续竞争优势，这也为企业在复杂、竞争激烈的环境下如何获得持续竞争优势提供了实践依据。

第三节　研究内容与结构安排

一 研究内容

本书所要解决的科学问题，本质上是探索企业战略人力资本的构型、价值生成及其如何为企业带来持续竞争优势的问题。为此，本书从以下四个方面展开研究。

第一，企业战略人力资本的构型问题。在众多国内外文献中，关于人力资本的内涵的研究有大量已设计好的量表可借鉴，但对于战略人力资本的构型以及测量的成熟量表还不多。从企业战略人力资本的价值生成视角对战略人力资本的可测量体系进行分析，进而通过问卷调查获取可检验变量间作用关系的相关数据，直接影响本研究预期的最终目标。不同业务层战略下战略人力资本的构型不同，因此本书参考 Schuler 和 Jackson（1987）对竞争战略的划分，在差异化战略和成本减少战略中，对战略人力资本的知识、技能和能力构建可测量的战略人力资本度量体系。

第二，战略人力资本价值的生成，即人力资源管理系统对战略人力资本价值生成的影响。在成本减少战略和差异化战略中，通过不同的人力资源管理系统形成与企业战略相匹配的知识、技能和能力是企业战略得以实施的重要组成部分。该部分的研究内容主要对不同的人力资源管理系统形成与战略匹配的战略人力资本进行分析。

第三，战略人力资本对企业持续竞争优势的影响。战略人力资本的知识、技能以及能力的形成与人力资源管理系统相关，本部分对战略人力资本如何通过内在的价值影响企业的绩效以及持续竞争优势进行论述。

第四，战略人力资本的中介作用。本部分把战略人力资本作为人力资源管理与企业持续竞争优势的中介变量进行研究，即通过企业人力资源管理系统，生成与不同企业竞争战略相匹配的战略人力资本，从而使企业不断获取持续竞争优势。

二　结构安排

本书共分为八章，分别为绪论，国内外研究现状评述，基于扎根理论的质性研究：战略人力资本、外部环境与竞争战略，理论构建与研究假设，问卷设计与数据收集，数据分析与假设检验，提升企业战略人力资本的对策建议，战略人力资本与企业持续竞争优势研究的进一步探索。具体研究思路和结构如图 1-1 所示。

第一章，绪论。本章主要对选题背景与问题的提出、研究的理论与现实意义、研究内容与结构安排、研究方法与技术路线以及创新点进行介绍。本章提出了研究的基本问题——战略人力资本与企业持续竞争优势关联机制，并围绕基本问题依据本书的研究思路对研究内容进行设计，

战略人力资本与企业持续竞争优势

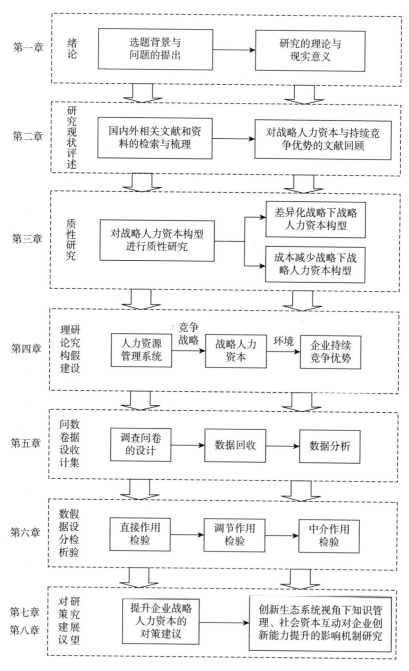

图 1-1　研究思路与结构安排

选取了适合的研究方法以及实施本书的技术路线。最后，本章对本书的创新点进行了提炼。

第二章，国内外研究现状评述。本章在对国内外相关文献进行搜集和研究的基础上，对战略人力资源管理理论、资源基础论、人力资本理论、战略人力资本以及企业持续竞争优势的相关研究进行综述，为本书对构建战略人力资本的构型、价值生成以及如何为企业带来持续竞争优势问题的研究奠定理论基础，并在文献综述基础上，对目前研究的新进展进行论述。

第三章，基于扎根理论的质性研究：战略人力资本、外部环境与竞争战略。在文献研究的基础上，本章根据所提出的科学问题从不同竞争战略的视角，探索企业实施差异化战略以及成本减少战略时对员工战略人力资本的要素构成特征有何不同的偏好。研究过程中，本章选取北京、天津和河北三地 20 家企业的高层和中层管理人员进行深度访谈，通过访谈提纲的设计、预访谈、访谈提纲的修正和正式访谈等步骤对访谈结果进行分析，采用质性研究的分析方法探索不同竞争战略下企业人力资本的要素构成特征，提炼出战略人力资本不同的构型要素（知识构型、技能构型、能力构型），归纳出不同竞争战略所需的员工人力资本的知识、技能以及能力。同时，本章也对企业的竞争战略、外部环境内容进行了访谈，为后继大规模的实证研究做了一定的铺垫。

第四章，理论构建与研究假设。在对国内外相关研究成果进行综述和对战略人力资本进行构型的基础上，本章提出包括外部环境、企业竞争战略、人力资源管理系统、战略人力资本以及企业持续竞争优势之间关系的概念模型，并根据概念模型提出研究假设。本章内容主要是从理论上构建战略人力资本的价值生成路径以及如何给企业带来持续竞争优势的概念模型。在这个理论框架下，人力资源管理系统是战略人力资本价值生成的影响因素变量，而战略人力资本又影响着企业持续竞争优势，即战略人力资本是人力资源管理系统与企业持续竞争优势的中介。

同时，战略人力资本价值的生成以及创造又受到企业竞争战略以及外部环境的调节作用影响。

第五章，问卷设计与数据收集。本书属于企业层面的研究，所涉及的外部环境、企业竞争战略、人力资源管理系统、战略人力资本以及持续竞争优势变量的数据无法从企业公开资料中获得。因此，本章采用调查问卷的方式进行数据收集。本章在文献回顾、质性研究和提出研究假设及概念模型的基础上，对调查问卷进行了设计。进行正式调研之前，为了避免问卷的内容、语法与措辞等导致填答人误答问卷，影响问卷的信度与效度，本书先进行了小规模预调研，并采用 SPSS 16.0 软件对预调研的问卷进行了信度分析以及效度分析，根据分析的结果对问卷进行调整。经过预调研及对问卷的修正，形成最终的调查问卷，随后开展正式调研并进行数据录入。在进行理论假设检验之前，本研究对正式调研的样本数据进行了必要的数据质量验证性评估。

第六章，数据分析与假设检验。通过问卷调查以及对大样本数据进行收集后，本章根据提出的包括外部环境、企业竞争战略、人力资源管理系统、战略人力资本以及企业持续竞争优势之间关系的研究假设进行实证检验。其中包括人力资源管理系统与战略人力资本的关系检验、企业竞争战略在人力资源管理系统与战略人力资本的关系中的调节作用检验、战略人力资本与企业持续竞争优势的关系检验、外部环境在战略人力资本与企业持续竞争优势关系中的调节作用检验、战略人力资本在人力资源管理系统与企业持续竞争优势关系中的中介作用检验。最后，对实证研究结果进行了深入分析。

第七章，提升企业战略人力资本的对策建议。不同竞争战略下企业所需的人力资本特征要有所差异和侧重，要依据企业竞争战略采用与之匹配的人力资源管理实践方式。本章提出了不同竞争战略下企业的人力资本特征以及人力资源管理实践的对策建议。

第八章，战略人力资本与企业持续竞争优势研究的进一步探索。在实施创新驱动发展战略的时代背景下，创新生态系统中企业的知识管理、社会资本互动对提升创新型人力资本价值，进而提升企业创新能力具有重要的推动作用。企业创新能力的提升不仅借力于企业内外部社会资本的积累，也借力于企业知识管理对知识资源的有效整合，本章对其影响机制进行了论述。

第四节 研究方法与技术路线

一 研究方法

（一）文献研究

本书综合运用战略管理、战略人力资源管理、组织行为学、人力资本、资源基础论以及竞争优势等相关理论，通过对大量文献进行搜集和整理，构建企业战略人力资本与企业持续竞争优势的理论分析框架。根据设定的理论框架，厘清各概念间的作用关系，并提出相关的研究假设。

（二）质性研究

本书在文献研究的基础上，对战略人力资本的构型进行质性研究，对访谈者进行半结构性访谈，收集第一手资料，通过深度访谈来挖掘在中国情境下，当企业采用差异化战略或成本减少战略时，对员工战略人力资本的构成特征的偏好。本书旨在探讨不同竞争战略下企业战略人力资本的构型，而质性研究强调从当事人的角度了解他们的看法，本书的被访者是处在不同行业、不同所有制、不同规模的企业中的中高层管理者，各个企业采取的竞争战略亦不相同，深度访谈需要了解当事人对这一研究问题的主观经验和认知过程，这一特点符合对战略人力资本构型的构建研究需求。同时为了实证分析的需要，本书也对外部环境、竞争战略进行了质性分析。

（三）实证分析

实证分析主要通过问卷调查法获得数据，并运用统计分析工具进行假设的验证。本书结合理论框架中概念间的关联关系假设，将待研究问题及变量全部以李克特量表的形式表示出来，通过问卷调查对数据进行收集和整理。首先，选择小部分企业进行预调研，检验问卷的信度和效度；其次，进行大规模调研，并对回收的数据进行质量评估；最后，对收集的数据进行处理，进而对假设命题进行实证检验。其中包括对量表数据进行一般描述性统计分析、对预调研和正式调研的数据进行分析以及对理论模型的假设关系进行检验，均采用实证分析的方式完成。实证检验中需要用统计软件 SPSS 16.0 做预调研的数据处理，用 AMOS 16.0 软件做正式调研的数据质量验证性评估以及假设检验时的结构方程模型分析。

二　技术路线

本书的技术路线如图 1－2 所示。

第五节　创新点

本书创新之处主要包括两个方面。第一，基于战略管理、战略人力资源管理、组织行为学、资源基础论、人力资本理论以及竞争优势理论，本书对战略人力资本的内涵进行了界定，并采用质性研究的分析方法，将战略人力资本的构型根据知识、技能以及能力这三个方面的构成要素特征划分为内开型人力资本与外取型人力资本，并构建了战略人力资本的测量体系，这是理论方面的创新。这对进一步丰富和完善战略人力资源管理理论具有重要的理论意义。第二，在研究战略人力资本的形成机理以及推动企业获取持续竞争优势中，引入了竞争战略以及中国情境下的外部环境因素作为调节变量，并把战略人力资本作为中介变量来研究。这是对战略人力资本研究的进一步深化，是实践方面的创新。本书的研究为国外基于主流研究的战略人力资源管理"最佳实践"提供了一个面向中国企业管理实践情境的检验。

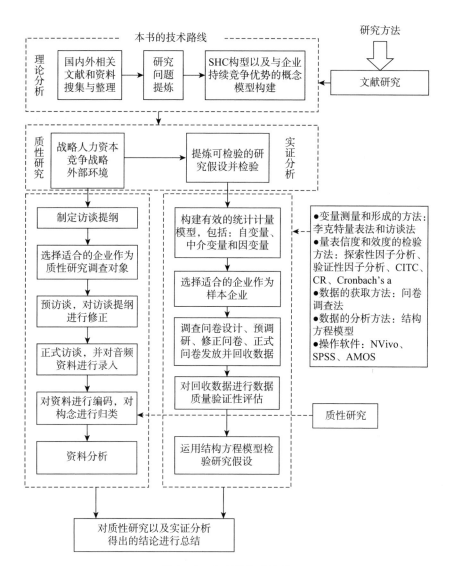

图 1-2 本书的技术路线

第二章 国内外研究现状评述

第一节 理论基础

一 战略人力资源管理理论

（一）战略人力资源管理的内涵

战略管理理论的发展推动了战略人力资源管理的产生。资源基础论的观点认为，组织内部的资源是有价值的、稀缺的、不可替代的和有组织的，这些资源为组织提供了可持续的竞争优势（Barney，1991），因而可以提升组织绩效。资源基础论的观点对于确立战略人力资源管理的概念或研究人力资源管理对支持企业战略的影响发挥了重要作用（Wright et al.，2001）。研究表明，当组织采用的人力资源管理实践彼此相匹配（即内部匹配），并且与企业的战略目标相匹配（即外部匹配）时，组织的效率和绩效将会得到提升（Wright & McMahan，1992；Huselid，1995；高素英等，2011，2012；Gurbuz & Mert，2011），进而给企业带来持续竞争优势。

不同学者对战略人力资源管理内涵的界定不尽相同。Devanna 等（1982）认为战略人力资源管理是实现战略目标的关键过程，如绩效评价、薪酬和发展计划等，如果能够激发员工积极性并达到长期的战略目标，就会对组织战略的实现具有决定意义（Jackson & Schuler，1989）。

Devanna 等（1982）通过研究，提出了战略人力资源管理的一种基本框架，认为企业外部环境的变化，如企业的技术环境、外部经济环境、国家政治环境或者文化环境发生变化，会影响人力资源管理实践的变化，企业的人力资源管理实践与外部环境的变化相互协调整合，使企业能迅速适应变化的环境。同时，在组织内部，企业要不断地调整竞争战略、组织结构与人力资源管理实践的方式，构建出完善的战略人力资源管理方式，将企业的人力资源管理实践提升到战略性高度。Schuler（1992）认为通过整合和调整的方式，战略人力资源管理应该满足三个特点：第一，人力资源管理实践需要与企业的经营战略理念以及企业的战略需求整合；第二，人力资源管理实践应该与组织内水平职能部门政策以及垂直管理层政策保持一致性；第三，人力资源管理实践依据企业各个部门的实际需求不断调整，能够被企业员工所理解和接受，并且管理者和企业员工能够共同参与执行。Wright 等（1994）认为战略人力资源管理是使组织达到战略目标的人力资源管理实践。Huselid（1995）将战略人力资源管理定义为组织调整内部人力资源管理实践和实现竞争战略的方式。有证据表明，这种调整将有助于提升组织的绩效（Beeker & Huselid，1998；Bae & Lawler，2000；Wei et al.，2011）。Delery 和 Doty（1996）定义了七种战略人力资源管理实践方式，包括：内部晋升机会、规范的培训体系、基于结果的评价制度、职业安全感、员工参与、岗位划分和利益分享。

本书认为，战略人力资源管理是指企业的人力资源管理系统应与企业战略目标相一致，要根据企业外在与内在的各项组织活动的机会与威胁、优势与劣势确定企业的竞争战略，并将企业的人力资源管理实践与竞争战略结合，不断提升企业人力资源管理的地位和作用，实现组织战略目标。

（二）战略人力资源管理的普适观、权变观以及形态观

战略人力资源管理的研究往往从宏观的角度展开（Delery & Shaw，2005），往往强调适用性（Arthur，1992；邱立成和刘文军，2005；Martin & Gollan，2012）。绝大多数的战略人力资源管理研究主要侧重于企业绩效的结果，其中包括公司的财务情况（Huselid，1995；Delery & Doty，1996）和对组织绩效管理的认知（Delaney & Huselid，1996；Li et al.，2011）。在战略人力资源管理领域的研究中，我们根据不同学者研究角度的不同，把人力资源管理与企业绩效关系的研究视角归结为三种模式，即普适观（Universalistic Perspective）、权变观（Contingent Perspective）和形态观（Configurational Perspective）。

1. 普适观

早期的战略人力资源管理研究中，有的学者将单个的人力资源管理实践作为研究对象。此种观点认为单个人力资源管理实践的研究有重要的战略价值，认为存在既定的人力资源管理来帮助组织获得市场上的竞争优势。该研究领域的一个主要方面是通过对更为传统的人力资源管理实践研究的拓展来证明人力资源管理实践对企业绩效很重要。最著名的普适观是由 Pfeffer（1995）提供的，他认为一些特定的人力资源管理实践相比其他实践而言具有更为普适的影响，这些实践包括：就业保障、招聘中的甄选、激励薪酬、自我管理型团队、培训和开发、内部晋升等。但 Pfeffer（1995）没有通过实证分析进行进一步验证，主要是对上述实践的描述性分析。普适观的理论模型如图 2 - 1 所示。

图 2 - 1　普适观理论模型

注："+"表示正向影响关系。

2. 权变观

随着研究的不断深入，普适观受到了一些学者的质疑。他们认为人力资源管理与企业绩效之间的关系会受到一些其他变量的影响，权变观的思想逐渐形成。权变观认为，相互独立的人力资源管理实践（普适观）都是在一定的情形下才能发挥更大的作用。因此，各种最佳人力资源管理实践和企业绩效的关系受到组织战略等权变因素的影响。权变观理论模式如图 2 - 2 所示。

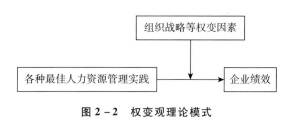

图 2 - 2　权变观理论模式

在这一观点中，一般有两种类型的权变关系。第一种类型的权变关系关注的是不同权变因素对单个人力资源管理实践的影响。比如，Jackson 等（1989）对企业选取某一种业务战略时如何影响企业的人力资源管理实践进行了检验，研究发现，为了鼓励创新，企业会倾向于采取较少的激励性薪酬措施与较多的就业保障和培训措施。第二种类型的权变关系关注人力资源管理系统的使用是否依赖一些权变因素。例如，Miles 等（1978）根据组织的三种不同类型（探测型、分析型与防御型）界定了与之相匹配的三种截然不同的人力资源管理系统。Arthur（1992）对小型钢铁厂进行的一项研究证实存在两种人力资源管理系统：承诺型和控制型。这两种人力资源管理系统分别与成本减少战略和差异化战略相关联。Youndt 等（1996）研究发现，人力资本培育型的人力资源管理系统和行政型的人力资源管理系统与不同的竞争战略形式相结合时会产生不同的影响。Lepak 和 Snell（2002）界定了四种人力资源管理系统形态：承诺型、生产率型、服从型与协作型。这些人力资源管理系统根据员工在组织中的战略价值进行区别管理。

3. 形态观

形态观理论首先强调人力资源管理之间的相互匹配以实现组织最大化的内部匹配，其次强调人力资源管理系统和相应的战略形态匹配以实现外部匹配，进而实现战略人力资源管理的内外部匹配。我们将战略人力资源管理的这种研究模式称为"形态模式"。形态观理论强调人力资源管理系统是一个整体，在形态观中，又存在不同的观点，形成了三种不同的模式，即最佳系统的形态模式、权变的形态模式以及完全的形态模式。

最佳系统的形态模式假设存在理想的人力资源管理系统可以给企业带来好的绩效，如图 2-3 所示。

图 2-3　最佳系统的形态模式理论模型

注："+"表示正向影响关系。

权变的形态模式强调人力资源管理系统与战略保持一致，实现外部一致。因此，企业采用更适合组织战略的一种理想的人力资源管理系统，如图 2-4 所示。

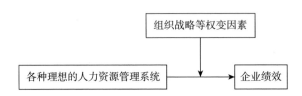

图 2-4　权变的形态模式理论模型

完全的形态模式强调了人力资源管理的不同组合可以实现内部匹配。然而，企业还需要实现人力资源管理的外部匹配，如图 2-5 所示。

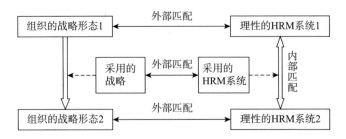

图 2-5　完全的形态模式理论模型

二 资源基础论

资源基础论是许多学者共同努力的结果（Wernerfelt，1984；Peteraf，1993；Henderson & Cockburn，1996；Eisenhardt & Martin，2000）。Barney（1991）首次正式把资源基础论的文献形成一个全面的理论框架，认为拥有并能够利用具有价值性和稀缺性的资源和能力的企业将能获得持续竞争优势，并进一步认为这些竞争优势在短期内将最终提高企业的绩效。资源基础论的两个前提如下：第一，企业资源禀赋本质上是异质的；第二，在企业资源禀赋的异质性和不完备流动性基础上，资源基础论认为企业的价值创造路径按照 VRIO 的分析框架展开。在 VRIO 分析框架中，Valuable、Rare、Inimitable 和 Organizational 分别代表价值性、稀缺性、不可替代性以及组织性。

三 人力资本理论

衡量人力资本是否对企业具有价值贡献，主要从其是否达到企业特有的战略目标（高素英等，2012；李新建等，2017）进行探索。从资源基础论的逻辑视角看，资本型资源尤其是人力资本之所以能够转化为企业绩效，原因在于人力资本含有企业获取竞争优势的条件（Barney，1991；Peteraf & Barney，2003），这种优势条件包括：价值性、稀缺性、不可替代性和组织性（Carmeli & Tishler，2004；Kianto et al.，2017），即企业为实现战略目标和获取可持续竞争优势所需的员工的知识、技能和能力。

近几十年来人力资本出现于各种研究文献中，国内外学者很早就对人力资本的内涵和构型进行了研究，不同的学者研究视角亦不同。Schultz（1961）最早提出人力资本包含人的知识、能力和健康等因素，Becker（1964）从经济学的视角提出人力资本是员工的生产能力。随着对人力资本研究的深入，一些学者认为人力资本包括员工的知识、技能和能力。Snell 和 Dean（1992）认为企业员工的人力资本是其所拥有的技能、经验和知识的集合，并对企业绩效产生经济价值。Youndt（1998）把智力资本分为人力资本、关系资本和组织资本，他认为人力资本仅仅是指员工个人的知识、技能和能力，并在2004年的实证研究中进行了证实。Lepak和Snell（1999）用价值性和稀缺性来衡量人力资本，认为不是所有的员工都拥有知识和技能，这些知识和技能也并不具有同样的战略意义，并开发出四种不同雇佣模型：内部开发型、获取型、承包型、联盟型。Hitt等（2001）对人力资本中的知识形态进行了研究，认为知识可以分为显性知识和隐性知识两种形态。一般通过学历教育获取的是显性知识，当他们进入职业生涯后，通过"干中学"获取的为隐性知识。显性知识与隐性知识具有一定的区别，显性知识易被模仿和替代，而隐性知识往往是独特的、难以模仿的以及不可替代的。Wright等（2001）认为人力资本的构型包括企业员工的知识、技能和能力，同时提出企业若想获取持续竞争优势，不能仅靠培育人力资本的一种因素，而是要靠人力资本诸要素的结合来获取。Hatch和Dyer（2004）从员工个体出发，认为企业中人力资本是员工的知识、技能和能力。Skaggs和Youndt（2004）认为人力资本的内涵应包括员工的知识、技能和以往的经验。Ployhart和Moliterno（2011）认为人力资本不仅包括知识、技能、能力，还应该包括其他一些影响因素，且这些影响因素对人力资本的价值生成以及企业战略的实施具有战略价值。Greer等（2017）认为人力资本的知识、技能、能力是企业战略实施的关键基础。

其他学者在对人力资本的定义中，认为除了知识、技能和能力能体现人力资本的价值外，人力资本又包含了一些其他的因素。比如，Carmeli和Tishler（2004）认为人力资本包括三个部分：企业员工的教育、工作经验和能力。Kor和Leblebici（2005）认为人力资本是人的知识、技能、健康或价值，这些是通过对人的教育的投资、培训和医疗保健的投资而形成的，而且，不像物质资本和金融资本，人力资本不能与拥有它的人分开。Lengnick-Hall和Lengnick-Hall（2006）认为人力资本是个体员工的知识、技能和能力以及经验的不可模仿性。Yeh和Chen

（2007）把人力资本分为组织水平的人力资本和个人水平的人力资本，个人水平的人力资本包括员工的知识、技能、能力、态度和健康，组织水平的人力资本包括人力资本的数量、人力资本与组织的匹配、人力资本的互补性以及人力资本的异质性。Hsu 等（2007）认为组织水平的人力资本包括员工的竞争力和承诺。Hitt 等（2008）认为人力资本是员工的技能、知识与基本特征的总和，它代表了当前员工工作的能力以及未来工作的潜力。人力资本不仅包括容易观察到的技能，如与操作机器或销售产品相关的技能，还包含管理者和基层工作人员学习、沟通、激励、建立信任和有效合作的知识、技能与能力，以及基本价值观、信念和态度。

从人力资本的内涵可以看出，人力资本之所以在组织中发挥着重要的作用，与其特点是密不可分的。对人力资本内涵的研究，一般分为员工个体层面和组织层面。员工个体层面的人力资本一般包括知识、技能、能力、态度、健康以及教育等，组织层面的人力资本包含更多的内容，如组织承诺、人力资本的数量、异质性和组织的匹配程度等。综述文献，本研究按照人力资本包含的因素进行分类，如表 2 - 1 所示。

表 2 - 1 人力资本构成的分类

构成		文献
个人水平	能力	Schultz（1961）、Becker（1964）、Odd（1993）、Lado 和 Wilson（1994）、Brooking（1996）、Roos 等（1998）、Youndt（1998）、Wright 等（2001）、Youndt 等（2004）、Hatch 和 Dyer（2004）、Carmeli 和 Tishler（2004）、Lengnick-Hall 和 Lengnick-Hall（2006）、Yeh 和 Chen（2007）、Ployhart 和 Moliterno（2011）
	技能	Brooking（1996）、Lado 和 Wilson（1994）、Odd（1993）、Pennings 等（1998）、Youndt 等（2004）、Snell 和 Dean（1992）、Youndt（1998）、Wright 等（2001）、Hatch 和 Dyer（2004）、Kor 和 Leblebici（2005）、Skaggs 和 Youndt（2004）、Lengnick-Hall 和 Lengnick-Hall（2006）、Yeh 和 Chen（2007）、Hitt 等（2008）、Ployhart 和 Moliterno（2011）

续表

构成		文献
个人水平	知识	Youndt（1998）、Wright 等（2001）、Hatch 和 Dyer（2004）、Lado 和 Wilson（1994）、Snell 和 Dean（1992）、Hitt 等（2001）、Odd（1993）、Pennings 等（1998）、Schultz（1961）、Youndt 等（2004）、Skaggs 和 Youndt（2004）、Kor 和 Leblebici（2005）
	经验	Snell 和 Dean（1992）、Skaggs 和 Youndt（2004）、Carmeli 和 Tishler（2004）、Lengnick-Hall 和 Lengnick-Hall（2006）
	态度	Odd（1993）、Roos 等（1998）、Yeh 和 Chen（2007）
	专有技术	Brooking（1996）
	健康	Schultz（1961）、Kor 和 Leblebici（2005）、Yeh 和 Chen（2007）
	教育	Carmeli 和 Tishler（2004）
	智力	Roos 等（1998）
	价值性	Lepak 和 Snell（1999）、Kor 和 Leblebici（2005）
	稀缺性	Lepak 和 Snell（1999）、Lengnick-Hall 和 Lengnick-Hall（2006）
组织水平	全体成员的能力和经验	Pennings 等（1998）
	人力资本的数量、匹配性、异质性	Yeh 和 Chen（2007）
	价值性和稀缺性	Chen 和 Lin（2003）
	承诺	Hsu 等（2007）

第二节　战略人力资本文献综述

一　战略人力资本内涵

人力资本对于企业能否有价值贡献，取决于其是否被用于企业特有的战略竞争目标（高素英、周建，2010；Peteraf & Barney，2003）。在资源基础论的框架下，战略人力资本的内涵直接表现为人力资本的战略资源（Kamoche，1996；Mueller，1996；Hayton，2003；Widener，2004；Selvarajan et al.，2007）。对战略人力资本的界定开始于个体层面的员工的知识、经验和技能的集合（Hayton，2003），且主要是在资源基础论及战略人力资源管理框架中阐释的（Wright & McMahan，2011）。DeSaá-Pérez 和 GarcÍa-FalcÓn（2002）首次将组织的人力资本库称作"战略人力资本"，并对人力资源管理系统是否通过提升战略人力资本价值进而影响企业绩效的问题进行了实证研究，但对战略人力资本与一般人力资本的区别没有清晰界定。Hayton（2003）提出了战略人力资本管理的概念，认为战略人力资本管理的目的是通过提升员工自主行为、知识共享、组织学习水平进而提升企业绩效。Carmeli 和 Tishler（2004）研究指出，战略人力资本由组织成员具备的教育水平、专有能力与经验构成，并具备价值性、专有性、不易模仿性，并提出未来的研究应致力于探究战略人力资源管理系统如何形成组织的战略人力资本以及如何影响战略人力资本的 VRIO 特性问题。Widener（2004）认为战略人力资本是满足重要性、行为不确定性、企业专有性以及组织传播性的人力资本，当组织重视对满足这四点特性的战略人力资本的利用时，会倾向于采用有助于控制员工满意度、知识共享、团队协作行为的非传统型人力资源管理系统管理员工，进而形成组织的战略人力资本。由于中小企业和高新技术企业的创业倾向更强，因此在这类企业中，战略人力资本对企业绩效的影响更大（Han et al.，2006）。Becker 和 Huselid（2006）认为战略人力资本是组织的人力资产。郭金林和郭瑶玥（2009）认为，战略人力资本是与企业战略发展息息相关的知识、技能、经验、观念和潜能，是能为企业带来超额利润和提供持续竞争优势的价值总和。Wang 等（2012）基于资源基础论，认为为了适应变化的外部环境，企业需要通过战略人力资本开发员工战略能力。

　　深入探究不同竞争战略下企业战略人力资本的科学内涵可以发现，追求差异化战略或成本减少战略的企业对员工战略人力资本的要素构成特征以及要素的 VRIO 特性有着不同的偏好。本书将战略人力资本界定为：企业实现战略目标不可或缺的资源，组织内满足 VRIO 特性的全体员工的知识、技能与能力的集合。战略人力资本是通过与战略目标匹配的人力资源管理系统实现价值创造效用，进而推动企业获取持续竞争优势的人力资本集合。同时，本书认为战略人力资本根据竞争战略不同分为内部开发型人力资本（内开型人力资本）以及外部获取型人力资本（外取型人力资本）。当企业实施差异化战略时，满足差异化战略需求的员工的知识、技能和能力的集合是内开型人力资本。企业实施成本减少战略时，满足成本减少战略需求的员工的知识、技能和能力的集合是外取型人力资本。

二　战略人力资本构型文献综述

战略人力资本构型指的是企业依据战略目标，对人力资本进行构型。基于文献的研究有两种不同视角的构型方法：基于内容的构型、基于战略形态的构型。

（一）基于知识、技能、能力的构型研究

从国内外学者对人力资本的内涵和构型进行的研究看，员工的知识、技能、能力是组织内人力资本内容的基本构成要素，不同学者对三种构成要素的内涵和形态进行了研究。基于内容的构型研究是指依据企业战略目标所需，研究人力资本的要素构成。在对组织中的人力资本进行研究时，基于内容的战略人力资本构型可分为知识形态、技能形态和能力形态，体现的是狭义人力资本观（Coleman，1988；Wright & Snell，1998）。广义人力资本观还将关系、价值观倾向等因素也视为人力资本的构成要素（Hitt，2008）。但将这些要素纳入人力资本的边界内，可能使人力资本与社会资本、组织资本、心理资本、组织态度等理论的研究边界模糊。本研究对企业中的人力资本构型进行界定时，按照狭义的人力资本观进行界定，将其分为知识形态、技能形态和能力形态（Wright et al.，1994；Abdul et al.，2017）。

1. 知识的构型

作为资源基础论的一个延伸理论，知识基础观（Knowledge-Based View）认为员工所具有的知识可以通过获取、共享等为企业带来持续竞争优势，是企业最重要的战略性资源，也是企业实现创新的根源。同时，知识必须经过一定的管理流程才能实现其价值。知识管理的流程具体可以包括：知识的形成、储备、转化与利用（Guadamillas et al.，2008）。企业应依据知识管理的流程特征实施与之匹配的人力资源管理实践（Meier，2011）。资源基础理论认为知识是企业内最重要的战略资源（Grant，1996；Ordaz et al.，2011；Kamoche & Kahindi，2012）。Nonaka（1994）认为知识的形成、储备、转化和利用分别指知识的外部获取与内部开发、知识的整合与组织化、知识的传递与共享以及知识价值创造作用的实现。在知识管理流程的四个步骤中，会同时存在显性向显性（组合化）、隐性向隐性（社会化）、显性向隐性（内化）、隐性向显性（外化）四种转变特征。企业应依据知识管理的流程特征、转变特征采用相应的人力资源管理措施，实现对知识的最优管理。Davenport 和 Prusak（1998）认为知识是结构化经验、价值、系统资讯和专家经验的综合体。Fernandez 等（2000）认为广义的知识包括事实、数据、任务、报告、人员经验以及科学理解。Kogut（2000）认为为了利用（或运用）知识来生产商品或提供服务，必须集中许多领域的专业知识。Guadamillas 等（2008）认为知识是企业提升各种能力和进行技术创新的根源，但必须经过知识管理流程才能实现其价值。知识管理流程包括知识的形成、储备、转化与利用四个步骤。Meier（2011）认为知识管理的效果取决于员工的学习能力与传递、共享、应用知识的积极性。Zhou 和 Li（2012）从知识基础、知识的获取以及知识共享的视角对知识如何影响创新进行了研究。Gardner 等（2012）以资源基础论为基础，认为在以知识为基础的竞争环境中，必须整合动态的知识资源来保证团队各项工作的有效进行。杨俊祥和和金生（2013）对知识管理内部驱动力以及知识管理的动态能力组成要素进行了分析，并构建了知识管理内部驱动力和知识管理动态能力的影响机制模型。宋萌等（2017）以111个研发团队为数据样本，认为团队成员知识分享可以影响领导的跨界行为。

2. 技能的构型

技能是人力资本重要的组成因素。技能构型方面，在实施创新驱动发展战略的中国情境下，全球化的技术变革已成为当代世界发展的基本潮流和企业面临的巨大挑战（李仕明等，2007）。从目前已有的研究成果看，虽然不同学科的研究者对技能的内涵从不同视角进行了阐释，但都认为技能是人力资本重要的组成因素。Katz（1955）认为员工的技能应包括技术性技能和人际性技能，技术性技能主要是从掌握的方法、过程、程序及技巧出发，对特定活动的理解和熟悉，对技能的掌握。人际性技能主要是在工作过程中形成的组织协调方面的技能。Guglieliemino（1979）根据 Katz（1955）对技能的分类，进行了实证研究，证明了此种分类的价值性。Wright 等（1994）认为，员工能否做出有助于战略目标实现的行为，取决于是否掌握了实现战略目标所需的技术。MacDuffie（1995）研究显示，员工技术水平的提高可带来企业绩效的提升。Koike（1997）提出了"知性技能"的观点，新兴技术的不确定性和创造性，改变着产业的结构、形态，改变着竞争规则和企业经营模式。Bhatta-charya 等（2014）认为产品市场的动态性特征考验着企业的柔性能力，尤其对技术柔性要求更高。对于企业有两种方式可实现技术柔性：一种是员工个体技术多样化；另一种是多种专业技术型员工积聚化。周英男和杜鸿雁（2007）认为技能创新体现了企业的战略决策，技术创新能力强的企业会采用进攻型战略；技术创新能力弱的企业会采用防御型战略；技术创新能力一般的企业会采用跟随型战略。李新建等（2017）对双元工作要求与员工创新行为中技能的延展力发挥的中介作用进行了研究，认为技能延展力是当今互联网和大数据时代的个体乃至组织的核心竞争力来源。

3. 能力的构型

国内外学者和企业家从不同的视角对能力进行了不同的定义。Richardson（1972）认为企业能力是员工拥有的知识、技能和经验。Grant（1991）认为企业能力是利用资源完成特定任务或活动的能力。Ledford（1995）把能力定义为经过证实能够为企业带来绩效的个人特征，主要包括知识、技能和行为特征。Moingeon 等（1998）认为能力是企业对资源进行整合以及优化配置的过程。Dutta 等（2005）认为企业能力是资源和目标的"中间转换能力"。Lado 和 Wilson（1994）在资源基础论基础上，首次提出了能力基础观（Competency-Based Perspective），将能力视为企业重要的战略资源。能力是人的智力与才干的结合体（Swart，2006），是一种内在的心理品质，有别于知识和技能。知识、技能是在工作任务中积累出的公共财富，能力则是个体掌握知识、技术的一种主观表现（张德，2008）。能力分为个体能力和组织能力，个体能力是个体人力资本的基本构成要素，组织能力是个体能力的集合，是组织人力资本的构成要素（李书玲等，2006）。就个体而言，有实际能力与潜在能力、一般能力与特殊能力之别。而在实际工作中，个体可能会受到心理、体质、实践、情绪等具体因素的影响。Murray（2003）认为在组织中大致存在六种个体能力，分别是领导能力、结果导向能力、客户聚焦能力、交流能力、解决问题能力、团队能力。组织能力不同于个体能力，包括能够使个体能力变成组织能力、使企业发生变革与成长的能力。李书玲等（2006）认为个体能力是人力资本的基本构成要素，组织能力是组织资本的基本构成要素，但二者均通过对组织内个体员工的管理表现出来，并受到个体态度与行为的制约。何会涛和彭纪生（2008）认为学习能力同时存在于个体与组织层面，个体层面由个体掌握知识、技术的内在水平体现，组织层面由组织管理知识与变革技术的外在水平体现。许海峰和陈国宏（2012）对在成本约束条件下资源、能力和竞争优势的作用关系进行了研究。Hanedaa 和 Itob（2018）就人力资本构成要素对创新能力的影响进行了研究。

　　总之，知识、技能、能力是组织内战略人力资本的基本构成要素。对于企业进行战略决策而言，其既要分别考虑知识、技能和能力三个因素产生的影响，又要整体考虑三者的组合状态可能带来的影响。Smith等（2005）的研究显示，高管团队与知识工作者的隐性知识和异质性技术会提高企业的知识创造能力。Weigelt（2009）的研究显示，如果企业经常采用外购战略获取技术资源，那么员工的"干中学"能力、隐性知识利用能力都将显得不足，并会导致企业绩效下滑。

（二）基于战略形态的构型研究

　　基于战略形态的构型研究指的是依据战略管理理论中的不同战略形态研究战略人力资本的特征。

　　追求差异化战略的企业，在知识方面，对员工隐性知识的创造、传递、共享、应用以及员工的学习能力要求更高。Hansen 等（1999）以咨询公司为例指出，追求高附加值产品战略的公司会重视员工关系的构建以及隐性知识的共享；而追求规模化产品战略的公司会重视电子文档系统对显性知识的编码、存储与传递以及知识的重复性利用。McEvily和 Chakravarthy（2002）通过实证研究证明，企业有新产品产生后，由于员工知识的复杂性与隐性特征，竞争对手不易模仿。Edvardsson（2004）认为企业更加强调员工个体知识的专有化和个性化，创新战略中，员工对知识的获取、共享、转化都应具有创新性，最终知识的创新向企业新产品、新服务与新流程转化，以获取企业的持续竞争优势。追求低成本战略的企业强调知识的可编码性，并会通过建立短期的低信任关系来实现知识高效率的存储与重复性利用。Guadamillas 等（2008）研究发现，企业实施多元化的成长战略，需要组织以内部开发知识、整合技能型知识的方式对企业的成长战略实施给予支撑。Chen 和 Huang（2009）以我国台湾地区企业样本为例，认为创新战略要求企业的知识具备创新性，企业员工知识的获取、共享都应具有创新性，并促进知识向新产品、服务与流程的转化。Carmeli 和 Azeroual（2009）对具备尖端技术的以色列国防行业研究后发现，企业的知识整合能力能够为企业创造价值。马小勇和牛东晓（2009）证实，我国企业运用特有的知识管理能力实施创新战略是决定企业创新绩效的重要源泉。Chiang 和 Shih（2011）认为知识导向的人力资源管理对创新绩效具有正向影响。袁朋伟等（2018）以 87 个团队的 408 名知识员工为对象，研究发现，知识分享在共享领导与创新行为之间起中介作用。追求差异化战略的企业，在技能方面对员工技术的先进性、稳定性要求更高。Schuler 和 Jackson（1987）指出，创新战略不仅需要员工具备专业化技术，还需要员工掌握多样化技术。Katou 和 Budhwar（2010）的研究显示，追求创新战略的企业对员工技术的要求更高。覃大嘉等（2018）认为随着工作场所资源的动态变化，技能型员工的持续承诺会影响其从事创新工作的离职行为。追求差异化战略的企业，在能力方面，对员工创新能力、组织学习能力的要求更高。Smith 等（2005）指出，企业推出新产品、新服务的速度由组织成员整合、交换知识的能力决定。周英男和杜鸿雁（2007）认为企业技术创新能力的强弱与采取的竞争战略相关，根据技术创新能力的强弱，企业会采用进攻型战略、防御型战略、跟随型战略。韵江和刘立（2006）的案例研究显示，包含多样化学习机制的吸收能力决定着企业自主创新战略的成功率。刘善仕等（2007）以我国 156 家高新技术企业为例，证实技术创新与管理创新能力影响着企业的创新绩效。蔡莉和尹苗苗（2009）对新创企业学习能力研究后发现，"干中学""用中学"和交互学习有助于员工对知识、信息等资源的获取。陈国权和陈子栋（2017）对领导授权行为对员工学习能力的影响机制进行了研究。

追求成本减少战略的企业，在知识方面，强调知识的可编码性，并会通过建立短期的信任关系来实现知识高效率的存贮与重复性利用；在技能方面，对员工技术能否实现产品低成本的规模化生产要求会更高。Mason（1999）指出，生产过硬质量的产品需要员工具备高超的技术。Nickson 等（2002）对服务型企业的战略决策与员工技术关系研究后发现，提供高附加值服务的企业比提供低附加值服务的企业对员工技术要求明显高很多。Boxall（2003）指出，企业提供规模化服务可能会利用低技术的员工，提供高质量的专业化服务可能会利用高技术的员工，而提供规模化与高质量相混合的服务会利用高低技术混合的员工。Bhatta-charya 等（2014）认为柔性技能有助于企业成本减少战略的实现。在能力方面，成本减少战略中，企业对员工基本业务能力以及执行能力要求会更高。

综上所述，虽然不少学者对战略人力资本的问题进行了探索，但是对战略人力资本的界定依然没有明确，即战略人力资本的战略性如何表现，战略人力资本的知识、技能与能力包括哪些内涵，这些有待深入研究。由此，从战略人力资本在不同层面的战略形态研究战略人力资本的构型，即识别战略人力资本的资源价值特征属性，以及透视这种资本的价值创造途径，进而探讨其如何推动企业竞争优势的生成和绩效的提升尤为重要。

第三节　持续竞争优势文献综述

一　竞争优势内涵

张伯伦（1961）最早提出了竞争优势理论。Porter（1980）在探讨成本减少战略以及差异化战略获取长期竞争优势时，认为企业竞争优势是高于竞争对手的持续的企业绩效。Ansoff 和 McDonnell（1990）认为企业竞争优势是其产品在市场中能给企业带来更优于其竞争对手的特性。Barney（1991）认为企业实施的某种战略不能被目前或者潜在的竞争对手模仿时，企业就会获得竞争优势。从目前的研究看，尽管不同学者对企业竞争优势的界定不同，但其基本内涵是一致的，即企业所表现出来的超越其他竞争对手的属性或能力。

竞争优势与企业绩效这两个词虽然经常被互用（Porter，1980），但从结构上来看被公认为是两个不同的概念。竞争优势一般被定义为拥有优于其他企业的降低成本的战略、开拓市场的机会或是对竞争威胁的缓解（Barney，1991），而企业绩效一般被定义为一定经营期间的企业经营效益和经营者业绩。

二　竞争优势理论

对企业竞争优势的研究一般分为外生理论和内生理论。其中，竞争优势内生理论包括基于能力的竞争优势理论和基于资源的竞争优势理论。本研究，采用基于资源的竞争优势理论（Diericks & Cool，1989；Hoffman，2000）。Barney（1991）认为企业的竞争优势主要不是来自企业外部，而是企业内部。企业的竞争优势依赖于企业有价值的、稀缺的、不可模仿的和难以替代的专有性资源。

三　持续竞争优势理论

战略管理理论认为，持续竞争优势是指某种形式的竞争优势在长时间内保持。Porter（1980）认为高于其他企业平均水平的经营业绩的企业具有持续竞争优势。Barney（1991）认为，在有竞争者或潜在进入者减少的情况下，企业的优势仍然存在，那么这种优势可以说是持续的。Hoffman（2000）在 Barney（1991）的基础上，认为企业可持续竞争优势是企业通过实施独特战略而获得的持久的利益。

在创新驱动战略下，企业面临的环境多变、竞争更加激烈，企业竞争优势的维持愈发困难。持续竞争优势的内涵必须反映出时间的持续性、动态性和长期性。竞争优势只是企业运行结果的外在表象，隐含在企业背后员工与战略匹配的知识、技能和能力更为重要。鉴于此，本研究认为持续竞争优势是指在各种复杂环境中，企业因拥有战略人力资本而能够维持高水平绩效，竞争对手在短期内不能够超越。

第四节　本章小结

从国内外研究文献看，对于战略人力资本以及企业持续竞争优势的研究，主要有三个特点：第一，理论观点主要是借鉴和应用国外人力资本、战略人力资源管理以及资源基础论的观点；第二，基本是按照与企业战略匹配的人力资源管理使得员工的知识、技能和能力各个方面更加符合企业的战略需求以及通过人力资源管理系统进一步促进战略人力资本价值的提升的逻辑进行的研究；第三，针对性提出战略人力资本的概念并勾勒这种资本在企业持续竞争优势获取中的系统性框架，这还处于初步探索阶段。

综述以上文献，以下三个方面是需要进一步研究的方向。第一，战略人力资本内涵和构型界定问题。虽然不少学者对战略人力资本的问题进行了探索，但是对战略人力资本的界定依然没有明确，即战略人力资本的战略性如何表现，不同业务层战略下，战略人力资本的知识、技能以及能力包括哪些内涵，这些有待深入研究。依据 Miles 和 Snow（1984）、Miles 等（1978）、Schuler 和 Jackson（1987）的研究经验，在特定竞争战略下研究人力资本问题与研究人力资源管理问题一样，需要基于竞争战略探究不同竞争战略下战略人力资本的要素构成特征。从企业不同竞争战略的视角，依据战略管理理论中的不同战略形态对人力资本的知识形态、技能形态和能力形态以及其他要素特征进行研究。第二，关于战略人力资本给企业带来持续竞争优势，许多学者从人力资本与企业绩效的视角进行了研究，而目前对于战略人力资本的研究还处于围绕人力资本的探索阶段。第三，战略人力资本价值生成以及对企业持续竞争优势的影响涉及战略人力资源管理领域的"黑箱"问题，即人力资源管理实践通过什么样的中介机制影响组织绩效。学者们基于资源基础论、心理契约理论、社会交换理论、组织行为理论、组织能力理论等对哪些因素是人力资源管理系统影响企业绩效的中介变量做了大量理论与实证研究。其中，人力资本是战略人力资源管理学者较为偏好的一个中介变量（Boselie，2010）。但是，基于不同竞争战略对人力资本在人力资源管理系统与企业绩效间的中介作用的研究并不多。因此，以战略人力资本作为中介变量打开战略人力资源管理的"黑箱"，不仅要论证哪些因素是战略人力资本的前因变量、后果变量，更应对不同竞争战略下人力资源管理系统、战略人力资本对企业持续竞争优势的作用机理是什么进行深入探索。

第三章 基于扎根理论的质性研究：
战略人力资本、外部环境
与竞争战略

第一节 研究目的与质性研究

一 研究目的

战略人力资本是一种基于组织特有的员工知识、技能和能力的稀缺的无形资源的集合，是具有资源基础论价值边界条件（价值性、稀缺性、不可替代性、组织性）的人力资本（Carmeli & Tishler，2004）。只有深入探究和解析战略人力资本本身（Wright & McMahan，2011），才能从源头上精准把握适合中国情境下企业的战略人力资本内涵。本书在对组织中的战略人力资本进行研究时，从狭义人力资本观（Coleman，1988；Wright et al.，1994）的视角，把战略人力资本构型分为知识形态、技能形态和能力形态。

本章研究的主要目的是在综述文献资料的基础上，选取北京、天津和河北三地20家企业的高层和中层管理人员进行深度访谈，采用质性研究的方法探索企业实施差异化战略以及成本减少战略时对员工战略人力资本的要素构成特征有何种不同的偏好，进而对战略人力资本的构型从知识、技能和能力三个方面进行划分。同时，战略人力资本与企业持续竞争优势的关联机制受到竞争战略及外部环境的影响。为了在下面章节的实证研究中依据中国情境对外部环境和竞争战略已有成熟量表进行修正，本章在访谈中设计了外部环境和竞争战略的相关问题，并进行了分析。本章通过访谈提纲的设计、预访谈、访谈提纲的修正和正式访谈的步骤，采用质性研究的分析方法对访谈结果进行分析，深度挖掘该现象之潜在面貌，为后继的大规模实证研究做有益的铺垫。

本章主要内容包括：根据深度访谈的音频的转录文本进行开放编码，形成合理的编码系统；对文本资料进行编码后，通过对采用不同竞争战略的企业讨论的话语特征进行分析比较，基于扎根理论对战略人力资本、外部环境、竞争战略进行质性研究。

二　质性研究

（一）质性研究概述

在当前社会科学研究领域，量的研究和质的研究是两个主要研究方法，但并非所有的社会科学问题都适合量的研究。质性研究源于田野调查方法，一般使用归纳法分析资料和形成理论，强调对事物进行深入的调查研究。质性研究中的扎根理论法是基于定性资料，通过科学系统化的归纳与分析，在访谈资料的基础上，自下而上地逐渐提升概念及其关系的抽象层次，并最终发展成理论。其核心是通过开放性译码将原始资料进行逐条分析、类别归类和概念生成，通过主轴编码将研究主题与资料建立联结，以及通过选择性编码对主轴编码间的相互作用关系进行整合、提炼，编码结束后再对编码结果进行理论饱和度检验，最后识别出与竞争战略匹配的战略人力资本知识形态、技能形态、能力形态的核心，以及竞争战略、外部环境的关键要素。

（二）选择质性研究的原因

本研究采用质性研究的分析方法来研究企业在不同竞争战略下的战略人力资本的构型以及竞争战略、外部环境的关键要素，主要基于两方面的考虑。第一，出于研究问题的需要。本研究旨在探讨不同竞争战略下企业战略人力资本的构型以及竞争战略、外部环境的关键要素，而质性研究强调从当事人的角度了解他们的看法。本研究的被研究者是处在不同行业、不同所有制、不同规模的企业中高层管理人员，不同企业采用的竞争战略亦不相同。深度访谈可以了解当事人的主观经验和认知过程，能让研究者对研究对象的特征、性质的关注多于定量研究方法。第二，以往定量的研究虽然通过调查问卷揭示了一些带有共性的规律，但是这些中高层管理人员在客观的回答中可能有不同的感知，这些访谈对象有哪些想法、态度和观点，这些问题都是量化研究不能解决的。半结构访谈能够帮助研究者和被访者建立起融洽关系，进而让被访者坦率地讲出真实的想法，从而有利于研究者去捕捉研究对象更为深层次的信息，可以从另一个角度为本研究提供新的思路。

第二节　研究步骤与流程

一　研究工具

NVivo 软件是在国际上使用较为广泛的质性分析工具。它分析运行的方法论框架基础是扎根理论，最大的优势在于其强大的编码功能，此外还有 Set、Query、Link、Model 等功能。NVivo 软件的使用可以大大提高研究效率，有助于研究者在大量的文字中搜索到有用信息，以利于进一步思考，进行理论升华。本研究采用的是 NVivo 7.0 版本。

二　研究步骤

具体研究步骤包括以下几个方面。

（一）设计访谈提纲

阅读相关文献，形成初步研究构念，设计访谈提纲，继续阅读相关文献，不断调整访谈提纲的设计方案。

（二）进行预访谈

与比较熟悉的企业管理者进行预访谈，访谈之后与被访者讨论访谈技巧及访谈感受，以之为参考，并对访谈提纲进行不断修正。

（三）正式访谈

调研者采取一对一的深度访谈的方式，根据正式访谈提纲，通过开放式问题了解被访者对不同竞争战略下的战略人力资本偏好、外部环境、竞争战略问题的主观感受。在正式访谈前，调研者需要告知被访者本次访谈的主要内容以及目的，在征求被访者同意的前提下，使用录音笔进行录音，并请被访者阅读知情同意书。访谈过程中，调研者保持中立的态度，把握好访谈的方向和主题焦点。

（四）对资料进行编码

对资料进行编码，具体包括以下几个方面。

1. 转录

访谈结束后，将搜集到的录音材料逐字转录成文本稿件（Word 格式文本），每一份录音资料转录完毕后，对照文本材料进行一次回听，根据录音内容，对文本材料进行再一次调整。

2. 资料导入

运行 NVivo 软件，单击 Project 中的 Import Document，把 20 个访谈者的信息一一导入，如图 3 - 1 所示。将文档导入 NVivo 的 Sources 之后开始编码。

3. 编码

单击导航视图中的 Nodes 进行编码。具体包括四个步骤。

（1）开放性编码

开放性编码是理论构建的基础，指将访谈获取的文本资料进行编码产生初始概念，并把抽象出来的初始概念形成范畴。其主要是将文本文稿的信息根据研究主题的需要进行拆分。比如，研究的主要内容是战略人力资本，那么将文本稿中涉及战略人力资本的段落提取出来。

图 3 -1　原始资料导入

（2）主轴编码

根据范畴提炼主范畴，并构建范畴与主范畴的逻辑关系。这一过程中，会通过不同的关系进行有机联系，如情境关系、序列关系、语义关系、相似关系、功能关系及因果关系等，将分散的资料进行重组分类。具体研究过程中，逐句逐段对整理的文本进行研究。例如，对战略人力资本的构型，从提取出来的经验性知识、专有性知识等的段落中进行再提取、合并和初步概括，抽取出相应的意义单元。有的语句是被访者讲述了一个故事，或是描述了一个情境，编码者将其叙述进行概括，获得一个意义单元。

（3）选择性编码

选择性编码的主要任务是从主范畴中挖掘核心范畴，分析核心范畴与主范畴的联结关系，据此构建出理论模型。对相同的意义单元进行进一步的归纳，将属于同一意义层次的概念进一步归类、概括，形成概念词。对概念词进一步归纳，发展成为核心类别。核心类别应该代表研究主题的核心内容，可以将相近类别的概念词连接起来，形成一个有关联和层次的框架。

（4）理论饱和度检验

对所构建的模型进行饱和度检验，检验理论模型是否饱和。

三 研究流程

具体研究流程如图 3 - 2 所示。

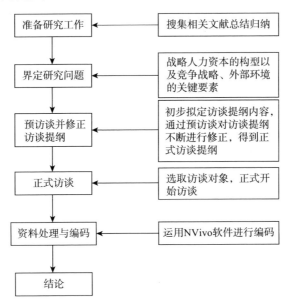

图 3 - 2　质性研究流程

第三节　访谈提纲的设计、访谈对象的选择

一 访谈提纲的设计

访谈提纲是整个访谈过程中总的指导和纲要，访谈提纲的设计质量

对采集资料质量的优劣具有重要的影响。本研究根据具体的研究目标，结合前文的文献资料，在多次修改后拟定了一个半开放式的访谈提纲，引导被访者在特定的范围内深入和自发地谈及相关的内容。首先对访谈提纲进行预访谈，为正式访谈做充足准备。预访谈主要包括：第一，为正式访谈确定内容和重点；第二，不断熟悉访谈方法和技巧；第三，对预访谈资料进行分析与整理。正式访谈提纲如下。

1. 访谈对象的工作经历。

2. 简要介绍企业的发展情况，您认为企业在发展过程中有哪些成功经验？与本行业其他企业相比，发展是否更为顺利？具体表现在哪些方面？

3. 对企业经营有比较大影响的外部环境有哪些？对企业产生了哪些方面的影响？

4. 您所在企业在成本减少战略和差异化战略方面是有所侧重，还是都比较关注？具体有什么表现？

5. 在实施成本减少战略或者差异化战略过程中，在企业用人方面，您的企业更关注员工哪些方面的知识、技能和能力？

6. 在人力资源管理方面，为了保证竞争战略的贯彻落实，企业在招聘、培训、薪酬管理、绩效考核等人力资源管理实践中有哪些具体措施？

以上访谈提纲中，第一类问题主要是了解访谈对象的经历、企业整体的发展历程、企业面临的外部环境，主要包括问题1、问题2、问题3。第二类问题主要是了解企业采用的竞争战略情况，主要包括问题4，试图深入了解企业具体的竞争战略及表现。第三类问题主要是了解企业战略人力资本的情况，即企业在不同的竞争战略下，对员工知识、技能和能力方面的不同需求，相应的人力资源管理有什么特征，主要包括问题5和问题6。

二 访谈对象的选择

在访谈对象的选择上，本书主要考虑被访者的职务类型、所属行业、企业性质等因素，尽可能从不同层次、不同视角了解企业战略人力资本，以及外部环境、竞争战略的各方面的情况。本书对京津冀三地的20家企业的高层管理者和中层管理者进行了电话或现场访谈。调查的企业性质、所属行业、被访者的性别和职务类型如表3-1所示。企业性质包括外资企业、国有企业和民营企业；职务类型均为企业的高层和中层管理者；所属行业包括制造业，金融业，服务业，批发零售，信息技术，电力、燃气供应等，涵盖范围较广。这样保证了访谈资料的权威性、专业性。对被访者进行编码，将其分为被访者A、被访者B、被访者C、被访者D、被访者E、被访者F、被访者G、被访者H、被访者I、被访者J、被访者K、被访者L、被访者M、被访者N、被访者O、被访者P、被访者Q、被访者R、被访者S、被访者T。

表 3-1 深度访谈样本统计 （N = 20）

类别		频数	比例（%）	类别	频数	比例（%）
性别	男	16	80	制造业	7	35
	女	4	20	金融业	2	10
企业性质	外资企业	6	30	服务业	3	15
	国有企业	6	30	批发零售	1	5
	民营企业	8	40	信息技术	5	25
职务类型	董事长	2	10	电力、燃气供应	1	5
	总经理和副总经理	10	50	综合	1	5
	人力资源主管	4	20	—	—	—
	职能部门经理	4	20	—	—	—

第四节　资料分析

一　基于扎根理论的战略人力资本构型质性分析

参照开放性编码的步骤，本书对 20 个被访者的相关文本资料进行逐句的阅读，提取与"战略人力资本"的知识、技能和能力相关的重点语句，进行编码。

（一）战略人力资本构型的开放性编码

1. 知识构型的开放性编码

（1）差异化战略中知识构型的开放性编码

对于企业员工，知识应包括不同的类别。按照知识的存储客体，知识可以划分为观念性知识和经验性知识。观念性知识指内含于员工心智模式的一些知觉知识和概念性知识。经验性知识主要是通过"干中学"或经验的积累获得的知识。按知识的专有程度，将其分为通用性知识和专有性知识（Collins，1993）。通用性知识是指多数企业员工共同掌握的知识。通用性知识能够被所需的企业低成本甚至无成本地获取，是企业发展的基础。专有性知识是指企业员工所拥有的独特的知识，具备独特性、持久性、难以转移性和难以模仿性的特点。这种知识是企业获取企业核心竞争力的来源（Hedlund，1994）。通过访谈可知，差异化战略中，在知识方面，企业更看重员工经验性知识和专有性知识。当企业实施差异化战略时，为了率先向市场提供异质性与高品质的产品，企业会重视具备高价值性与高稀缺性的员工经验性知识以及专有性知识。在访谈过程中，一些被访者提到了经验性知识，他们分别是被访者 D、被访者 E、被访者 F、被访者 G、被访者 H、被访者 I、被访者 P 和被访者 T。

被访者 D：我们原来招聘主要针对应届生，随着企业业务的拓展，需要的人才种类也越来越多，原来需要一些学历比较高的员工，现在招聘则需要一些很有经验的人，以前人才的一些硬门槛已经不太适应现在的发展模式。

被访者 E：我们需要更多的有经验的人来做。

被访者 F：我们企业在招聘的时候更注重员工的经验。

被访者 G：我们不太看重学历，当然应聘者有学历证明学过相关理论性的知识会更好，还是要看能力和工作经验，又有学历又有工作经验最好。有没有工作经验，可以在面试时体现出来。但是，我们也有一个最低的学历标准，专科学历是最低要求。

被访者 H-1：对于创业型企业来说经验比学历更重要，通过毕业证书只能看出应聘者的学习经历，但是看不出能力怎么样。在我们这种创业型企业中，工作经验更能帮助企业。如果没有经验就靠学历的话，我觉得很多东西做不到。对于一个创业型企业来说，我认为，公司对没有工作经验的人是等不起的，从长远来看对员工个人发展也不利。

被访者 H-2①：比如软件设计，现在都是模块化设计，有经验的员工会做整个的方案设计，新进的员工只能参与其中的一小部分的开发。

被访者 I：在企业的起步阶段，大部分中小企业都这样，学历不是第一位的，人的经验是第一位的。

被访者 P：招聘员工主要看经验。我们对学历有一定的要求，有一个底线，学历因素我认为最多占30%，但必须通过这个底线，太差了知识层次不够，还说明他的学习能力有问题。我们公司属于创新型公司，学习能力一定要强，大专都没上过，那学习能力肯定是有问题的，这个底线我们肯定不会突破。达到这个底线，学历高

---

① H-1、H-2 均代表被访者 H 的访谈内容。但因在不同时间点进行的阐述，故分开编码。下同。

低我们基本上就不考虑了，就考虑能力问题。我们注重从两方面考察能力，一个就是思维能力、逻辑能力，一个是学习能力。

被访者 T：企业很注重员工的工作经验，学历可能代表不了他的综合素质，员工接受新事物的能力大小，直接影响了企业发展的速度快慢。

在访谈过程中，一些被访者提到了专有性知识，如被访者 A、被访者 B、被访者 E、被访者 F、被访者 J、被访者 H、被访者 N、被访者 O、被访者 P、被访者 R 和被访者 T。

被访者 A－1：大多数岗位需要专业性比较强的员工，比如理赔等。

被访者 A－2：企业需要专业性更强一点的员工。

被访者 B：公司实施后备人才管理制度，后备人才采用隔级培养方式，他的隔级领导是其培养导师，对员工进行专业知识的培养。

被访者 E：我们首先需要的是专业知识比较强的员工。

被访者 F：公司现在招聘的都是一些专业技术比较强的员工，对他们主要是一些产品方面的培训，专业知识的培训相对多一些。

被访者 J：技能越专越好，比如我们想招气动方向的员工，那么应聘者最好是学过飞行动力学的，还有流体力学，如果还学过气动的建模就更好了，我们对专业性要求非常高。

被访者 H：中小型公司的每个职位都很关键，所以招人就要很对点。我们有整体人员架构，就会很有目的地去招聘。招进来的人一般业务能力都比较强，当然，如果在个别方面突出的话更好。对中小型公司来说，人是很关键的，人才决定了企业的整体发展。

被访者 N：招聘的员工技术一定要非常专，我们需要工程技术这个方向的专有人才，比如机械工程类、电子电工类。

被访者 O：技术一定要非常专，如果应聘者应聘游戏开发的职业，他已经参与开发两年了，那基本上不用测试就知道他的技术水平够不够。

被访者 P：对新招的技术人员，我们大概有两个月培训，培训内容主要是熟悉系统的框架，使其能够融入这个团队。

被访者 R：首先，为什么说现有人员的培训非常关键，因为这些人对这个企业有感情，跟新招进来的不一样，毕竟这么多年了，另外他们知道哪些方面需要进一步强化，哪些方面需要完善。后来我们开了两个学习班，一个是管理的，另一个是工程技术的。提升现有人员的技能水平，非常有效。

被访者 T：技术员工来应聘，首先要过我们技术部主管这一关，其次到技术部的经理，最后到技术总监。我们是集成行业的，相对来说，对技术水平的要求更高。比如我们招聘一个调网络设备系统的工程师，我们的要求是他需要懂得综合布线系统、语音、门禁、监控、网络、机房等一系列的技术，他应该在这方面有一定的能力，具备一定的专业知识。

（2）成本减少战略中知识构型的开放性编码

在成本减少战略中，在知识方面，企业更看重员工的观念性和通用性知识。在访谈过程中，一些被访者提到了观念性知识，如被访者 C 和被访者 Q。

被访者 C：电工、保安每年都有培训。保安不仅有岗位的培训，还有消防的培训，这也是国家要求的培训内容。物业行业，还需要劳动基础这方面的培训，比如项目经理每年是要参加项目经理培训的，这也是国家相关的技能培训要求。

被访者 Q：工人的工作是流水线作业，培训起来非常简单，基本是工作流程的培训，只要稳定就行，稳定是最好的，不要干两天就走。

在访谈过程中，一些被访者提到了通用性知识，如被访者 C 和被访者 L。

> 被访者 C-1：我们行业所涉及的知识领域特别广泛，不光是物业方面的知识，我们的管理人员甚至连建筑方面的知识、水暖方面的知识都要懂，因为我们是要和房子打交道的。出现问题的话，首先我们需要综合判断。比如客户的房子墙体裂了，一般认为是质量不合格，这也未必，有可能是在刷浆的时候造成的自然的开裂，自然开裂不是墙体开裂，是刷浆薄厚不均造成的。
>
> 被访者 C-2：我们要求，不管是哪个部门都要统一培训，包括从业资格上岗证的培训、物业管理人员上岗证考试的培训。所有人都要进行培训，都要持证上岗。
>
> 被访者 L：我们的工人基本上是从技校内部直接招聘的。对外主要是招技术员，一般都是与本专业比较匹配的。现在水涨船高，基本上是要有本科学历。

2. 技能构型的开放性编码

（1）差异化战略中技能构型的开放性编码

差异化战略中，在技能方面，为了生产出差异化产品或提供差异化服务并通过"先动优势"来抢占市场份额，企业更重视员工技术的内部开发与自主创新。因此，企业在差异化战略中更强调员工的知识技能和心智技能。知识技能是指对知识原型进行定位、学习、内化的技能方式，心智技能是指通过头脑中形成的内部语言对身体外部信息进行定向和固化的技能。知识技能和心智技能即学习和掌握本专业技术发展中出现的新工艺、新技术、新材料和新方法的技能和解决技术操作上的难题以及参与技术改造与革新的技能，使员工在工作中更具创造力。在访谈过程中，一些被访者提到了知识技能，如被访者 D、被访者 G、被访者

I和被访者T。

被访者D：企业会制定一个新员工的培训计划，首先是上岗之前的一个周期性的培训，包括对工作环境的了解，对业务的了解。新来的员工都要在国外的现场待半年，学一些新的东西。

被访者G-1：我们公司有很多机会去国外培训，IT部门的员工通常都有去海外学习的机会，时间大约一个月左右，比如和我们在丹麦的同事一起工作，一边工作一边学习，学习一些那边先进的东西，其他的部门也是相类似的。

被访者G-2：比如IT部门的面试，我们很少问应聘者怎么装电脑，怎么维护网络，我们主要看综合能力，比如招项目经理，我们要看他做过多少项目。我们让应聘者去讲"故事"，然后从里面抓取我们所需要的东西，这是我们在面试的时候采用的一个策略。

被访者I：我给你讲个很实际的例子，比如说同样来这实习，其中一个员工特别虚心，在印刷机上，他跟着机长不光学这个方面的东西，他还学其他的。印刷是整个一套流程，不懂得和上下衔接，光印没有用，明白吗？他就特别地钻，利用业余时间，去学其他的东西，比如到折页机那儿，到裁刀那儿，向同事询问、学习。比如问印完的东西怎么裁，怎么折。机器出故障的时候，他不闲着，他跟着在看怎么修。因为修机器的时候，就能看出机器怎么用。三个月之后，印刷的基本流程他都会了。

被访者T-1：我们通过三个阶段对研发人员进行培训。第一个阶段我们需要他掌握整个操作系统的技术支持，第二个阶段我们需要他掌握综合布线系统，第三个阶段我们需要他掌握内外网的安全。

被访者T-2：由技术部的同事去搜索一些新的技术知识，我们的相关人员会进行这种技术知识的深层次学习。

在访谈过程中，一些被访者提到了心智技能，如被访者 D、被访者 H、被访者 J 和被访者 T。

被访者 D：我们尝试通过一些组织管理形式营造研发氛围，让大多数的员工愿意从事研发。

被访者 H：因为我们招的是有经验的员工，他会对自己的工作大体有个了解。在开始 1 周左右时间他会有对整个模块，包括架构的解释，怎么开始工作，怎么和同事一起工作有一个初步的认识。一周之后我们会让他慢慢参与工作。有很多问题都是他在工作中通过与同事和领导的沟通来慢慢地解决。

被访者 J：工作中要不断地去学习。我本科的时候并不是学飞机这方面的，学的是控制，在读研究生的时候学了一点，但也不是很多，在工作的时候也是一边工作一边学习，去解决一些在工作中遇到的问题。

被访者 T：在遇到难题时，我们首先可以把操作系统拆分，也可以把硬件拆分，其次进行组装，最后反复进行这个实验，通过这种方式来攻克技术上的难关，解决问题。

（2）成本减少战略中技能构型的开放性编码

在成本减少战略中，企业强调工作高效和成本最小化。为了节约劳动力成本投入，企业通常通过技术模仿与"后动优势"与具备"先动优势"的竞争者抢夺市场份额（Coeurderoy & Durand，2004；Bhattacharya et al.，2014）。因此，成本减少战略下，企业更强调动作技能，动作技能是指由动作的定向、整合等形成的动作系统，即实际工作中与技术岗位相关的技术操作技能。在访谈过程中，一些被访者提到了动作技能，如被访者 E、被访者 K 和被访者 Q。

被访者 E：我们这里会进行工作轮岗，比如车间操作工就需要进行轮岗。

被访者 K：就技术工种，我们比较注重他们的操作能力，他们之间也会轮岗。

被访者 Q：培训的内容比较简单，工人主要是重复性劳动，基本上是重复操作一件事情。

3. 能力构型的开放性编码

（1）差异化战略中能力构型的开放性编码

在能力方面，企业重视有助于更新现有技术与知识的员工的创新能力，这种能力具备高价值性与稀缺性；同时，为了使员工的能力不被模仿和替代，企业会通过组织学习提高对产品、技术和管理的创新能力，形成新的特殊资源，不易被竞争对手模仿和"猎取"（Wright et al.，2001）。差异化战略中，员工更需要合作与沟通，尤其是以工作团队为基础的沟通与学习，有效的内外部沟通有助于创新理念的引入和传播，能够帮助员工了解更多的创新知识（Kanter，1985）。因此，在差异化战略中，企业更注重员工的创新能力和组织学习能力。创新能力是指以知识和技能为基础，经过思考与实践，产生新观念、新设想、新方法等。组织学习能力是指能根据新知识、技能和企业的长期目标不断调整行为、采取各种行动的一种能力。

在访谈过程中，一些被访者提到了创新能力，如被访者 A、被访者 D、被访者 E、被访者 G、被访者 H、被访者 P、被访者 R 和被访者 T。

被访者 A：我们总公司有一个关于鼓励创新的正式的规定，对于被总公司相关部门采纳的创新意见或方案，会给予奖励。

被访者 D：领导也在极力营造一种氛围，一种愿意研发的价值取向。我们每年或者一定周期都会有一些评奖，比如创新奖、影响力奖等，主要目的还是想营造一种氛围来鼓励创新。

被访者 E：我们公司从创办到现在所有的产品都是自主研发的。新来的员工如果有一些创新的想法，公司会提供相应的平台给予支持。

被访者 G：我们公司内部有一个 Service Excellence Program（卓越服务项目），鼓励公司的员工去找差距，去提好的点子，去发现我们的流程缺陷，这也是创新的一个表现。

被访者 H：我们做的软件是个性化的，每个单位的工作流程都是不一样的，包括评价指标、系数都是不一样的。我们必须先去了解对方需求，再根据需求去做产品。每件产品都是特殊的，都是特定的，都是创新的。

被访者 P：我们每年年底会评选"创新员工"，来奖励有创新意识的员工。

被访者 R-1：公司特别注重对现有人员的培养，提升现有人员的素质和创新能力，比如，会和高校进行联合培训，一是促进员工知识更新，二是提升他们的专业水平。比如说我们就曾经在某个大学搞过一期内部的研究生班。

被访者 R-2：集团有一个"企业科技进步奖"，做得比较好的创新项目，经过鉴定，报给集团，集团审议通过后，可以获得集团的奖励：特等奖 30 万元，一等奖 20 万元，二等奖 10 万元，三等奖 7 万元，力度非常大；另外还有质量创新奖。创新奖的种类比较多，主要是引导大家来创造、来研发。

被访者 T：每年我们都会设 10 个思想创意奖，员工有什么思想创意，公司会给予奖励，包括在学习方面，比如我们的同事能够深层次地去学习，而且能主动地去学习的话，我们每年都会给他学习培训基金，这笔费用是由公司来出的。

在访谈过程中，一些被访者提到了组织学习能力，如被访者 A、被访者 D、被访者 G、被访者 H、被访者 I、被访者 J、被访者 P、被访者

S 和被访者 T。

被访者 A：公司对团队学习还是比较重视的。

被访者 D：我们所有项目都是以团队来做，每个项目都有一个团队，都有分工，这是一个很严格的体制。

被访者 G：我们的绩效考核里面有 2~3 个指标是团队的，也就是说，大家必须一起努力工作才能达到相关的指标要求，我们在绩效考核的时候分成几个不同的模块，公司的业绩占一部分比例，团队的业绩占一部分，个人业绩占一部分，团队指标权重基本上占 30% 左右。

被访者 H：现在的小型公司很注重协作的能力，不断相互交流、学习，就是一个学习型的企业。

被访者 I：目前为止，我们企业用的员工年龄比较大，而且这些人都是专业出身。我父亲当时就是从印刷厂出来的，他现在用的很多员工都是当时印刷厂的那些员工。他们在一起，就是一个小团队，他们之间通过自发地相互学习的方式进行沟通。

被访者 J：团队协同与学习非常重要，我们涉及的每一个项目都是需要很多系统进行支持的。飞机上大概有好几十个系统，有三四个系统非常重要，需要联调的时候就大家一起进行。

被访者 P：我们每个礼拜都会有团队学习活动。

被访者 S：团队学习是经常做的，形式不同，有时候开会，有时候做一些研讨，有时候通过电话会议方式进行。

被访者 T：我们把各个部门按照团队的方式进行绩效考核，团队"作战"的能力直接影响团队年终的整体奖励。

（2）成本减少战略中能力构型的开放性编码

成本减少战略中，企业必须严格控制生产和管理成本，提高工作效率。因此，企业更注重员工的业务能力和执行能力。业务能力是指衡量员工能否胜任岗位的能力。执行能力是指把上级的命令和想法变成行动，从而保质保量完成任务的能力。在访谈过程中，一些被访者提到了业务能力，如被访者C、被访者L。

> 被访者C-1：比如工程部门，必须对员工的水、电、暖、强电、弱电这些技能进行评估，这个是专业技能，他们不具备的话是不会被聘用的。
>
> 被访者C-2：业务能力必须强，假如强电不行，电站一旦出现什么问题，那就有可能着火甚至有生命危险。
>
> 被访者C-3：我们对员工的业务能力非常关注。
>
> 被访者L-1：我们每个月对每个车间的技术员要制订培训计划，为职工上课，并进行考试，定期实施考核。职工在这个岗位不适合的话，可能会被调岗。
>
> 被访者L-2：我们主要关注的是业务能力。

在访谈过程中，一些被访者提到了执行能力，如被访者C、被访者E和被访者L。

> 被访者C：执行能力非常重要，企业制定了目标，企业员工执行得不好，那么这个是白定的。
>
> 被访者E：优秀的员工有两个特点：第一，员工业务比较出色；第二，执行力比较强。
>
> 被访者L：技术员到一线，要求能够快速解决现场实际问题，所以我们要求技术员的执行能力这块必须要强。

（二）开放性编码的范畴提取

本书利用NVivo软件对编码进行分析和梳理，最终抽象出典型的20个概念和11个范畴，如表3-2所示。

表 3 - 2　开放性编码形成的范畴统计

编号	范畴名称	原始语句信息
1	经验性知识	➤随着企业业务的拓展，需要的人才种类也越来越多，原来需要一些学历比较高的员工，现在招聘则需要一些很有经验的人（过往的经验性知识） ➤企业很注重员工的工作经验，学历可能代表不了他的综合素质，员工接受新事物的能力大小，直接影响了企业发展的速度快慢（工作中积累的经验性知识）
2	专有性知识	➤公司实施后备人才管理制度，后备人才采用隔级培养方式，他的隔级领导是其培养导师，对员工进行专业知识的培养（对专业性知识的培养） ➤招聘的员工技术一定要非常专，我们需要工程技术这个方向的专有人才，比如机械工程类、电子电工类（对专业性知识的需求）
3	观念性知识	➤工人的工作是流水线作业，培训起来非常简单，基本是工作流程的培训，只要稳定就行（工作的基础知识）
4	通用性知识	➤我们要求，不管是哪个部门都要统一培训，包括从业资格上岗证考试的培训、物业管理人员上岗证考试的培训。所有人都要进行培训，都要持证上岗（通用性的知识）
5	知识技能	➤我们通过三个阶段对研发人员进行培训。第一个阶段我们需要他掌握整个操作系统的技术支持，第二个阶段我们需要他掌握综合布线系统，第三个阶段我们需要他掌握内外网的安全（知识技能的培训） ➤由技术部的同事去搜索一些新的技术知识，我们的相关人员会进行这种技术知识的深层次学习（知识技能的更新）
6	心智技能	➤我们尝试通过一些组织管理形式营造研发氛围，让大多数的员工愿意从事研发（心智技能的氛围营造） ➤在遇到难题时，我们首先可以把操作系统拆分，也可以把硬件拆分，其次进行组装，最后反复进行这个实验，通过这种方式来攻克技术上的难关，解决问题（心智技能的形成）
7	动作技能	➤就技术工种，我们比较注重他们的操作能力，他们之间也会轮岗（动作技能的需求） ➤培训的内容比较简单，工人主要是重复性劳动，基本上是重复操作一件事情（动作技能的培育）
8	创新能力	➤集团有一个"企业科技进步奖"，做得比较好的创新项目，经过鉴定，报给集团，集团审议通过后，可以获得集团的奖励：特等奖 30 万元，一等奖 10 万元，三等奖 7 万元，力度非常大（创新能力培育的政策） ➤领导也在极力营造一种氛围，一种愿意研发的价值取向（创新能力培育的氛围） ➤我们公司内部有一个 Service Excellence Program（卓越服务项目），鼓

编号	范畴名称	原始语句信息
8	创新能力	励公司的员工去找差距，去提好的点子（创新能力培育的平台搭建） ➤公司特别注重对现有人员的培养，提升现有人员的素质和创新能力，比如，会和高校进行联合培训，一是促进员工知识更新，二是提升他们的专业水平（创新能力培育的途径）
9	组织学习能力	➤团队学习是经常做的，形式不同，有时候开会，有时候做一些研讨，有时候通过电话会议方式进行（组织学习能力培育的方式） ➤我们把各个部门按照团队的方式进行绩效考核，团队"作战"的能力直接影响团队年终的整体奖励（对组织学习效果的考核）
10	业务能力	➤我们每个月对每个车间的技术员要制订培训计划，为职工上课，并进行考试，定期实施考核。职工在这个岗位不适合的话，可能会被调岗（对本职工作的业务熟练度）
11	执行能力	➤技术员到一线，要求能够快速解决现场实际问题，所以我们要求技术员的执行能力这块必须要强（迅速到位解决问题的能力）

（三）战略人力资本构型的主轴编码

本研究通过主轴编码将不同竞争战略下战略人力资本的构型界定为内部开发型人力资本和外部获取型人力资本。具体如表 3 - 3 和由 NVivo 软件得到的图 3 - 3、图 3 - 4 所示。

表 3 - 3　战略人力资本构型的主轴编码

主范畴	对应范畴	内涵
内部开发型人力资本（差异化战略）	经验性知识	通过"干中学"或经验的积累获得的知识
	专有性知识	企业员工所拥有的独特性的知识，具备独特性、持久性、难以转移性和难以模仿性的特点
	知识技能	对知识原型进行定位、学习、内化的技能方式
	心智技能	通过头脑中形成的内部语言对身体外部信息进行定向和固化的技能
	创新能力	以知识和技能为基础，经过思考与实践，产生新观念、新设想、新方法等
	组织学习能力	能根据新知识、技能和企业的长期目标不断调整行为、采取各种行动的一种能力

续表

主范畴	对应范畴	内涵
外部获取型 人力资本 （成本减少战略）	观念性知识	内含于员工心智模式内一些知觉知识和概念性知识
	通用性知识	多数企业员工共同掌握的知识
	动作技能	由动作的定向、整合等形成的动作系统
	业务能力	衡量员工能否胜任岗位的能力
	执行能力	把上级的命令和想法变成行动，从而保质保量完成任务的能力

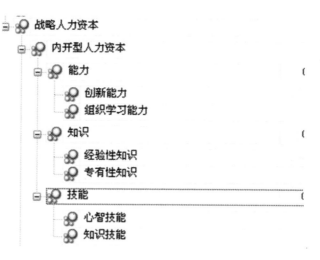

图 3 - 3　内部开发型人力资本构念

（四）战略人力资本构型的选择性编码

研究的核心范畴是围绕"不同竞争战略下人力资本构型"展开提炼和论证的，如图 3 - 5 所示。战略人力资本划分为内部开发（简称"内开"）型人力资本和外部获取（简称"外取"）型人力资本。在对访谈的编码抽取的构念中，内开型人力资本的知识包括经验性知识和专有性知识，技能包括心智技能和知识技能，能力包括创新能力和组织学习能力。外取型人力资本的知识包括观念性知识和通用性知识，技能包括动作技能，能力包括业务能力和执行能力。

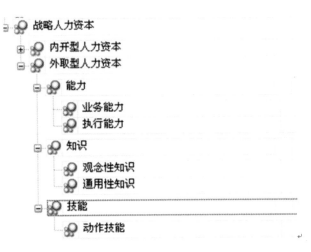

图 3-4 外部获取型人力资本构念

内开型人力资本注重知识、技能以及能力的获取和开发,包括招聘潜力型的优秀员工、提供专有性培训与职业发展机会、鼓励建立非正式社会契约、招聘具备团队协作能力的员工、以强化团队协作能力为目的的培训、以群体标准进行绩效评价和发放薪酬、注重团队设计对组织内专有性知识的传递。在知识方面,为了使生产出的异质性产品抢占市场份额,企业会更加重视具有高价值性与高稀缺性的员工经验性知识以及专有性知识的获取,以提升产品的不可模仿性。在技能方面,为了提供异质性产品,企业更强调员工所拥有的知识技能和心智技能,更重视员工内部开发与自主创新技术,形成具备较高的价值性与稀缺性的技术。在能力方面,企业更加重视有助于更新现有产品种类、质量的员工的创新能力,这种能力具备高价值性与稀缺性,同时,为了使员工的能力能够长期不被模仿和替代,企业会通过组织学习来提高员工创新能力,从而阻止被竞争对手模仿。

外取型人力资本主要注重节约人力资本的开发成本,包括详细的人员需求规划、招聘测试强调是否具备当前所需技术等。因此,在知识方面,实施成本减少战略的企业主要通过员工具备的娴熟的重复性、生产性知识,通过扩大生产规模来降低生产成本,即观念性知识和通用性知

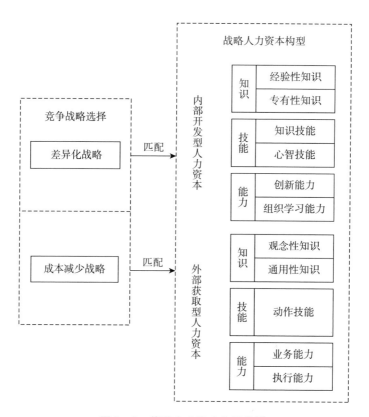

图 3 - 5　战略人力资本构型模型

识。在技能方面，成本减少战略主要强调工作效率的提升和成本最小化，为了节约劳动力成本，企业会倾向于使用具备较低技术但熟练性较强的员工。因此，企业更强调员工的动作技能。在能力方面，为了提供比竞争对手价格更低的产品或服务，企业倾向于运用严格的规章制度来管理员工，更注重企业员工的业务能力和执行能力。

（五）理论饱和度分析

本章再次对 4 个样本进行编码和分析，对图 3 - 5 所构建的战略人力资本构型模型进行饱和度检验，检验结果并未形成新的范畴和关系，因此"战略人力资本构型模型"的理论模型是饱和的。

二 基于扎根理论的外部环境构型质性分析

我国企业面临的外部动态环境急遽变化，对企业人力资源管理产生了巨大冲击。那么，在研究战略人力资本与企业持续竞争优势关系时，哪些外部环境对战略人力资本与企业持续竞争优势的关系具有影响？本部分通过质性研究，对企业面临的外部环境进行分析。

（一）外部环境的开放性编码

1. 技术环境的开放性编码

技术环境指的是一个国家或者地区的技术政策、技术水平、新产品开发能力以及技术发展动向等。其一方面可能为企业提供有利机会，即技术进步将使社会对企业生产的产品或服务的需求不断发生变化，进而为企业提供有利的发展机会；另一方面也可能给企业造成威胁。在被访者中，企业管理者从不同的视角分析了技术环境对本企业发展的影响。如被访者 D、被访者 E、被访者 F、被访者 G、被访者 L、被访者 M、被访者 O、被访者 Q 和被访者 S。有的被访者提出了技术发展迅速对企业的促进作用，有的提出了技术落后对企业发展的阻碍作用。

被访者 D：做我们这个行业的在国内有几家大单位，国际上也有一些竞争对手。从这几年的发展来看，我们在产量规模上已经是国际领先了，技术水平跟国外还是有差距的。

被访者 E-1：从技术层面来说，整个行业的技术发展得比较快，以前是手工画图、二维图纸，后来变成三维设计，最后是无图加工。现在我们不用再画图了，全都是机械化了，电脑操作。

被访者 E-2：技术的进步使目前的生产方式发生了很大的转变。模具主要是放在压机上生产，以前的压机是单一压机，人工操作，现在所有的都是自动化，包括压机、上料、取料都是自动化。以前是工人抬上一块材料，然后压机压一下，工人再抬下来，再放上去。现在全部是机械手在操作。

被访者 F：医药类行业受技术方面的影响很大。有些仿制药是比较好销售的。再有就是新的工艺，有一种治疗哮喘的药，以前都是口服制剂，后来做成吸入式也就是喷雾的方式，像这种药在市场上就比较好推广。

被访者 G：技术环境变化很大，我刚到这个公司的时候，我们不属于高新技术企业，两年以后我们成了高新技术企业的领头羊。我们公司不断加大研发力度，到现在为止研发团队有三四百人，而且还有增长的趋势。

被访者 L：我们现在烧劣质的矸石，是低热值的燃料。这块技术的规模上不来，单位煤耗还非常高。

被访者 M：目前钢铁冶金行业的技术更新加快了。

被访者 O：目前技术环境的变化非常快，我们本身是做手机游戏、电脑游戏的，基本上每两三个月就有很多很多的游戏开发出来，新游戏出来的时候，我们就得不断更新或者研发新的游戏产品。市场上原来可能赚钱的产品，两三个月就不行了。我们这个行业投钱的人越来越多，不论我们创新意识多么强，工作多么辛苦，竞争都非常激烈。

被访者 Q：技术环境变化很快，手机从4G更新到5G了。

被访者 S：原来产品刚刚进入中国的时候技术是领先的，随着产品市场的发展，现在一些民营企业也掌握了相应的生产技术，技术都差不多。

2. 市场环境的开放性编码

市场环境是指影响产品的生产以及销售的一些外部因素，包括需求因素、竞争环境、价格因素等。一个地区对产品的需求在很大程度上影响了企业的发展。同时竞争因素也起到了很大的作用，竞争是市场经济基本的规律，有竞争力的企业在市场上才能处于有利地位。企业在经营中，应发挥自身优势，力争在竞争中获胜。原材料的价格因素也是影响企业发展的一个重要因素。在访谈过程中，有些被访者提到了市场环境中的需求因素对企业发展的影响，比如被访者 M、被访者 N、被访者 G 和被访者 R。

被访者 M：钢铁产能过剩后，用户对钢铁产品的质量要求提高了。

被访者 N-1：这几年，电梯市场发展得非常快，需求量增加，应该是急剧增加。

被访者 N-2：市场需求给我们带来的发展机遇非常大，前所未有的需求量推动着企业的发展，市场需求应该是急剧增大。

被访者 G：这几年企业的成功主要归因于中国市场的开发，中国的市场需求还是比较大的。企业的领导层和董事会把中国区作为第二个开发市场，原因之一就是需求量比较大，我们还可以预计在未来的一段时间里，增长的、向上的曲线可能会逐步趋于平稳，但愿这种客户需求的趋势也能覆盖到整个亚太地区。

被访者 R：煤炭的需求量增加拉动了我们装备的需求，这是市场环境的变化，就是整个市场需求增加了。在过去，每 5 年是一个周期，但是这次持续 10 年了还在增长。主要是国家的经济建设、国家的发展拉动了能源的需求，能源的需求带动了我们装备的需求，这是大环境的变化。

有些被访者提到了市场环境中的竞争因素对企业发展的影响，比如被访者 A、被访者 D、被访者 H、被访者 I、被访者 Q 和被访者 T。

被访者 A：保险市场的竞争比较激烈，但市场竞争的环境不是特别好，各家公司可能都会去拼一些手续费或者其他的东西，这就造成了一个恶性竞争。

被访者 D：这几年受到了国际市场竞争的影响。

被访者 H-1：北京"虎踞龙潭"，竞争是很激烈的，很难去"冒尖"。

被访者 H-2：IT 行业竞争非常激烈，我们开发的用户是有限的，不可能支撑很长时间。同时面临一个与其他企业竞争客户的问题，而且这些客户的领导层也会进行更替，一旦更替就会影响产品的使用。

被访者 I：印刷业在北方尤其是在三、四线城市，不像南方或者北京、天津这样的大城市市场发展比较成熟，在我们地区，印刷业还处于初步发展阶段，没有形成成熟的市场、成熟的客户，也没有一个印刷联盟。这样会导致恶性的价格竞争。

被访者 Q：用户需求量会有很大的变化，以前用户使用手机只打电话、发短信，现在上网、看视频、拍照都离不开手机。

被访者 T：企业之间经常会有价格战，价格上的竞争是我们所有的 IT 行业面临的一个非常大的问题。方案可以满足这家企业的需求，但成本造价上去了，很多企业是追求成本的。

在访谈过程中，有些被访者提到了生产成本的价格因素对企业发展的影响，比如被访者 B、被访者 G 、被访者 L 和被访者 R。

被访者 B：生产原料涨价会影响公司的利润水平。

被访者 G：中国的人工成本跟欧洲市场相比还是比较低的。

被访者 L：现在全国煤炭行业是比较景气的，电厂多数是烧煤的，煤的价格上升就造成了我们发电的成本比较高。其他方面的成本降低，只能说减一点。但是煤的价格上升以后，这个总成本还是很高。

被访者 R：原材料成本下降了，对我们装备制造生产成本下降的影响是比较大的。

3. 政策环境的开放性编码

良好的政策环境能够促进企业快速发展,是企业顺利经营的保证。政府的宏观调控在企业的发展中起到了很大的作用。企业的发展需要政府制定财政、税收、金融、贸易等一系列相关的政策,解决企业的资金问题,同时也需要制定相关的法律政策,不断为企业营造一个公平的发展环境。在访谈中,被访者提到最多的就是政策环境。有些被访者提到了政策环境中的监管机制对企业产生了很大的影响,比如被访者 A、被访者 C 和被访者 N。

> 被访者 A－1:近年来,监管部门大力整顿保险市场,对市场的一些不规范竞争行为进行了有效的整治,基本上各家公司的盈利能力都在提高。
>
> 被访者 A－2:从监管的角度来说,一般是行业监管较多。
>
> 被访者 C:我们行业全靠政府规范,政府部门给企业提供必要的信息和技术支持,这是非常必要的。
>
> 被访者 N:政府政策对企业有很大的影响。规范市场监管,有利于企业的发展,但是,如果用过去陈旧的管理办法,也会给企业添不少麻烦。

在访谈过程中,有些被访者提到了政策环境中的贸易政策对企业产生了很大的影响,比如被访者 B。

> 被访者 B:公司产品主要是出口,贸易政策对公司的整体经营收入有很大的影响。

在访谈过程中,有些被访者提到了政策环境中的税收政策对企业产生了很大的影响,比如被访者 G 和被访者 P。

被访者 G：政府给我们提供了相当优惠的税收政策。

被访者 P：中关村的政策还是比较好的。我们企业现在享受退税政策，这样对我们的帮助还是挺大的，税对我们来说还是比较大的一部分支出。每年政策都会调整，但是大的政策应该不会变，国家对中小企业的扶持力度还是比较大的。

在访谈过程中，有些被访者提到了政策环境中的金融政策对企业产生了很大的影响，比如被访者 M、被访者 S 和被访者 T。

被访者 M：政府在银行授信、技术改造、稳定就业补贴等方面给予了企业一些支持，这对企业的发展影响还是挺大的。

被访者 S：政府要建设新农村，引入现代养殖业的时候它会在贷款优惠上予以支持。我们跟银行签了一个比较大的授信额度。

被访者 T：像我们这样的小型公司，通过政府的支持我们也会有一定的收益。国家现在支持小微企业融资。

在访谈过程中，有些被访者提到了政策环境中的行业政策对企业产生的影响，比如被访者 D、被访者 E、被访者 F。

被访者 D：我们单位这几年发展得比较快，水泥制造商是我们的客户，国家这几年大发展，所以说搞建设这块发展还是比较快的，但对行业环保的要求比较高，也有相关的国家政策制约。

被访者 E：政府对这个行业是有一定支持的。它有一个基本的出口退税，我们的企业是属于国家支持的一个行业。

被访者 F：药品受国家政策的影响是比较大的。药品能进入国家的医保目录很重要，非医保药品销售起来是很困难的，除非急需；也许你的销售一路看好，但是国家有降价的政策，效益会受很大影响。

（二）开放性编码的范畴提取

本节利用 NVivo 软件对编码进行分析和梳理，进行初始概念范畴化时，最终抽象出典型的 17 个概念和 9 个范畴，如表 3 - 4 所示。

表 3 - 4　开放性编码形成的范畴统计

编号	范畴名称	原始语句信息
1	技术更新	➤技术的进步使目前的生产方式发生了很大的转变。模具主要是放在压机上生产，以前的压机是单一压机，人工操作，现在所有的都是自动化（行业技术的进步） ➤做我们这个行业的在国内有几家大单位，国际上也有一些竞争对手。从这几年的发展来看，我们在产量规模上已经是国际领先了，技术水平跟国外还是有差距的（竞争对手技术的更新）
2	需求因素	➤市场需求给我们带来的发展机遇非常大，前所未有的需求量推动着企业的发展，市场需求应该是急剧增大（目前市场需求数量增加） ➤企业的领导层和董事会把中国区作为第二个开发市场，原因之一就是预计需求量比较大，我们还可以预计在未来的一段时间里，增长的向上曲线可能逐步趋于平稳，但愿这种客户需求的趋势也能覆盖到整个亚太地区（未来市场需求增加的预测）
3	竞争因素	➤这几年受到了国际市场竞争的影响（国际市场的竞争） ➤IT 行业竞争非常激烈，我们开发的用户是有限的，不可能支撑很长时间。同时面临一个与其他企业竞争客户的问题，而且这些客户的领导层也会进行更替，一旦更替就会影响产品的使用（国内同行的竞争）
4	价格因素	➤原材料成本下降了，对我们装备制造生产成本下降的影响是比较大的（原材料的价格下降） ➤中国的人工成本跟欧洲市场相比还是比较低的（人工生产成本的变化）
5	监管机制	➤近年来，监管部门大力整顿保险市场，对市场的一些不规范竞争行为进行了有效的整治，基本上各家公司的盈利能力都在提高（政府监管） ➤从监管的角度来说，一般是行业监管较多（行业监管）
6	贸易政策	➤公司产品主要是出口，贸易政策对公司的整体经营收入有很大的影响（影响企业的整体经营收入）
7	行业政策	➤我们单位这几年发展得比较快，水泥制造商是我们的客户，国家这几年大发展，所以说搞建设这块发展还是比较快的，但对行业环保的要求比较高，也有相关的国家政策制约（行业环保政策制约） ➤政府对这个行业是有一定支持的。它有一个基本的出口退税，我们的企业是属于国家支持的一个行业（行业特有的政策支持）

续表

编号	范畴名称	原始语句信息
8	税收政策	➤政府给我们提供了相当优惠的税收政策（优惠税收政策） ➤中关村的政策还是比较好的，我们企业现在享受退税政策，这样对我们的帮助还是挺大的，税对我们来说还是比较大的一部分支出（税收退税政策）
9	金融政策	➤政府在银行授信、技术改造、稳定就业补贴等方面给予了企业一些支持（银行授信、技术改造、稳定就业补贴等方面的支持） ➤政府要建设新农村，引入现代养殖业的时候它会在贷款优惠上予以支持，我们跟银行签了一个比较大的授信额度（授信额度的支持）

（三）外部环境的主轴编码

本书通过主轴编码，将外部环境分为技术环境、市场环境和政策环境。如表 3 – 5 和图 3 – 6 所示。

表 3 – 5　外部环境的主轴编码

主范畴	对应范畴	内涵
技术环境	技术更新	一个国家或者地区的技术政策、技术水平、新产品开发能力以及技术发展动向等
市场环境	需求因素	一定的顾客在一定的地区、一定的时间、一定的市场营销环境和一定的市场营销计划下对某种商品或服务愿意而且能够购买的数量
	竞争因素	市场经济中同类经济行为主体为了自身利益，增强自己的经济实力，排斥同类经济行为主体的相同行为的表现
	价格因素	价值的货币表现
政策环境	监管机制	国家出台的相关的监督管理政策
	贸易政策	政府为了某种目的而制定的对外贸活动进行管理的方针和原则
	行业政策	国家出台的针对某行业的相关的政策
	税收政策	政府为了实现一定时期的社会或经济目标，通过一定的税收政策手段，调节市场经济主体的物质利益，给以强制性刺激，从而在一定程度上干预市场机制运行的一种经济活动及其准则
	金融政策	政府或中央银行所采取的货币与信用政策的统称

63

图 3 - 6　外部环境构念

（四）外部环境的选择性编码

本书通过对访谈资料的内容进行分析，得出环境因素的三个构念：技术环境、市场环境和政策环境。其中市场环境包括需求因素、竞争因素和价格因素；政策环境包括监管机制、贸易政策、行业政策、税收政策以及金融政策。具体如图 3 - 7 所示。

（五）理论饱和度分析

本书再次对 4 个样本进行编码和分析，对图 3 - 7 所构建的外部环境模型进行饱和度检验，检验结果并未形成新的范畴和关系，因此"外部环境"的理论模型是饱和的。

三　基于扎根理论的竞争战略构型质性分析

竞争战略是企业和竞争对手进行竞争的经营战略（Barton & Ambrosini，2013）。竞争战略由 Porter（1980）提出，包括成本减少战略、差异化战略、集中化战略。本书参考 Porter（1980）、Schuler 和 Jackson

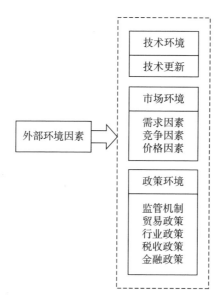

图 3 - 7 外部环境构型模型

（1987）对竞争战略的划分，对差异化战略和成本减少战略进行研究。

（一）竞争战略的开放性编码

1. 差异化战略的开放性编码

很多企业在激烈的竞争中采用了产品差异化战略，在提供给顾客的产品或服务方面，使客户能够把本企业产品和其他竞争性企业提供的同类产品有效区别开，从而使企业在市场竞争中占据有利地位。如被访者 A、被访者 H、被访者 N、被访者 R 和被访者 T，均提到了产品的差异化问题。

被访者 A：各家保险公司在费用的制定上差距不大，价格差不是很明显，主要还是在保障上，有的保障范围会宽一点，有的规定得相对严一点。

被访者 H：跟竞争对手相比，我们只能挖掘他们没有的东西。从市场的角度来说可增加我们产品的附加值，他们没有的我们得有。为了竞争我们只能提供比别人更多的附加值，使我们的产品有一个好的性价比。

被访者 N：我们有一个独特的优势，我们的服务跟当地的公安系统有一个"110 联动"。一旦电梯发生故障，一打 110 就可以直接转到我们维修这里来。第一时间能保障维修，是其他企业产品不具备的优势。

被访者 R：我们的产品是一种非标产品，差异化是非常大的，根据不同的用户、不同的煤矿设计不同的产品，它不像一台拖拉机，先生产出来再去卖。现在是我们先把用户找到，根据客户的地质条件来设计产品，一个矿一台采煤机，基本上所有的矿没有标准的采煤机，是整体的差异化。

被访者 T：每个客户的需求不一样，方案也不一样，也有很多客户同时需要几种方案来比较造价。

创新战略包括企业依据不断变化的外部环境，积极主动地在工艺、技术、产品等方面进行不断创新，从而使得企业在激烈的竞争中保持持续竞争优势。创新战略是以终端产品的创新为目的的一种竞争战略，采取这种战略的企业往往承担一定的风险。在访谈过程中，另一些被访者提到了企业采取的创新战略，如被访者 B、被访者 D、被访者 G、被访者 J、被访者 O、被访者 P 和被访者 R。在采取这种战略的企业中，一般是高新技术企业居多。

被访者 B：企业积极开发新产品，抢占新市场，进行差异化发展。

被访者 D：我们单位的优势在于技术研发，我们的产品靠自主研发和创新。

被访者 G：我们公司近年来加大了研发力度，包括压缩机、传动控制变频器等，研发团队现在为止有三四百人，且呈增长趋势。

被访者 J：我们企业比较注重创新，有了技术才会有市场。

被访者 O：企业的产品要创新，与其他同行竞争实质是在创新方面的竞争。

　　被访者 P：我们做的是商务管理软件，在国内处于空白状态，这块市场成为我们的"蓝海市场"，蓝海市场就是大的市场的一小部分，是我们的目标市场。

　　被访者 R：产品设计、产品工艺是企业的核心技术，需要自主研发、创新，这是非常关键的。现在我们基本要求硕士研究生以上学历的人员进入企业，这样以后才能有一些竞争力。

　　质量提升战略是强调追求产品的品质优质化。企业为了生产高质量的产品，在产品性能和产品质量等方面不断地做出努力。在 20 个被访者中，被访者 I 和被访者 S 提出了企业以质量为主打，采用质量提升战略占据市场的例子。

　　被访者 I：我们的企业现在属于发展阶段，而且发展的方向非常好。我们主要以质量取胜，不是以价格取胜。所以公司定位非常准，我们只做高质量的产品。我们这种理念也带动了客户，想要好东西、高质量的产品来我们这。我们的客户也明白了，在我们企业印东西，贵，但是只有这个地方出质量，出好东西。

　　被访者 S：我们的价格应该是最贵的，但质量还是不错的，我们的产品稳定性比较高，这也是饲料类产品对品质的要求。

2. 成本减少战略的开放性编码

　　采用成本减少战略的企业努力将生产的商品或提供的服务的成本降到比其他的竞争对手更低。这种战略下，减少成本成为企业的战略目标。在访谈过程中，一些被访者提到了本企业采取成本减少战略，如被访者 B、被访者 C、被访者 E、被访者 L 和被访者 M，包括减少管理费用、减少人工成本以及技术上面实行专业化。这些企业大多是规模化的制造企业。

被访者 B：我们采用全面预算管理制度控制成本费用的增加，进行各项技术改造、工艺改进，不断降低成本。

被访者 C：我们很注重削减一般管理费用来保持竞争力，企业通过提高运营效率或降低生产成本来超越竞争对手，就目前我们这个行业来讲，首先就得提高效率、降低成本，我们最主要的一项支出就是人力成本。

被访者 E-1：机械行业创新比较难，大家竞争的是成本，拼的是管理。

被访者 E-2：在设计上，我们通过无图化加工减少成本；在管理上，我们开发了一套信息系统。一般需要 9 个月的时间才能做 1 个项目，设计的流程特别复杂。我们现在通过管理系统进行管理。

被访者 L：随着煤价上涨，我们的成本一直是增加的。所以，为了减少成本，一个是加强管理，另一个是在技术上采取措施降低煤耗，减少热损失，节资降耗。

被访者 M：企业实施"行业对标"，加大节能和环保改造，能源成本大幅下降。

(二) 开放性编码的范畴提取

本研究利用 NVivo 软件对编码进行分析和梳理，进行初始概念范畴化。最终抽象出 9 个概念和 4 个范畴，如表 3-6 所示。

表 3-6　开放性编码形成的范畴统计

编号	范畴名称	原始语句信息
1	产品差异化战略	➤我们的产品是一种非标产品，差异化是非常大的，根据不同的用户、不同的煤矿设计不同的产品（产品本身的差异化） ➤跟竞争对手相比，我们只能挖掘他们没有的东西。从市场的角度来说可增加我们产品的附加值，他们没有的我们得有。为了竞争我们只能提供比别人更多的附加值，使我们的产品有一个好的性价比（产品附加值的差异化）

续表

编号	范畴名称	原始语句信息
2	创新战略	➢我们公司近年来加大了研发力度，包括压缩机、传动控制变频器等，研发团队现在为止有三四百人，且呈增长趋势（研发高技术含量的产品） ➢这块市场成为我们的"蓝海市场"，蓝海市场就是大市场的一小部分，是我们的目标市场（开发"蓝海市场"）
3	质量提升战略	➢我们的企业现在属于发展阶段，而且发展的方向非常好。我们主要以质量取胜，不是以价格取胜（注重产品品质） ➢我们的产品稳定性比较高，这也是饲料类产品对品质的要求（保持产品品质的稳定性）
4	成本减少战略	➢企业实施"行业对标"，加大节能和环保改造，能源成本大幅下降（与行业对标减少成本） ➢采取措施降低煤耗，减少热损失，节资降耗（减少原材料的使用成本） ➢我们很注重削减一般管理费用来保持竞争力，企业通过提高运营效率或降低生产成本来超越竞争对手，就目前我们这个行业来讲，首先就得提高效率、降低成本，我们最主要的一项支出就是人力成本（减少人力成本费用）

（三）竞争战略的主轴编码

本研究通过主轴编码，将竞争战略界定为差异化战略和成本减少战略，如表3-7和由 NVivo 软件得到的图3-8所示。

表3-7 竞争战略的主轴编码

主范畴	对应范畴	内涵
差异化战略	产品差异化战略	是指为使企业产品、服务、形象等与竞争对手有明显的区别，为获得竞争优势而采取的战略。这种战略的重点是创造被全行业和顾客都视为独特的产品或服务
	创新战略	是企业依据多变的环境，积极主动地在经营战略、工艺、技术、产品、组织等方面不断进行创新，从而在激烈竞争中保持独特的优势的战略
	质量提升战略	强调提供优质的商品或服务。企业为了生产高质量的产品，努力在产品性能和产品质量等方面不断地做出努力
成本减少战略	成本减少战略	努力将生产的商品或提供的服务的成本降到比其他的竞争对手更低。这种战略下，减少成本成为企业的战略目标，即要做到产品种类有限和工作程序标准化。成本最小化是企业追求的目标

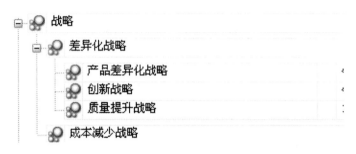

图 3 - 8　竞争战略构念

（四）竞争战略的选择性编码

通过扎根理论的分析，本研究主要参考了 Porter（1980）对竞争战略的划分以及 Schuler 和 Jackson（1987）、Huang（2001）对战略的测量方式，把企业竞争战略分为差异化战略和成本减少战略。通过访谈，本研究将差异化战略区分为产品差异化战略、创新战略和质量提升战略，具体如图 3 - 8 所示。

（五）竞争战略的理论饱和度分析

本研究再次对 4 个样本进行编码和分析，对图 3 - 9 所构建的竞争战略模型进行饱和度检验，检验结果并未形成新的范畴和关系，因此"竞争战略模型"的理论模型是饱和的。

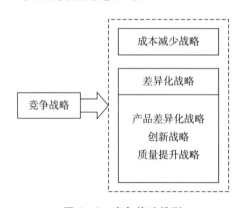

图 3 - 9　竞争战略模型

第五节　本章小结

本章选取北京、天津和河北三地 20 家企业的高层和中层管理人员进行深度访谈，与企业中高层管理人员进行了深入交流，收集到了充分的第一手资料，通过对先前理论和半结构化的访谈结果进行深入分析，采用基于扎根理论的质性研究的方法针对与 20 家企业访谈的内容进行编码和内容分析，为进一步测量战略人力资本、外部环境和竞争战略的影响因素及检验之间的关联机制提供了依据。

第四章 战略人力资本与企业持续竞争优势：理论构建与研究假设

第一节 概念模型的确定

通过前面的质性研究以及国内外相关研究的主要成果综述，我们可以得出与竞争战略匹配的战略人力资本包括内开型人力资本和外取型人力资本。相应地，依据战略人力资源管理的相关文献研究，我们提出与之相匹配的人力资源管理系统包括内开型人力资源管理系统和外取型人力资源管理系统。在此基础上，我们构造了包含外部环境、竞争战略、人力资源管理系统、战略人力资本以及企业持续竞争优势之间关系的概念模型，并根据概念模型提出研究假设。本章内容主要是从理论上建立战略人力资本的价值生成路径以及如何给企业带来持续竞争优势的概念模型。

本章的理论框架如图 4 – 1 所示。在这个理论框架下，人力资源管理系统作为对战略人力资本价值生成产生作用的影响变量，而战略人力资本又影响着企业持续竞争优势，即战略人力资本是人力资源管理系统与企业持续竞争优势的中介变量。同时人力资源管理系统、战略人力资本与企业持续竞争优势的关系又受到外部环境、竞争战略的调节作用。本章的研究假设包括以下六个部分：第一，人力资源管理系统与战略人力资本的构型研究；第二，人力资源管理系统与企业持续竞争优势关系研究；第三，人力资源管理系统与战略人力资本关系研究；第四，战略人力资本与企业持续竞争优势关系研究；第五，战略人力资本的中介作用；第六，竞争战略与外部环境的调节作用。

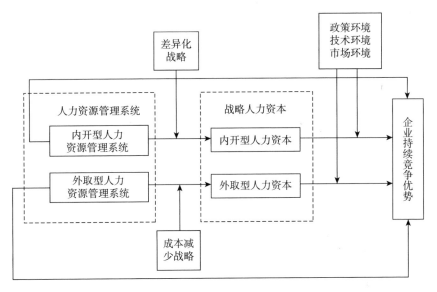

图 4-1　本研究的概念模型

第二节　研究假设的提出

一　人力资源管理系统研究假设

国外对人力资源管理系统的组成和结构进行了大量的研究（Zhao & Du，2012；Latham，2012）。Dyer（1988）将人力资源管理系统归纳为三大类，即利诱型、投资型和参与型。Schuler 和 Jackson（1989）将人力资源管理系统分为效用型、累积型和协助型。Arthur（1992）将人力资源管理系统划分为承诺型人力资源管理系统和控制型人力资源管理系统。Delery 和 Doty（1996）将人力资源管理系统分为市场导向型人力资源管理系统和内部发展型人力资源管理系统两类。Tsui 等（1997）认为每一个组织可能有多种人力资源管理系统，而这些人力资源管理系统可能会对企业绩效产生不同的结果。Lepak 和 Snell（1999）基于两个维度提出多重人力资源管理系统类型。Lepak 和 Snell（2002）根据不同就业模式的人力资本特征，提出承诺型人力资源管理系统、控制型人力资源管理系统、生产型人力资源管理系统以及合作型人力资源管理系统，并通过对 148 家公司的抽样调查，实证研究支持了人力资源系统的分类（不同的人力资源系统适用于不同的员工类型）。刘善仕等（2005）提出了高绩效工作系统"AOM 模型"，从能力开发、激励机制和参与机会三方面对如何进行人力资源的开发、利用与管理提出了一系列建议。刘善仕等（2008）把人力资源管理系统分为承诺型人力资源管理系统、市场型人力资源管理系统、合作型人力资源管理系统、控制型人力资源管理系统，研究表明，不同人力资源管理系统与不同企业战略的交互作用对企业利润和销售额增长率有显著影响。Morris 和 Snell（2007）以知识型企业为例，构建了基于企业型的人力资源管理系统与基于合作型的人力资源管理系统。Teo 等（2011）以澳大利亚制造业中的中小企业一线员工为例，对提升型人力资源管理系统进行了研究。肖静华等（2011）通过案例研究、实地访谈和问卷调查，针对企业人力资源管理系统的质量问题进行了实证研究。施杨和李南（2011）对国外高绩效人力资源管理系统进行了理论回顾、分析和展望。Singh 等（2012）以约旦企业为样本企业，对企业战略意图、高绩效人力资源管理系统以及人力资源经理的作用进行了研究。刘钢和何丹薇（2012）以两家成功实施过组织变革的公司为例，通过案例研究总结了创业企业组织变革过程中人力资源管理的核心问题。Zhou 等（2012）以 224 家企业为样本进行了实证研究，把人力资源管理系统分为合作型人力资源管理系统、承诺型人力资源管理系统、控制型人力资源管理系统和契约型人力资源管理系统。Cooke 等（2013）对巴西的柔性人力资源管理系统进行了实证研究。Gilman 和 Raby（2013）对英国和法国的中小型企业高绩效工作系统的有效性进行了对比分析。Ridder 等（2013）基于战略导向和人力资源导向的层次不同，提出了一个人力资源管理系统构型的概念模型，把人力资源管理系统分为战略型人力资源管理系统、行政型人力资源管理系统、激励型人力资源管理系统和以价值为基础的人力资源管理系统四个维度。吴坤津等（2013）对"家长式"人力资源管理的构成进行了分析。张瑞娟和孙健敏（2014）对创新导向的人力资源管理实践活动的内容和结构进行了探索。García-Carbonell 等（2018）认为内部沟通是建立一致的人力资源管理系统的决定因素。唐贵瑶等（2019）提出了绿色人力资源管理，并对企业规模对高管人力资源管理承诺、绿色人力资源管理与企业绩效的关系的调节作用进行了研究。

从国内外的研究文献看，学者们对这个问题的研究有两种截然不同的方向。一些学者关注人力资源管理系统内部的组成，并解释不同的组成如何带来不同的绩效产出，属于从人力资源管理系统的内部问题展开研究，并进行了实证研究；另外一些学者则研究不同的人力资源管理系统对企业竞争优势的影响，并解释了不同类型的人力资源管理系统。战略管理的观点主要是强调人力资源管理系统若要在企业战略管理中发挥更大的作用，就必须使人力资源管理系统和企业战略相适应。本研究根据业务层战略对人力资源管理系统进行划分时参考了 Delery 和 Doty（1996）、Lepak 和 Snell（1999，2002）、MacDuffie（1995）以及 Youndt 等（1996）的划分方式，将其分为内开型人力资源管理系统与外取型人力资源管理系统。差异化战略中，内开型人力资源管理系统注重从内部培育获取具有高知识、技能和能力水平的人力资本。外取型人力资源管理系统是企业实施成本减少战略时采用的管理方式，为了降低成本，这种人力资源管理系统重在减少人力成本的投入从而获取竞争优势，注重从外部市场直接获取企业所需的员工的知识、技能和能力。因此，有如下假设。

H1：人力资源管理系统分为内开型人力资源管理系统与外取型人力资源管理系统。

二 战略人力资本构型研究假设

不同的战略需要不同类型的人力资本与之匹配（Zhang et al. , 2011；高素英等，2012）。Greer 等（2017）认为人力资本的知识、技能、能力是企业战略实施的关键基础。当企业实施差异化战略时，需要内开型人力资本匹配。在知识方面，企业更看重员工隐性知识的价值创造作用及其在团队中的共享效果（何悦桐和卢艳秋，2011）。在能力方面，员工的知识、技能获取能力、共享与交互能力、转化与整合能力、吸收与应用能力、学习与创新能力是员工提升知识、技术的根本所在（加里·贝克尔，2007；陈建勋，2010）。吴淑娥等（2013）将具有创新动机和创新能力的人力资本命名为创新型人力资本，认为其载体是处于职位上升期、工资相对较低、知识模块逻辑性强但关联少、知识系统惰性低的员工。当企业实施成本减少战略时，需要外取型人力资本与之匹配。在知识方面，企业重视员工显性知识的可编码性、存储与重复性利用（Edvardsson，2004）。在技能方面，为了节约劳动力成本并降低次品率，企业会倾向于使用在劳动力市场中具备较低技术但熟练性较强的员工（Boxall，2003）；通常通过技术模仿与"后动优势"来与具备"先动优势"的竞争者抢夺市场份额（Carmeli & Tishler，2004；Bhattacharya et al. , 2014）。在能力方面，为了提供比竞争对手价格更低的产品，企业倾向于运用严格的规章制度来管理员工，更注重企业员工的业务能力和执行能力。

战略人力资本与一般性的人力资本的区别在于战略人力资本具有战略属性。战略人力资本对于企业的价值贡献取决于其是否被用于企业特有的战略竞争目标（Wang et al. , 2012）。本研究对战略人力资本的划分参考了 Delery 和 Doty（1996）、Lepak 和 Snell（1999，2002）、MacDuffie（1995）以及 Youndt 等（1996）对人力资源管理系统的划分，并在质性研究的基础上将战略人力资本分为与差异化战略匹配的内开型人力资本、与成本减少战略匹配的外取型人力资本。因此，有如下假设。

H2：战略人力资本分为内开型人力资本与外取型人力资本。

三　人力资源管理系统与企业持续竞争优势关系研究假设

战略人力资源管理更加关注人力资源管理系统对企业持续竞争优势的影响而不是企业绩效。国内外的一些学者对人力资源管理系统的组成和结构进行了大量的理论研究，通过实证研究证明了很多理论模型的假设，并通过实证研究对人力资源管理系统与企业竞争优势的关系进行了检验。Arthur（1992）最早进行了人力资源管理系统的实证研究，采用两种截然不同的人力资源管理系统（控制型与承诺型）的小钢铁厂的样本数据，结果发现相对于控制型人力资源管理系统，承诺型人力资源管理系统有更高的生产率、较低的废品率和员工流动率。Huselid（1995）使用了1000家公司数据检验了高绩效工作系统和公司绩效的关系，认为高绩效工作系统是全面的员工招聘和选拔程序、激励薪酬和绩效管理制度，以及广泛的员工的参与和培训，研究发现高绩效工作系统和公司财务业绩之间的关系是由员工流动率和生产力调节的。高绩效工作系统降低员工流动率和提高生产力，从而对公司财务业绩产生积极影响。MacDuffie（1995）使用1989～1990年62家国际汽车装配厂的调查数据检验了人力资源管理系统是否影响生产力。苏方国和赵曙明（2003）提出了系统化人力资源实践才是企业持续竞争优势的源泉。刘善仕等（2005）以中国连锁行业为研究样本，使用聚类分析对企业中不同的人力资源实践方式进行了组合，划分了高低水平的组别。Shih等（2006）以我国台湾地区公开的上市公司以及跨国公司分支机构的公司数据为样本，研究了高绩效工作系统对组织绩效的影响，发现绩效更好的企业会在更复杂的人力资源管理实践上进行投资，进一步提升组织绩效。Macky和Boxall（2008）研究了高绩效工作系统和雇员态度之间的关系。Subramony（2009）认为人力资源管理系统比单个实践对企业绩效更加有影响，结果重申了企业层面对人力资源管理投资的重要性。Guthrie等（2009）以资源基础论为基础，以爱尔兰企业为研究样本，通过实证分析表明高绩效工作系统对组织绩效有正向影响。邢周凌（2009）以中部六省"211 工程"高校 600 名教职员工为研究对象，对承诺型人力资源管理系统与组织绩效的关系进行了研究。研究结果表明，承诺型人力资源管理系统对教职员工的满意度、教学科研绩效、社会满意度、财务绩效具有显著的影响。安智宇和程金林（2009）对 130 家企业的数据分析表明，不同维度的人力资源管理实践对企业绩效有正向影响。Visser（2010）以军队组织为样本，认为不同的人力资源管理系统的配置会影响德国军队和美国军队在第二次世界大战中的战斗结果。李雪峰和蒋春燕（2011）基于制度理论对南通市通州区 154 家企业进行问卷调查，研究结果表明不正当竞争阻碍战略人力资源管理对企业绩效积极作用的产生，而政府支持显著加强了战略人力资源管理和企业绩效之间的促进作用。Gary（2012）对高绩效工作系统的要素进行了研究。Pereira 和 Gomes（2012）以 323 份企业的调查问卷为样本，对人力资源管理系统、领导权、组织环境以及企业绩效的关系进行了研究。研究结果表明，虽然组织环境在人力资源管理系统与企业绩效中的中介作用并不显著，但是可以作为领导权和企业绩效的中介变量。Harvey 等（2013）的研究表明，美国航空公司企业预期的绩效受到人力资源管理实践的影响，并通过实证分析进行了预测研究。杨浩和刘佳伟（2015）认为员工的行为可以作为影响人力资源管理和企业绩效的中介变量。Bai 和 Dorenbosch（2015）考察了多样化人力资源管理对组织绩效的影响，以及员工的年龄差异在二者关系中的调节作用。唐贵瑶等（2016）以中国制造业企业的 151 组 CEO 的人力资源经理配对数据为样本，实证分析了战略人力资源管理对新产品开发绩效的影响及其作用机理。赵曙明和孙秀丽（2016）以京津冀地区 168 家中小企业为样本进行了实证分析。研究结果表明，战略人力资源管理可以在 CEO 变革型领导行为与企业绩效之间起到部分中介的作用。田立法（2017）基于京津冀地区 164 家高新技术企业的调查数据，采用结构方程模型对人力资源管理实践、组织氛围强度与企业绩效的关系机理进行了统计检验。结果表明，激励导向型的人力资源管理实践对企业绩效的直接效应显著，是企业的最佳人力资源管理实践。

本研究通过国内外的一些学者对人力资源管理系统的组成和结构进行大量的理论研究的验证发现人力资源管理系统对企业竞争优势具有影响作用。由此，我们提出如下假设。

H3a：内开型人力资源管理系统与企业持续竞争优势正相关。

H3b：外取型人力资源管理系统与企业持续竞争优势正相关。

四　人力资源管理系统与战略人力资本关系研究假设

从目前的研究成果看，多数学者对人力资源管理系统与人力资本的关系进行了研究。国外学者认为，人力资源管理实践对组织的人力资本水平提升有直接的影响（Wright & Snell，1991；Martell & Caroll，1995；Snell & Dean，1992；Way & Johnson，2005）。Guthrie 和 Olian（1991）的研究表明，人力资源管理实践的甄选影响员工和管理者的特征，对工作绩效有正向的影响。Youndt 等（1996）认为员工所具备的知识、技能和能力是具有经济价值的，人力资源管理系统有助于提升人力资本的价值。Delaney 和 Huselid（1996）对人力资源管理系统予以关注，他们强调雇用高质量的员工，或提高全体员工的技能和能力，或两者兼而有之可以提升企业的人力资本。Becker 和 Huselid（2006）研究表明人力资源管理系统对企业员工的人力资本具有重要的影响。李书玲等（2006）认为高绩效人力资源管理系统，比如员工的选拔、培训等实践都可增加企业的人力资本存量。张正堂（2006）通过实证分析发现，培训和薪酬管理对提升员工技能水平有显著影响。Hsu 等（2007）以 206 名工程师为研究样本，研究结果表明，人力资源管理系统促进了组织人力资本的提升。Lopez-Cabrales 等（2009）对人力资源管理系统与知识的关系进行研究，结果表明，基于知识的人力资源管理系统对知识的价值性具有显著影响，但是对其稀缺性影响不显著。基于协作的人力资源管理系统对知识稀缺性的影响显著。该研究说明，形成同时具备高价值性、高稀缺性的知识资源，需要采用两种独立的人力资源管理系统才能实现；高稀缺性的知识资源比高价值性的知识资源更可能影响企业的创新战略；基于协作的人力资源管理系统比基于知识的人力资源管理系统更可能形成稀缺性的知识资源。朱伟民（2009）通过对 83 家科技型企业进行实证研究，探讨了战略人力资源管理如何用于构建和支撑组织的知识创造能力。研究结果表明，作为战略人力资源管理体系组成部分的人力资本获得、保持和激励影响着企业组织的知识创造能力，进而作用于企业创新。Lengnick-Hall 等（2011）对战略人力资源管理开发的组织应变能力进行了研究。蒋建武和赵曙明（2011）认为不同人力资源管理实践对员工创造力的共同作用并非简单的线性叠加，而是具有交互作用。Jiang 等（2012）以 106 家中国企业为样本，认为人力资源管理系统与员工创造力正相关，进而影响组织创新，其中，创新包括技术创新和管理创新。Kim 和 Lee（2012）以韩国的管理咨询行业为研究样本，认为人力资源管理系统能够提高员工的人力资本水平。宋志强等（2013）对企业高管团队人力资本与内部权力配置的关系进行了研究，并对如何提高高管团队人力资本的总体效应提出了相应的建议。Huang 等（2016）通过实证研究，认为高绩效工作系统能够激发员工的工作幸福感并提升员工的参与能力。林新奇和丁贺（2017）认为人力资源管理的强度对员工的创新能力和意向均具有正向影响。Kianto 等（2017）以 180 家西班牙的公司为例，通过调查数据证明了企业的人力资源管理实践可以提升员工的知识获取能力，进而影响企业整体的智力资本，产生更高的创新绩效。Hanedaa 和 Itob（2018）采用日本企业的相关调查，研究了人力资源管理与员工创新能力的关系。

从以上研究可以看出，人力资源管理系统促进组织人力资本的提升。企业采取的竞争战略不同，人力资源管理实践的侧重也不同，生成企业员工的知识、技能和能力亦不相同。追求差异化战略的企业，对员工隐性知识，员工的学习能力，技能的先进性、稳定性，员工创新能力等要求更高。因此，企业需要采用内开型人力资源管理系统，注重对员工知识、技能和能力的开发，相应地提升内开型人力资本的价值。而追求成本减少战略的企业，对员工显性知识、员工知识的重复性利用能力、员工实现产品低成本的规模化生产技术等要求会更高，注重节约人力资本的开发成本。该类企业实施外取型人力资源管理系统和注重获取外取型人力资本。因此，有如下假设。

H4a：内开型人力资源管理系统与内开型人力资本正相关。

H4b：外取型人力资源管理系统与外取型人力资本正相关。

只有组织采用的人力资源管理与企业的战略目标相匹配，才能提升企业人力资本价值，组织的效率和绩效才会得到提升（Becker & Huselid，1999），进而给企业带来持续竞争优势。不同竞争战略下，企业需要实施与竞争战略匹配的人力资源管理系统才能形成符合战略的战略人力资本，进而为企业带来竞争优势。Youndt 等（1996）证实，追求质量提升战略的企业，会采用人力资本强化型人力资源管理系统管理员工。人力资本强化型人力资源管理系统包括：看重操作技术、重视解决问题的能力、广泛的培训、操作技术的培训、解决问题能力的培训、发展型绩效评价、基于工作行为的绩效评价、规范的薪酬、基于技术的薪酬、基于群体的激励以及与外部市场薪酬保持一致。Lengnick-Hall 和 Lengnick-Hall（1988）提出人力资源影响战略，需要组织的业务战略和人力资源战略相匹配。Wright 和 Snell（1998）认为战略应该与三个一般概念变量相匹配：人力资源管理实践、员工技能和员工行为。Lepak 和 Snell（1999）指出，获取型人力资源管理系统可为企业节约大量高价值人力资本的开发成本。获取型人力资源管理系统包括详细的人员需求规划、强调甄选的招募、强调是否具备当前所需技术的招聘测试、低开发成本高招聘成本的内部雇用、旨在维护互利关系的公正合理的薪酬和福利、基于成本的工作轮换、较低自主性、较低参与机会、抱怨解决机制、员工建议机制。Valle 等（2000）认为，高度专业化的技术培训系统与成本缩减战略一致，多样化的技术培训系统与创新或质量提升战略一致。创新战略下，企业会通过培训形成未来可能需要的专业技术；成本减少战略下，培训会以提升个体现有技术为主要目标。Liu 等（2003）进一步指出，在低成本战略下，企业倾向于采用交易型领导力来形成基于知识的人力资本，采用授权型领导力形成基于工作协同的人力资本。Thite（2004）的研究也显示，在创新战略下，倡导信任关系的人力资源管理系统能够在知识工作者间形成合作关系以利于知识的形成。Werbel 和 DeMarie（2005）提出人力资源系统与公司战略的垂直匹配促进不同的组织能力的生成。Kor 和 Leblebici（2005）用法律公司作为分析的重点，研究发现企业利润分别来自专业人力资本提升战略或服务和地域差异化战略，但是当这些战略是同时进行，在高水平交互作用时会给企业盈利带来负面的影响。张正堂和刘宁（2005）认为战略人力资源管理强调人力资源管理与企业竞争战略之间的相互匹配关系。不同的竞争战略应与不同的人力资源管理系统进行匹配。Hsu 等（2007）以我国台湾地区企业为例证实，创新战略下企业需要员工具备较高的能力，而高绩效工作系统有助于员工高能力的形成。Beltrán-Martín 等（2008）对采用顾客服务质量提升战略的西班牙企业进行实证研究后发现，高绩效工作系统可以形成企业战略实施所需的柔性员工技术。Sun 和 Pan（2011）以中国东部 81 家服务型企业为样本，通过路径分析得出，差异化战略下，高绩效人力资源管理系统影响员工承诺，进而影响组织绩效。赵曙明等（2011）以 100 家在华跨国企业为研究样本，研究结果表明，企业绩效同人力资源管理与企业战略的整合程度有关，同时也和人力资源管理系统与国际化程度之间存在积极的关系。Buller 和 McEvoy（2012）认为人力资源管理系统的招聘、甄选以及培训会影响组织能力、员工的知识、技能、能力等，进而影响人力资本，竞争战略对其具有调节作用。纪晓丽和周兴驰（2012）将战略人力资源管理的契合问题总结为四种重要的基本契合模式，并通过对高新企业的实证研究分析了战略人力资源管理契合结构对企业人力资源管理效能的影响关系。研究表明，在高新企业中战略人力资源管理契合结构对企业人力资源管理效能有显著正向影响。何建武（2017）认为对企业竞争战略过程当中的人力资源管理的研究，一直都是学界非常关注的一个课题。在未来的发展过程中，只有充分调动人力资源管理的积极性，才能够充分挖掘人力资源本身的竞争性，进一步调动企业生产的积极性。王少国和潘恩阳（2018）运用 VAR 模型，采用格兰杰因果检验、脉冲响应和方差分解方法进行实证检验，证明企业创新与人力资本积累存在互为因果关系。

综上所述，从国内外的研究文献来看，不同的竞争战略对不同的人力资源管理系统和人力资本的提升具有很大的影响。本书参考 Porter（1980）、Schuler 和 Jackson（1987）对竞争战略的划分，对成本减少战略和差异化战略进行研究。当企业实施不同的竞争战略时，其会通过人力资源管理系统形成企业所需的战略人力资本。当企业实施差异化战略时，需要内开型人力资源管理系统促进内开型人力资本的形成；当企业实施成本减少战略时，需要外取型人力资源管理系统促进外取型人力资本的形成。因此，当我们探讨不同的竞争战略对人力资源管理系统与战略人力资本关系的调节作用时，提出以下假设。

H5a：差异化战略在内开型人力资源管理系统与内开型人力资本的关系中具有调节作用。

H5b：成本减少战略在外取型人力资源管理系统与外取型人力资本的关系中具有调节作用。

五　战略人力资本与企业持续竞争优势关系研究假设

近年来一些学者研究了战略人力资本对企业竞争优势的影响。Hayton（2003）研究了在中小企业中，战略人力资本对中小企业绩效的影响。Carmeli 和 Tishler（2004）对地方公共部门的战略人力资本对绩效的影响进行了研究。Widener（2004）对 107 个被访者进行调查，分析了战略人力资本与企业的管理控制系统的关系。但目前，很多学者还是从人力资本与企业绩效的关系的角度对战略人力资本的问题进行探讨。Hitt 等（2001）认为人力资本对企业绩效有正 U 型效应影响。方润生等（2002）认为人力资本结构变化对企业绩效的提高有着积极的促进作用。廖忠祥（2003）对知识型企业如何激励代理人对人力资本的投资，进而形成知识型企业独特的竞争优势进行了研究。Hatch 和 Dyer（2004）研究发现人力资本投资对企业绩效有非常重大的影响。他们发现，三个因素（人力资本的选择、培训开发和配置）大大提高了"干中学"水平，从而提高了企业绩效。陈志辉（2005）认为企业家资本对企业经营绩效的提高有正向影响。Hsu 等（2007）认为人力资本通过知识共享对企业绩效产生积极影响。Takeuchi 等（2009）认为高水平的人力资本可以为企业带来持续竞争优势。Ignacio 和 Miguel（2009）指出，在企业中，培训是提升人力资本的重要方式，可使企业获得持续的竞争优势。Gao 等（2009）以中国上市公司为研究样本，对人力资本与企业绩效的关系进行了实证研究。Ployhart 等（2011）基于资源基础论提出一个动态模型，认为一般的人力资本通过认知能力的改变形成企业特殊的人力资本，企业特殊的人力资本通过先进的培训以及经验积累导致企业服务行为以及生产效率的变化。李永周等（2011）认为异质型人力资本是现代企业人力资源体系中的一个特殊群体，也是构筑和保持企业核心竞争优势的重要基础。Coff 等（2012）认为人力资本会给企业带来持续竞争优势。邓学芬等（2012）对 60 家上市高新技术企业的公开资料进行了实证研究，结果表明，企业人力资本存量对企业绩效的影响比企业人力资本流动对企业绩效的影响小。王晓文等（2012）基于能力视角，论证了创业能力在创业者人力资本和新创企业绩效关系中的中介作用。研究发现，创业者人力资本对新创企业绩效的影响是通过创业能力的中间传导促成的，即创业能力发挥了中介作用，不同类型的人力资本对不同的创业能力发挥作用。朱焱和吴盈（2017）对互联网企业专用性人力资本投资对绩效的影响进行了研究，认为互联网企业专用性人力资本投资对企业绩效有显著影响，互联网企业专用性人力资本投资对企业发展能力有显著影响，发展能力是互联网企业专用性人力资本投资和企业绩效之间的部分中介变量。

通过以上文献，我们可以看出，现有对战略人力资本与企业竞争优势进行直接研究的文献并不多见，本研究认为，在资源基础论的框架下，战略人力资本可以提升企业竞争优势。因此，有如下假设。

H6a：内开型人力资本与企业持续竞争优势正相关。

H6b：外取型人力资本与企业持续竞争优势正相关。

国外学者对环境的不确定性研究比较早，Hambrick（1983）的研究显示，在既定外部环境的条件下，并不是所有的企业实施创新战略都能对企业绩效产生正向影响。Milliken（1987）认为环境的不确定性可以界定为人对环境可能会发生变化方向的不可预测性。目前，在考虑外部环境时，不同学者选择的视角不尽相同，有的学者把企业的战略、市场定位作为调节变量；有的学者把行业增长、资本密集度、环境动态性和技术密集度等作为调节变量（Batt，2002；Lepak et al.，2003；Datta et al.，2005）。Batt（2002）将环境作为重要的权变因素进行了检验。Datta 等（2005）的研究结果表明，在动态环境下高参与工作系统对员工生产率具有负向影响。程德俊和赵曙明（2006）以环境变化的动态性为调节变量，对高参与工作系统对企业绩效有积极影响的假设进行了验证。Selvarajan 等（2007）认为差异化战略影响企业授权型人力资本哲学的相对作用，并受到产业环境的调节。此外，企业的人力资本哲学调节了战略与企业创新性之间的关系。Inmaculada 等（2009）以资源基础论为基础，以 145 家西班牙出口公司的食品加工部门为样本，认为一系列人力资源实践的集合统称为高绩效工作系统，对企业的出口表现产生积极的影响，并且这种关系将受到总体业务环境的不确定性水平的影响。毛娜等（2010）对环境、战略、人力资源管理三者之间的"匹配"关系进行了研究，认为不同的经济环境中，企业在相应的战略指导下，采用不同的人力资源管理模式会对企业绩效产生截然不同的效果。曾萍等（2011）构建了一个环境不确定性、企业战略反应及动态能力关系的理论模型，并采用来自珠三角企业的数据进行了实证检验。研究结果表明，环境动态性可以间接通过创业导向与组织学习影响动态能力的构建，而环境复杂性对于动态能力的形成则没有影响。邓少军等（2011）

的纵向案例研究表明，企业在动态变化的环境下能够实施战略转型并获得成功的前提与关键是具有与环境变化相匹配的动态能力，动态能力是影响战略转型的关键要素。权圣容等（2012）以韩国企业集团为例，对不确定环境下多元化战略对企业绩效的影响进行了研究。颜彦（2018）通过分析形成开放经济环境的国内国际经济形势，以及对新兴市场经济环境下丰富的人口资源转变为高质量的人力资本做了深入分析，阐明了在职培训是企业提升其人力资本竞争力的有效途径。

从国内外研究看，学者大都认为环境对战略人力资本以及企业绩效的关系产生了影响。环境的不确定性会对战略人力资本与企业持续竞争优势的关系产生调节作用。因此，有如下假设。

H7a：技术环境在内开型人力资本与企业持续竞争优势的关系中具有调节作用。

H7b：技术环境在外取型人力资本与企业持续竞争优势的关系中具有调节作用。

H8a：市场环境在内开型人力资本与企业持续竞争优势的关系中具有调节作用。

H8b：市场环境在外取型人力资本与企业持续竞争优势的关系中具有调节作用。

H9a：政策环境在内开型人力资本与企业持续竞争优势的关系中具有调节作用。

H9b：政策环境在外取型人力资本与企业持续竞争优势的关系中具有调节作用。

六　战略人力资本的中介作用研究假设

在对人力资源管理系统与企业持续竞争优势的研究中，一些学者开始研究两者之间的中介变量，其中，人力资本或人力资本的某个方面是最受关注的中介变量之一（Lin & Kuo，2007）。Lepak 和 Snell（1999）以员工人力资本价值的大小和员工人力资本独特性的高低两个维度在理论上说明企业内部需要对不同的员工采用不同的人力资源管理政策。Youndt 等（2004）检验了人力资本在人力资源管理影响组织绩效过程中的中介作用，发现人力资本在人力资源管理影响企业绩效的过程中具有部分而不是完全的中介作用。Susana 等（2005）认为高绩效人力资源实践能够产生员工的组织学习能力，进而对企业绩效产生积极的影响。Lin 和 Shih（2008）的研究结果表明，通过战略人力资源管理生成的 TMT 社会融合作用的进步性可以提高企业绩效。张一弛和李书玲（2008）将企业战略实施能力作为中介变量，研究了高绩效人力资源管理系统对企业绩效的影响。Lopez-Cabrales 等（2009）检验了人力资源实践生成知识能力、对企业创新绩效产生的正向影响。陈云云等（2009）应用战略人力资源管理理论和人力资本理论探讨了员工的人力资本投资意愿在高绩效人力资源管理与员工绩效关系中的作用。实证研究结果支持了专用性人力资本投资意愿的中介作用。王朝晖（2009）以员工的能力、动机和工作的机会为中介变量，对人力资源管理实践与组织绩效进行了分析。袁勇志等（2010）对承诺型人力资源系统进行了研究，72 家企业的 632 名员工的实证分析结果表明，承诺型人力资源实践与知识共享显著相关，并且组织内社会资本在两者之间起部分中介作用。苗慧和宋典（2010）为了深化战略人力资源管理对企业绩效的作用机制的认识，以人力资本为中介变量，对企业市场型战略人力资源管理和培育型战略人力资源管理对企业绩效的影响路径进行了实证探究。Medina 等（2011）认为人力资本和社会资本是人力资源管理实践与创新绩效的中介变量。Jiang 等（2012）把人力资源管理系统分为三个维度，即技能提高型、动机提高型以及机会提高型。通过实证分析，研究结果表明，技能提高型人力资源管理实践更能影响员工的人力资本水平，人力资源管理实践的三个维度通过人力资本直接或者间接影响财务绩效。Alfes 等（2013）以英国 297 个服务业员工为样本数据进行了实证研究，认为人力资源管理实践影响员工的组织公民行为以及员工流失意图，进而影响组织绩效。同时，员工的敬业程度在人力资源管理实践与员工的组织公民行为以及人力资源管理实践影响与员工流失意图的关系中起到了中介作用。Wang 等（2015）的实证研究认为，对人力资源部门的客户关系进行管理以及企业人力资本的中介效应可以影响企业的最终组织绩效。王侠和吴价宝（2016）认为组织学习可以作为人力资源管理和组织绩效之间的中介变量，提出模型并进行了假设验证，认为组织学习包括具有发现机会和挑战的能力，具有创新性的发明能力，员工具有很强的执行能力，注重知识积累、分享、转化和反馈。

由此可见，在上述研究中，学者把基于企业员工经验、知识和技能以及能力，并通过各种人力资源管理系统形成的战略人力资本作为人力资源管理系统与企业竞争优势之间的中介变量来研究战略人力资源管理领域的"黑箱"问题。因此，本研究把战略人力资本作为中介变量，即通过企业人力资源系统提升战略人力资本的价值，从而推动企业实现以战略目标为导向的持续竞争优势。因此，有如下假设。

H10a：内开型人力资本在内开型人力资源管理系统与企业持续竞争优势的关系中具有中介作用。

H10b：外取型人力资本在外取型人力资源管理系统与企业持续竞争优势的关系中具有中介作用。

第三节　本章小结

本章在第三章质性研究的基础上，结合相关文献，进行了更为深入的分析，并通过系统的梳理与归纳，构建了本书的概念模型。根据概念模型，本章共提出了 10 个研究假设，具体包括：H1 分析了与具体战略匹配的人力资源管理系统的划分；H2 分析了与具体战略匹配的战略人力资本的构型；H3a 和 H3b 分析了人力资源管理系统与企业持续竞争优势的关系；H4a 和 H4b 分析了人力资源管理系统与战略人力资本的关系；H5a 和 H5b 分析了竞争战略在人力资源管理系统与战略人力资本关系中的调节作用；H6a 和 H6b 分析了人力资本与企业持续竞争优势的关系；H7a、H7b、H8a、H8b、H9a 和 H9b 分析了企业外部环境对战略人力资本与企业持续竞争优势关系的调节作用；H10a 和 H10b 分析了战略人力资本在人力资源管理系统与企业持续竞争优势中的中介作用。研究假设总结如表 4-1 所示。

表 4-1　研究假设汇总

序号	编号	假设
1	H1	人力资源管理系统分为内开型人力资源管理系统与外取型人力资源管理系统
2	H2	战略人力资本分为内开型人力资本与外取型人力资本
3	H3a	内开型人力资源管理系统与企业持续竞争优势正相关
4	H3b	外取型人力资源管理系统与企业持续竞争优势正相关
5	H4a	内开型人力资源管理系统与内开型人力资本正相关
6	H4b	外取型人力资源管理系统与外取型人力资本正相关
7	H5a	差异化战略在内开型人力资源管理系统与内开型人力资本的关系中具有调节作用
8	H5b	成本减少战略在外取型人力资源管理系统与外取型人力资本的关系中具有调节作用
9	H6a	内开型人力资本与企业持续竞争优势正相关
10	H6b	外取型人力资本与企业持续竞争优势正相关
11	H7a	技术环境在内开型人力资本与企业持续竞争优势的关系中具有调节作用
12	H7b	技术环境在外取型人力资本与企业持续竞争优势的关系中具有调节作用
13	H8a	市场环境在内开型人力资本与企业持续竞争优势的关系中具有调节作用
14	H8b	市场环境在外取型人力资本与企业持续竞争优势的关系中具有调节作用
15	H9a	政策环境在内开型人力资本与企业持续竞争优势的关系中具有调节作用
16	H9b	政策环境在外取型人力资本与企业持续竞争优势的关系中具有调节作用
17	H10a	内开型人力资本在内开型人力资源管理系统与企业持续竞争优势的关系中具有中介作用
18	H10b	外取型人力资本在外取型人力资源管理系统与企业持续竞争优势的关系中具有中介作用

第五章　战略人力资本与企业持续竞争优势：问卷设计与数据收集

第一节　调查问卷的设计

一　调查问卷的设计过程

在文献回顾、质性研究以及提出研究假设的基础上，本研究需要通过大量数据对研究假设进行实证检验。本研究属于企业层面的研究，所涉及的外部环境、竞争战略、人力资源管理系统、战略人力资本以及企业持续竞争优势数据无法从企业资料中直接获得，故采用调查问卷的方式进行数据收集。为了设计出一份科学合理的调查问卷，尽可能地实现相关变量的测度和假设检验，使问卷具有较高的信度和效度，本研究采取以下 4 个步骤进行问卷的设计。具体如图 5 - 1 所示。

图 5 - 1　问卷的设计过程

（一）通过文献研究形成初始问卷

通过对外部环境、企业竞争战略、人力资源管理系统和企业持续竞争优势的相关文献的收集，整理了现有相关变量的测量量表。

（二）通过访谈修正问卷

通过访谈形成战略人力资本的测量量表，并对已有的测量量表进行初步修正。与企业的中高层管理人员当面讨论，征求他们对测量量表的意见，对量表的项目进行修改和补充，使项目语言更加精练、准确，并能够切实反映企业的实际情况，易被企业员工理解。根据他们的建议对问卷进行进一步的完善。

（三）预调研

在进行正式调研之前，为了避免问卷的内容、语法与措辞等方面使填答人产生误解导致其误答问卷，影响问卷的信度与效度，本研究先进行了小规模预调研，对预调研回收的数据进行了信度分析和效度分析，并根据分析的结果对问卷进行了调整。

（四）正式调研

经预调研，本研究形成最终的调查问卷，进行正式调研，并对回收问卷的数据质量进行验证性评估。

二　调查问卷的内容

依据战略人力资本价值生成路径（即人力资源管理系统与战略人力资本的关系）以及如何给企业带来持续竞争优势的概念模型，最终形成调查问卷。问卷的开头部分主要阐述了本次调研的目的、对填答人的保密情况以及如何填写问卷。问卷内容主要包括以下 7 个部分：

（一）企业的基本信息，包括企业的名称、员工人数、企业成立时间、地域、所属行业以及企业性质等；

（二）填答者的基本信息，包括填答者的职位、学历、在本单位工作年限；

（三）企业运营中所面临的外部环境情况；

（四）企业产品或服务所选的竞争战略；

（五）企业人力资源管理情况；

（六）企业的战略人力资本情况；

（七）企业的持续竞争优势情况。

三 调查问卷变量的测量

为确保调查问卷的效度与信度，本研究搜集了国内外相关文献，选取了已经被国内外学者证实较为成熟的测量量表。外部环境、企业竞争战略在采用国外成熟量表的基础上，根据访谈的内容以及国内的实际情况进行了修正。人力资源管理系统和企业持续竞争优势这两个变量的测量采用国外现有文献已使用过的量表。由于缺乏适合本研究的战略人力资本量表，我们在借鉴国外文献的基础上，通过实地访谈，自行设计了相应的测量题项，开发了战略人力资本的量表。本研究采用了 5 点李克特量表法来测量外部环境、竞争战略、人力资源管理系统、战略人力资本以及持续竞争优势，分成"非常不同意""不同意""不确定""同意""非常同意" 5 个选项，分别给予 1 分、2 分、3 分、4 分、5 分。

（一）外部环境量表

随着企业面临的外部环境变化加快，外部环境对企业竞争战略的选择、企业人力资源管理、战略人力资本以及企业持续竞争优势的影响越来越明显。为了测量环境的不确定性，我们采用了 Covin 和 Slevin（1989）、Waldman 等（2001）的测量方式，通过访谈进行了修正，如表 5-1 所示。

（二）竞争战略量表

本研究主要参考了 Porter（1980）、Schuler 和 Jackson（1987）对竞争战略的划分以及 Huang（2001）对战略的测量方式，把竞争战略分为差异化战略和成本减少战略，并根据访谈内容进行了修正，如表 5-2 所示。

表5−1　外部环境初始测量量表

测量维度	测量题项	参考来源
技术环境 （TE）	（te1）本行业的技术变化非常快	Covin 和 Slevin（1989）、 Waldman 等（2001） 以及访谈
	（te2）本行业的技术变化为企业提供了许多机会	
	（te3）本行业的技术创新使大量新产品的创意得以成功开发	
	（te4）本行业经历了一系列重要的技术进步	
市场环境 （ME）	（me1）客户需求和对产品偏好变化非常快	
	（me2）客户总是在追求新产品	
	（me3）从来不购买我们产品的客户也可能对我们的产品产生需求	
	（me4）新客户的产品需求与现有客户的产品需求十分不同	
政策环境 （SE）	（se1）政府以及相关部门能为本企业提供必要的信息和技术	
	（se2）政府以及相关部门为企业提供资金发挥了很重要的作用	
	（se3）政府以及相关部门帮助企业获得各种许可，如引进技术	
	（se4）政府以及相关部门很少对企业的经营进行干涉	

注："测量维度"列的变量下方英文字母为变量的简写，下同。

表5−2　竞争战略初始测量量表

测量维度	测量题项	参考来源
差异化 战略 （DS）	（ds1）企业有质量管理小组	Porter（1980）、 Schuler 和 Jackson（1987）、 Huang（2001） 及访谈
	（ds2）企业强调成为一个高质量生存者	
	（ds3）企业主要基于质量进行竞争	
	（ds4）企业积极地从事创新与研发活动	
	（ds5）企业经常更新产品（或服务）的特性	
成本减 少战略 （CS）	（cs1）企业注重削减一般管理费用来保持竞争力	
	（cs2）企业通过提高运营效率或降低生产成本来超越竞争对手	
	（cs3）企业严格控制劳动力成本	

（三）人力资源管理系统量表

本研究主要参考了 Delery 和 Doty（1996）、Lepak 和 Snell（1999，2002）、MacDuffie（1995）以及 Youndt 等（1996）对人力资源管理系

统测量的量表，内开型人力资源管理系统倾向对员工进行投资，更注重对员工知识、技能、能力的培养。外取型人力资源管理系统则更加注重缩减投入成本。测量的项目包括甄选、培训、薪酬、绩效评价、员工参与、工作轮换、内部晋升、团队信息分享等，如表5-3所示。

表5-3　人力资源管理系统初始测量量表

测量维度	测量题项	参考来源
内开型人力资源管理系统（IHRMS）	（ihs1）对应聘者的行业知识和经验进行评估	Delery 和 Doty（1996）、Lepark 和 Snell（1999，2002）以及 Youndt 等（1996）
	（ihs2）关注应聘者的团队合作能力	
	（ihs3）重视应聘者潜在的学习能力	
	（ihs4）为员工提供持续的培训	
	（ihs5）员工的薪酬和奖励包含企业利润分享等激励成分	
	（ihs6）员工的薪酬和奖励包括广泛的福利	
	（ihs7）员工的薪酬和奖励包括对创新进行奖励	
	（ihs8）企业的绩效评价强调员工的团队绩效	
	（ihs9）绝大多数技术、管理人员有正式的职业发展规划	
	（ihs10）企业战略、市场和客户反馈等信息与绝大部分员工共享	
外取型人力资源管理系统（EHRMS）	（ehs1）企业甄选程序比较广泛和全面	
	（ehs2）强调改善员工当前的工作绩效	
	（ehs3）侧重于员工更加遵守规则、法规和程序	
	（ehs4）员工的薪酬和奖励基于市场工资	
	（ehs5）员工的薪酬和奖励设计要确保员工之间的公平	
	（ehs6）员工的薪酬和奖励主要集中在短期绩效	
	（ehs7）企业的绩效评价依据客观的、量化的结果	
	（ehs8）企业允许少量员工参与绩效目标设定与评价	

（四）战略人力资本量表

本研究在对组织中的战略人力资本进行测量时，将其分为知识形态、技能形态和能力形态三种要素。本研究基于访谈对战略人力资本从知识、技术和能力三个维度进行测量，具体如表5-4所示。

表 5 - 4 战略人力资本初始测量量表

测量维度	测量题项	参考来源
内开型 人力资本 （IHC）	（ihc1）企业更加关注员工的创新型知识	访谈以及 相关文献
	（ihc2）企业更加关注员工拥有相关行业中本企业独有的知识	
	（ihc3）企业更加关注员工的经验	
	（ihc4）企业更加关注学习和掌握本专业技术发展中出现的新工艺、新技术、新材料和新方法的技能	
	（ihc5）企业更加关注解决技术操作上的难题，参与技术改造与革新的技能	
	（ihc6）企业更加关注员工的创新能力	
	（ihc7）企业更加关注员工的组织学习能力	
外取型 人力资本 （EHC）	（ehc1）企业更加关注员工的应用型知识	
	（ehc2）企业更加关注拥有相关行业中多数企业员工共同掌握的知识	
	（ehc3）企业更加关注技术岗位相关的技术操作技能	
	（ehc4）企业更加关注员工的业务能力	
	（ehc5）企业更加关注员工的执行能力	

（五）企业持续竞争优势量表

本研究从竞争位势、技术匹配、顾客价值、人力资源绩效四个维度对企业的持续竞争优势进行测量，具体参考了 Helfat 等（2007）、Dyer 和 Reeves（1995）的测量方式，如表 5 - 5 所示。

表 5 - 5 企业持续竞争优势初始测量量表

测量维度	测量题项	参考来源
企业持续 竞争优势 （SCA）	（sca1）利润增长率较高	Helfat 等（2007） 以及 Dyer 和 Reeves（1995）
	（sca2）销售收入增长率较高	
	（sca3）运营成本很低	
	（sca4）产品/服务质量很高	
	（sca5）新产品、新业务开发能力提高	
	（sca6）市场份额增长率较快	

续表

测量维度	测量题项	参考来源
企业持续 竞争优势 （SCA）	（sca7）营利性回头型顾客较多	
	（sca8）营利性引荐型顾客较多	
	（sca9）吸引优秀人才的能力提高	
	（sca10）留住优秀人才的能力提高	

第二节　预调研及数据分析

一　问卷发放与数据收集

为了提高调查问卷的信度和效度，本研究在大规模发放调查问卷收集数据之前，首先进行了小样本的预调研，发放问卷的被调查对象一般为总经理、人力资源管理者或者直线经理，采取两种问卷发放和回收方式。一是实地发放调查问卷，作者利用博士期间所在院校 MBA 学员培训的机会，进行纸质问卷发放。作者选择 MBA 学员作为问卷发放对象的原因是，MBA 学员定时上课，条件便利，回收率能够得到保证；且 MBA 学员大多在企业从事管理工作，了解企业的具体情况，因此，能够比较容易地理解问卷中的题项并做出正确的判断。二是以电子文件的方式通过人力资源 QQ 群发放。预调研经历 3 个月的时间，发放问卷 234 份，共收回 177 份，剔除填写不规范、缺失值较多的无效问卷，得到有效问卷 106 份。回收率和有效回收率分别为 75.6% 和 45.3%。

二　样本描述性统计

本次调查的样本覆盖河南、湖北、新疆、江苏、辽宁、四川、广东、陕西、河北、湖南、吉林、浙江、内蒙古 13 个省份以及北京、天津和上海 3 个直辖市。样本分布具有一定的广泛性和代表性，符合统计分析要求。

本次调查涉及了多个行业，调查结果的分布见表 5-6。由表 5-6 可以看出，本次调查的样本主要分布在制造业和信息传输、软件和信息技术服务业，分别占 33.02% 和 25.47%，累计占比为 58.49%；批发和

表 5-6 样本分布的基本特征

单位：%，人

基本特征	分类	样本数目	百分比
行业性质	制造业	35	33.02
	信息传输、软件和信息技术服务业	27	25.47
	批发和零售业	14	13.21
	房地产业	9	8.49
	建筑业	7	6.60
	金融业	6	5.66
	其他	8	7.55
	合计	106	100
企业性质	私营企业	56	52.83
	国有独资企业	21	19.81
	中外合资企业	10	9.43
	外商独资企业	9	8.49
	集体企业	3	2.83
	其他	7	6.60
	合计	106	100
企业规模	50~100	35	33.02
	101~500	38	35.85
	501~1000	8	7.55
	1001~2000	8	7.55
	2001~5000	9	8.49
	5001 以上	8	7.55
	合计	106	100

基本特征	分类	样本数目	百分比
企业成立时间	1980 年之前	11	10.38
	1981～1990 年	2	1.89
	1991～2000 年	33	31.13
	2001～2005 年	30	28.30
	2006 年至今	30	28.30
	合计	106	100

零售业占 13.21%、房地产业占 8.49%、建筑业占 6.60%、金融业占 5.66% 以及其他占 7.55%；在企业性质方面，样本量最大的是私营企业，占 52.83%，其次是国有独资企业，占 19.81%，中外合资企业、外商独资企业以及集体企业，占比分别为 9.43%、8.49% 和 2.83%，其他占 6.60%。将样本企业的规模按照员工人数进行分类，员工人数在 50～100 人的企业数量为 35 家，占比为 33.02%；员工人数在 101～500 人的企业数量为 38 家，达到 35.85%，所占比重最大；501～1000 人的企业数为 8 家，占比为 7.55%，1001～2000 人的企业数为 8 家，占比为 7.55%；2001～5000 人的企业数为 9 家，占比为 8.49%；5001 人以上的企业数为 8 家，占比为 7.55%；从企业成立时间来看，样本企业的成立年限集中分布在 1991 年以及以后，占到了总样本的 87.73%，而在这部分中分布最多的是 1991～2000 年的企业，有 33 家，占 31.13%，其次是 2001～2005 年和 2006 年至今的企业，均占 28.30%，1981～1990 年的企业共两家，占了 1.89%，1980 年之前共 11 家，占 10.38%。

三　信度和效度检验

为了提高问卷的效度与信度，本研究在大规模发放正式问卷之前对预调研的数据进行检验，进而得到更为精简的、有效的变量测量量表，采用 SPSS 16.0 对量表进行信度和效度检验。

信度分析是指检验量表测量数据的可靠程度。量表的信度包括内在信度和外在信度。本研究主要采用 Cronbach's a 系数测量量表的内在信度，通常量表的 Cronbach's a 系数大于或等于 0.9，则量表的内在信度很高；Cronbach's a 系数大于或等于 0.8 而小于 0.9，则认为内在信度是可接受的；如果 Cronbach's a 系数大于或等于 0.7 而小于 0.8，则认为也算可以接受的范围；Cronbach's a 系数值大于或等于 0.60 而小于 0.70，是最小可接受值范围（吴明隆，1990）。

效度主要包括内容效度和结构效度两种。本研究的量表参考了相关已有的研究文献，并结合访谈对测量项目的设置进行了修正和开发。因此，量表具有很高的内容效度。结构效度是指测量项目与被研究的理论的一致性程度。结构效度一般包括收敛效度和区分效度（Straub，1989；Bock 等，2005；Bock & Kim，2002）。收敛效度是指测量项目的一致性（Simons 等，1999），主要采用纠正项目的总相关系数（Corrected-Item Total Correlation，简称"CITC"）来进行评价，一般低于 0.5 的项目，就认为其收敛效度较差（Bock 等，2005；Bock & Kim，2002）。本研究采用 CITC 不低于 0.5 这个评价标准。区分效度是指不同变量测量之间的差异化程度。一般采用探索性因子分析和验证性因子分析。本研究在预调研时采用探索性因子分析来确定因子的维度，在大规模正式调研时采用验证性因子分析进行验证。之前，需要对样本进行 KMO 和 Bartlett 球形检验来判断是否可进行因子分析。Kaiser（1974）认为，如果 KMO 值小于 0.6，则不宜进行因素分析，适合进行因子分析的 KMO 值至少在 0.6（含）以上。本研究主要采用主成分分析方法进行探索性因子分析。因子个数的选择采用特征值（Eigenvalue）大于 1 的标准。

本研究对测量的信度和效度的评价，按照以下程序进行。

第一，通过对量表中每个项目进行收敛效度分析和信度分析，以剔除量表中的不合格项目，提高测量的收敛效度和信度。其方法是：CITC 值小于 0.5 的项目予以直接剔除；如果某个项目被剔除后，能够从总体上提高量表的信度，则该条款也予以剔除。

第二，在收敛效度分析和信度分析结束后，对剩余的项目进行探索性因子分析。项目的删除遵循：一个项目自成一个因子时删除；项目所属因子的载荷量应大于 0.5，否则删除；如果小于 0.5，或者两个或两个以上因子的载荷大于 0.5，属于横跨现象，删除。在删除不满足的项目后，需要对量表重新进行因子分析。

第三，对剔除了不合格测量项目后的量表计算最终的项目信度 Cronbach's a 系数，以检验量表是否可信可靠。

需要指出的是，本研究的预调研和正式调研均是针对不同层次的变量分别进行信度和效度分析，即根据潜变量的类型，对外部环境、竞争战略、人力资源管理系统、战略人力资本以及企业持续竞争优势分别进行信度和效度评估，而不是将所有的变量集中在一起进行评估。这主要有以下几点原因：第一，如果将所有的变量集中在一起评估，模型将十分庞大和复杂；第二，在变量的定义相互关系的构念当中，在保证内容效度的前提下，一般来说不同层次的变量之间的区分效度应是明确的，不存在进一步验证的必要。

（一）外部环境量表信度和效度检验

1. 外部环境量表的收敛效度和信度分析

参照小规模样本中的收敛效度和信度分析方法，进行内部一致性信度分析和收敛效度分析。从表 5-7 可以看出，外部环境量表中市场环境维度测量项目 me4 的 CITC 值是 0.152，绝对值小于 0.5，予以删除，删除后，其 Cronbach's a 系数由 0.585 变为 0.750，有所增加，因此，满足删除标准。外部环境量表中政策环境维度测量项目 se4 的 CITC 值为 0.293，绝对值小于 0.5，予以删除，删除后，其 Cronbach's a 系数由 0.674 变为 0.815，有所增加，因此，满足删除标准。删除这两个项目后，其余测量项目的 CITC 值在 0.5 以上，说明量表具有收敛效度。外部环境量表删除 me4 和 se4 后，整个分量表的信度由 0.789 增加到 0.800，量表各个维度的 Cronbach's a 系数及整体的 Cronbach's a 系数亦达到 0.7 以上，说明量表的信度在可以接受的范围内。

表 5 - 7　外部环境量表收敛效度和信度分析

变量	项目	初始 CITC	最后 CITC	项目删除的 a 系数	各维度的 a 系数	量表的 a 系数
技术环境（TE）	te1	—	0.669	0.786	a = 0.787	初始 a = 0.789 最终 a = 0.800
	te2	—	0.687	0.785		
	te3	—	0.774	0.781		
	te4	—	0.689	0.784		
市场环境（ME）	me1	0.515	0.559	0.375	初始 a = 0.585 最终 a = 0.750	
	me2	0.573	0.632	0.330		
	me3	0.557	0.538	0.591		
	me4	0.152	删除	0.650		
政策环境（SE）	se1	0.537	0.546	0.552	初始 a = 0.674 最终 a = 0.815	
	se2	0.581	0.682	0.517		
	se3	0.692	0.786	0.443		
	se4	0.293	删除	0.815		

注：te1 表示技术环境量表的第一个条目，其他同理。

2. 外部环境量表的探索性因子分析（区分效度）

对外部环境量表进行信度和收敛效度检验后，再进行探索性因子分析以检验量表的区分效度。首先对变量进行 KMO 值和 Bartlett 球形检验，结果如表 5 - 8 所示，KMO 系数为 0.766，大于标准 0.6，Bartlett 检验显著性概率为 0.000，结果非常显著，因此外部环境变量适合进一步做探索性因子分析。

表 5 - 8　外部环境量表 KMO 与 Bartlett 球形检验

Kaiser-Meyer-Olkin	取样适切性量数	0.766
Bartlett 球形检验	近似卡方分布	461.612
	自由度	45
	显著性	0.000

从陡坡图 5 - 2 中可以看出，第 3 个因素以后，坡度线比较平坦，因而保留 3 个因子较为适宜。

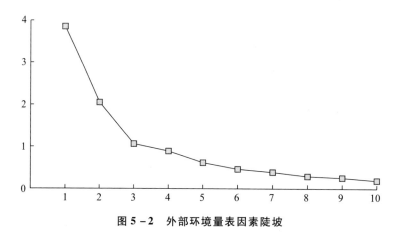

图 5 - 2 外部环境量表因素陡坡

因子选择时采用特征值大于 1 作为选择标准，并采用 Varimax 旋转，利用主成分计算方法，对外部环境变量量表的剩余测量项目进行探索性因子分析。结果表明，共有 3 个因子的特征值大于 1，其值分别为：3. 845、2. 045、1. 051。方差解释率为 69. 412%，超过 50%，方差解释率良好。而且各项测量项目的因子负载都大于 0. 5，表明这些测量项目是由 3 个因子组成的。外部环境量表探索性因子分析结果如表 5 - 9 所示。根据表 5 - 9 的因子分析的结果和对测量项目进行分析，可以认为 3 个因子分别代表技术环境、市场环境和政策环境。这说明了外部环境量表具有一定的区分效度。

表 5 - 9　外部环境量表探索性因子分析结果

测量项目	因子		
	1	2	3
te1	**0. 725**	0. 038	0. 443
te2	**0. 797**	0. 180	0. 121
te3	**0. 854**	0. 126	0. 191

测量项目	因子		
	1	2	3
te4	**0. 831**	0. 205	0. 036
se1	0. 109	**0. 765**	0. 034
se2	0. 124	**0. 862**	- 0. 068
se3	0. 201	**0. 897**	0. 055
me1	0. 340	0. 052	**0. 790**
me2	0. 194	- 0. 066	**0. 861**
me3	0. 009	0. 022	**0. 535**

　　本研究对外部环境量表的信度 Cronbach's a 系数重新进行了检验，由表 5 - 10 可知，修正后各变量的测量信度都在 0. 75 及以上，说明修正后量表变量的内部一致性良好。

表 5 - 10　外部环境量表信度分析

变量名称	测量题项数目	Cronbach's a 系数
TE	4	0. 857
ME	3	0. 750
SE	3	0. 815

（二）竞争战略量表信度和效度分析

1. 竞争战略量表收敛效度和信度分析

　　从表 5 - 11 可以看出，竞争战略量表中差异化战略的测量项目 ds3 的初始 CITC 值为 0. 292，小于 0. 5，ds5 的初始 CITC 值为 0. 243，小于 0. 5，删除项目 ds3 和 ds5 以后，其余各条款最终的 CITC 的值均大于 0. 5，说明量表具有一定的收敛效度。差异化战略维度的 Cronbach's a 系数由 0. 636 变为 0. 653，有所增加。成本减少战略各个测量项目的 CITC 大于 0. 5，Cronbach's a 系数为 0. 660 小于 0. 7，但为最小的接受范围。因此，最终竞争战略的量表包含 6 个测量项目，外部环境量表删除 ds3

和 ds5 后，整个分量表的信度由 0.779 增加到 0.800，量表各个维度及整体的 Cronbach's a 系数亦达到 0.7 以上的标准，说明量表的信度在可以接受的范围内。

表 5-11　竞争战略量表收敛效度和信度分析

变量	项目	初始 CITC	最后 CITC	项目删除的 a 系数	各维度的 a 系数	量表的 a 系数
差异化战略（DS）	ds1	0.504	0.565	0.576	初始 a = 0.636 最终 a = 0.653	初始 a = 0.779 最终 a = 0.800
	ds2	0.502	0.578	0.543		
	ds3	0.292	删除	0.631		
	ds4	0.552	0.503	0.589		
	ds5	0.243	删除	0.653		
成本减少战略（CS）	cs1	—	0.528	0.637	a = 0.660	
	cs2	—	0.589	0.548		
	cs3	—	0.510	0.512		

2. 竞争战略量表的探索性因子分析（区分效度）

采用 KMO 值和 Bartlett 球形检验，其结果如表 5-12 所示，KMO 系数为 0.651，大于标准 0.6，Bartlett 检验显著性概率为 0.000，结果非常显著，因此竞争战略变量适合做进一步的探索性因子分析。从陡坡图 5-3 中可以看出，第 2 个因素以后，坡度线较为平坦，因而保留 2 个因子较为适宜。

表 5-12　竞争战略量表 KMO 与 Bartlett 球形检验

Kaiser-Meyer-Olkin	取样适切性量数	0.651
Bartlett 球形检验	近似卡方分布	106.389
	自由度	15
	显著性	0.000

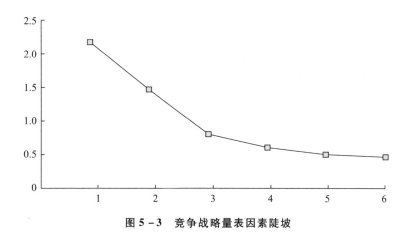

图 5 - 3　竞争战略量表因素陡坡

对竞争战略变量量表的剩余测量项目进行探索性因子分析后，共得到 2 个特征值大于 1 的因子，其值分别为 2. 170 和 1. 475，方差解释率为 60. 752%，方差解释率良好。而且各项测量项目的因子负载均大于 0. 5，表明这些测量项目是由 2 个因子组成的。2 个因子分别代表成本减少战略和差异化战略。这说明了竞争战略量表具有一定的区分效度。竞争战略量表探索性因子分析结果如表 5 - 13 所示。

表 5 - 13　竞争战略量表探索性因子分析结果

测量项目	因子	
	1	2
ds1	**0. 768**	0. 117
ds2	**0. 786**	- 0. 042
ds4	**0. 745**	0. 125
cs1	- 0. 041	**0. 746**
cs2	0. 274	**0. 745**
cs3	0. 030	**0. 814**

对竞争战略量表的信度 Cronbach's a 系数重新进行检验，检验结果如表 5 - 14 所示。由表 5 - 14 可知，修正后各变量的测量信度都在 0. 65

以上，满足最小接受值，说明量表的内部一致性良好。

表 5 – 14　竞争战略信度分析

变量名称	测量题项数目	Cronbach's a 系数
DS	3	0.653
CS	3	0.660

（三）人力资源管理系统量表信度和效度分析

1. 人力资源管理系统量表的收敛效度和信度分析

本研究对人力资源管理系统进行内部一致性信度分析和收敛效度分析。从表 5 – 15 可以看出，人力资源管理系统量表中内开型人力资源系统维度测量项目 ihs2 的 CITC 值为 0.497，ihs6 的 CITC 值为 0.213，均小于 0.5 的标准，删除 ihs2 和 ihs6 项目后，其余各项目最终的 CITC 的值均大于 0.5，且其余测量项目的 CITC 值均有所增加，说明量表具有一定的收敛效度。删除这 2 个项目后，内开型人力资源系统维度的 Cronbach's a 系数由 0.811 变为 0.827，有所增加，满足删除标准。人力资源管理系统量表删除 ihs2 和 ihs6 后，人力资源管理系统量表各个维度及整体的 Cronbach's a 系数亦由 0.821 增加到 0.835，达到 0.7 以上，说明人力资源管理系统量表的信度在可以接受的范围内。

表 5 – 15　人力资源管理系统量表收敛效度和信度分析

变量	项目	初始 CITC	最后 CITC	项目删除的 a 系数	各维度的 a 系数	量表的 a 系数
内开型人力资源管理系统	ihs1	0.567	0.568	0.809	初始 a = 0.811 最终 a = 0.827	
	ihs2	0.497	删除	0.822		
	ihs3	0.523	0.538	0.803		
	ihs4	0.549	0.550	0.800		
	ihs5	0.574	0.650	0.797		

续表

变量	项目	初始 CITC	最后 CITC	项目删除 的 a 系数	各维度的 a 系数	量表的 a 系数
内开型人力 资源管理系统 （IHRMS）	ihs6	0.213	删除	0.826	初始 a = 0.811 最终 a = 0.827	初始 a = 0.821 最终 a = 0.835
	ihs7	0.587	0.597	0.806		
	ihs8	0.554	0.646	0.799		
	ihs9	0.542	0.675	0.811		
	ihs10	0.561	0.567	0.810		
外取型人力 资源管理系统 （EHRMS）	ehs1	0.595	0.681	0.599	a = 0.701	
	ehs2	0.507	0.578	0.700		
	ehs3	0.513	0.693	0.619		
	ehs4	0.615	0.618	0.614		
	ehs5	0.559	0.536	0.598		
	ehs6	0.506	0.578	0.611		
	ehs7	0.501	0.588	0.572		
	ehs8	0.582	0.581	0.574		

2. 人力资源管理系统量表的探索性因子分析（区分效度）

采用 KMO 值和 Bartlett 球形检验，由表 5 - 16 可知，KMO 系数为 0.776，大于标准 0.6，Bartlett 检验显著性概率为 0.000，结果非常显著，因此人力资源管理系统变量适合做进一步的探索性因子分析。

表 5 - 16　人力资源管理系统量表 KMO 与 Bartlett 球形检验

Kaiser-Meyer-Olkin	取样适切性量数	0.776
Bartlett 球形检验	近似卡方分布	438.911
	自由度	120
	显著性	0.000

从陡坡图 5 - 4 中可以看出第 2 个因素以后，坡度线较为平坦，因而保留 2 个因子较为适宜。

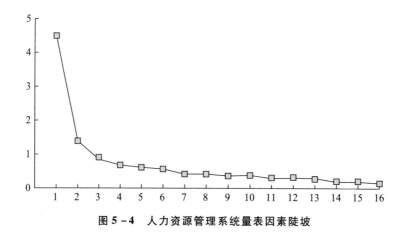

图 5 - 4　人力资源管理系统量表因素陡坡

对人力资源管理系统变量量表的剩余测量项目进行探索性因子分析，共得到 2 个特征值大于 1 的因子，其值分别为 4.610 和 1.497，方差解释率为 65.524%，方差解释率良好。由表 5 - 17 可以看出，ehs2 测量项目的所有负荷因子小于 0.5，因此，根据区分效度的评判标准都予以删除。删除后，其余测量项目的因子负荷都超过 0.5，如表 5 - 18 所示，目前的测量量表具有一定的区分效度，表明这些测量项目是由 2 个因子组成的。2 个因子分别代表内开型人力资源管理系统和外取型人力资源管理系统。

表 5 - 17　人力资源管理系统量表第一次探索性因子分析结果

测量项目	因子	
	1	2
ihs1	0.524	0.298
ihs3	0.671	0.170
ihs4	0.773	0.072
ihs5	0.627	0.029
ihs7	0.441	0.334
ihs8	0.749	0.400
ihs9	0.429	0.361

续表

测量项目	因子	
	1	2
ihs10	0.522	0.309
ehs1	0.302	0.629
ehs2	0.391	0.152
ehs3	0.471	0.572
ehs4	0.125	0.574
ehs5	0.344	0.495
ehs6	−0.190	0.509
ehs7	0.128	0.652
ehs8	0.027	0.706

表 5 - 18　人力资源管理系统量表第二次探索性因子分析结果

测量项目	因子	
	1	2
ihs1	**0.559**	0.705
ihs3	**0.614**	0.389
ihs4	**0.758**	0.759
ihs5	**0.614**	0.483
ihs7	**0.518**	0.354
ihs8	**0.642**	0.303
ihs9	**0.506**	0.413
ihs10	**0.571**	0.400
ehs1	0.316	**0.620**
ehs3	−0.126	**0.503**
ehs4	0.314	**0.607**
ehs5	0.328	**0.532**
ehs6	0.304	**0.506**
ehs7	0.219	**0.736**

109

测量项目	因子	
	1	2
ehs8	0.109	**0.685**

注：为区分不同因子所含测量项目，特加粗予以区分。下同。

在对人力资源管理系统量表的信度、收敛效度和区分效度进行检验并删除不符合标准的项目后，本研究对人力资源管理系统量表的信度 Cronbach's a 系数重新进行了检验，其检验结果如表 5 – 19 所示。由表 5 – 19 可知，修正后各变量的测量信度都在 0.7 以上，说明量表变量的内部一致性良好。

表 5 – 19　人力资源管理系统量表信度分析

变量名称	测量题项数目	Cronbach's a 系数
IHRMS	8	0.827
EHRMS	7	0.701

（四）战略人力资本量表信度和效度分析

1. 战略人力资本量表的收敛效度和信度分析

从表 5 – 20 可以看出，量表中所有测量项目的 CITC 值均大于 0.5 标准，说明量表具有收敛效度。量表各个维度及整体的 Cronbach's a 系数亦达到 0.7 以上的标准，说明量表的信度在可以接受的范围内。

表 5 – 20　战略人力资本量表收敛效度和信度分析

变量	项目	初始 CITC	最后 CITC	项目删除的 a 系数	各维度的 a 系数	量表的 a 系数
内开型人力资本（IHC）	ihc1	—	0.780	0.768	a = 0.853	a = 0.854
	ihc2	—	0.573	0.805		
	ihc3	—	0.649	0.848		

续表

变量	项目	初始CITC	最后CITC	项目删除的 a 系数	各维度的 a 系数	量表的a 系数
内开型人力资本（IHC）	ihc4	—	0.700	0.782	a = 0.853	a = 0.854
	ihc5	—	0.638	0.793		
	ihc6	—	0.636	0.794		
	ihc7	—	0.527	0.826		
外取型人力资本（EHC）	ehc1	—	0.517	0.681	a = 0.735	
	ehc2	—	0.563	0.664		
	ehc3	—	0.538	0.672		
	ehc4	—	0.539	0.710		
	ehc5	—	0.536	0.710		

2. 战略人力资本量表的探索性因子分析（区分效度）

采用 KMO 值和 Bartlett 球形检验，由表 5 - 21 可知，KMO 系数为 0.810，大于 0.6，概率为 0.000，非常显著，所以战略人力资本变量适合做探索性因子分析。

表 5 - 21　战略人力资本量表 KMO 值与 Bartlett 球形检验

Kaiser-Meyer-Olkin	取样适切性量数	0.810
Bartlett 球形检验	近似卡方分布	485.861
	自由度	66
	显著性	0.000

从陡坡图 5 - 5 可以看出，第 2 个因素以后，坡度线较为平坦，因而保留 2 个因子较为适宜。

本研究对战略人力资本量表的剩余测量项目进行探索性因子分析。结果表明，共有 2 个因子的特征值大于 1，其值分别为 4.235 和 1.541，方差解释率为 57.767%，超过 50%，方差解释率良好，而且各测量项目的因子负载除 ehc2、ehc3 外均大于 0.5，ehc2、ehc3 也近

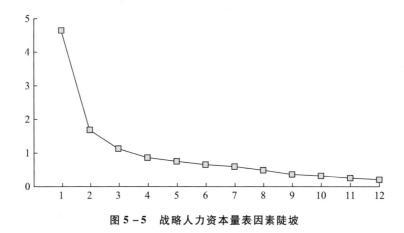

图 5 - 5　战略人力资本量表因素陡坡

0.6，如表 5 - 22 所示，表明这些测量项目是由 2 个因子组成的。根据表的因子分析的结果对测量项目进行分析，可以认为 2 个因子分别代表内开型人力资本和外取型人力资本。这说明了战略人力资本量表具有一定的区分效度。由于战略人力资本题项没有删除，因此，不用重新检验量表的信度。

表 5 - 22　战略人力资本量表探索性因子分析结果

测量项目	因子	
	1	2
ihc1	**0.841**	0.216
ihc2	**0.644**	0.295
ihc3	**0.758**	0.553
ihc4	**0.863**	0.100
ihc5	**0.882**	0.028
ihc6	**0.658**	0.331
ihc7	**0.732**	0.640
ehc1	0.170	**0.609**
ehc2	0.330	**0.591**
ehc3	0.339	**0.532**

续表

测量项目	因子	
	1	2
ehc4	0.075	**0.650**
ehc5	0.070	**0.740**

（五）企业持续竞争优势量表信度和效度分析

1. 企业持续竞争优势量表的收敛效度和信度分析

从表 5 - 23 可以看出，企业持续竞争优势量表 sca3 测量项目的 CITC 值为 0.230，其绝对值小于 0.5，删除这个项目后，其余测量项目的 CITC 值均在 0.5 以上，说明量表具有收敛效度。企业持续竞争优势维度的 Cronbach's a 系数由 0.853 变为 0.866，有所增加，大于 0.7 的标准，说明量表的信度在可以接受的范围内。

表 5 - 23　企业持续竞争优势量表的收敛效度和信度分析

变量	项目	初始 CITC	最后 CITC	项目删除的 a 系数	各维度的 a 系数
企业持续竞争优势（SCA）	sca1	0.693	0.659	0.826	初始 a = 0.853 最终 a = 0.866
	sca2	0.604	0.596	0.835	
	sca3	0.230	删除	0.866	
	sca4	0.587	0.585	0.837	
	sca5	0.578	0.596	0.837	
	sca6	0.502	0.533	0.844	
	sca7	0.517	0.504	0.842	
	sca8	0.672	0.661	0.830	
	sca9	0.612	0.642	0.834	
	sca10	0.603	0.623	0.835	

2. 企业持续竞争优势量表的探索性因子分析（区分效度）

采用 KMO 值和 Bartlett 球形检验，由表 5 - 24 可知，KMO 系数为

0.849，大于 0.6，而 Bartlett 检验显著性概率为 0.000，非常显著，所以企业持续竞争优势变量适合做进一步的探索性因子分析。

表 5-24　企业持续竞争优势的 KMO 与 Bartlett 球形检验

Kaiser-Meyer-Olkin	取样适切性量数	0.849
Bartlett 球形检验	近似卡方分布	374.858
	自由度	36
	显著性	0.000

从陡坡图 5-6 中可以看出，第 2 个因素以后，坡度线较为平坦，而本研究在分析中，主要研究人力资源管理系统以及战略人力资本对企业持续竞争优势整体的影响。因此，只保留 1 个整体的因子。

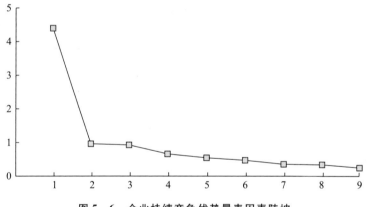

图 5-6　企业持续竞争优势量表因素陡坡

本研究对企业持续竞争优势量表的剩余测量项目进行探索性因子分析。结果表明，共有 1 个因子的特征值大于 1，其值为 4.390，方差解释率为 58.775%，超过 50%，方差解释率良好。由表 5-25 可知，各测量项目的因子负载除 sca1、sca2 外均大于 0.5，sca1、sca2 也近 0.5，表明这些测量项目作为 1 个整体的因子，也具有一定的区分效度。

表 5 - 25　企业持续竞争优势量表探索性因子分析结果

测量项目	因子
	1
sca1	0.575
sca2	0.558
sca4	0.659
sca5	0.706
sca6	0.671
sca7	0.684
sca8	0.791
sca9	0.776
sca10	0.755

本研究在对自变量量表的信度、收敛效度和区分效度进行检验并删除不符合标准的题项后，对企业持续竞争优势量表的信度 Cronbach's a 系数重新进行了检验。由表 5 - 26 可知，修正后各变量的测量信度都在 0.7 以上，说明量表变量的内部一致性良好。

表 5 - 26　企业持续竞争优势量表信度分析

变量名称	测量题项数目	Cronbach's a 系数
SCA	9	0.866

四　最终问卷的形成

本研究通过对小样本的数据分析，删除了不适合的题项，进一步提高了测量量表的质量，并在问卷问题的措辞、排列顺序及布局方面进行了修改和重新编码，最终形成了正式调查问卷。所有的测量题项均采用 5 点李克特量表的形式。

第三节　正式调研及数据分析

一　问卷发放与数据收集

本研究在进行小规模预调研后，进行大规模的正式调研。正式调研的问卷被调查对象与预调研相同，为总经理、人力资源管理者和直线经理，这样可以确保问卷的真实性。正式调研采取三种问卷发放方式：第一，直接面向企业发放，发放的方式为 Email；第二，通过博士期间作者所在院校的 MBA 学员直接将问卷发给其所在的企业，发放的方式为 Email 和邮寄纸质版问卷；第三，为了确保问卷的回收率和企业提供信息的准确性，联系到政府相关职能部门，通过这些部门将问卷发放到有关的企业，然后通过邮寄、电子邮件等方式直接回收。本次调研共发放问卷 1600 份，其中，发放印刷版调查问卷 300 份、电子版调查问卷 1300 份；直接面向企业发放 400 份，面向 MBA 学员发放 200 份，委托政府部门发放 1000 份。最后回收问卷 840 份，其中，直接面向企业回收 180 份，面向 MBA 学员回收 93 份，委托政府部门回收 567 份。回收的问卷中电子问卷 715 份、纸质问卷 125 份，回收率为 52.50%。

本研究将回收的问卷从以下三个方面进行筛选，以剔除无效问卷。第一，填写问卷的对象。只保留来自企业高层、中层管理者以及人力资源管理者问卷，剔除一般员工的问卷。这些人员对企业情况较为了解。同时，剔除在企业工作两年以下的管理人员的问卷。因为其在企业的时间过短，可能对企业的情况不够了解，不适合作为调查对象。第二，问卷量表填答的质量。剔除填答存在严重缺漏的问卷以及相关类别选项完全一致或者完全都是极端值的问题。第三，企业规模。如果规模在 50 人以下，该企业在很多方面不一定完善，比如部门设置不全等。最后剔除无效问卷 61 份，剩余有效问卷 779 份，其中，直接面向企业回收 171 份，面向 MBA 学员回收 90 份，委托政府

部门回收 518 份；其中，电子问卷回收 677 份，纸质问卷回收 102
份，总的有效回收率为 48.69%。具体如表 5 - 27 所示。

表 5 - 27　调查问卷的发放与回收情况

单位：份，%

发放与回收对象和方式	发放数量	回收数量	有效数量	回收率	有效回收率
直接面向企业	400	180	171	45.00	42.75
MBA 学员	200	93	90	46.50	45.00
委托政府部门	1000	567	518	56.70	51.80
总计	1600	840	779	52.50	48.69
电子	1300	715	677	55.00	52.08
纸质	300	125	102	41.67	32.33
总计	1600	840	779	52.50	48.69

二　样本描述性统计

（一）样本企业的地域分布

大规模调查的样本覆盖河北、北京、浙江、上海、辽宁、山东、江
苏、天津、福建、广东、陕西、云南、黑龙江、山西、四川 15 个省份。
样本企业的地域具体分布如图 5 - 7 所示。本问卷发放采取的是随机的
方式，样本数排前三位的是：河北，占 59.82%；北京，占 13.60%；
浙江，占 3.97%。

（二）样本企业的行业性质

本研究在进行大规模样本发放时也涉及多个行业，所在企业的行业
分布情况如表 5 - 28 所示。由表 5 - 28 可以看出，制造业的企业数量最
多，有 387 家，占比为 49.68%。信息传输、软件和信息技术服务业位
居第二，有 198 家，占比 25.42%。这两类企业累计占比为 75.10%。
交通运输、仓储和邮政业占 5.26%、建筑业占 4.49%、住宿和餐饮业
占 3.08%、批发和零售业占 2.31%、金融业占 1.93%、房地产业占

1.93%。其他行业共有46家，所占比重为5.91%。

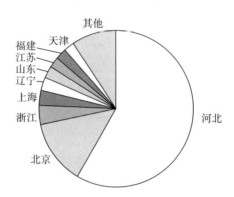

图 5-7 样本企业的地域分布

表 5-28 样本企业的行业分布

单位：家，%

行业	频率	百分比	累计百分比
制造业	387	49.68	49.68
信息传输、软件和信息技术服务业	198	25.42	75.10
交通运输、仓储和邮政业	41	5.26	80.36
建筑业	35	4.49	84.85
住宿和餐饮业	24	3.08	87.93
批发和零售业	18	2.31	90.24
金融业	15	1.93	92.17
房地产业	15	1.93	94.09
其他	46	5.91	100
合计	779	100	100

（三）样本企业的企业性质

样本企业的企业性质分布状况如图 5-8 所示，私营企业所占比重最大，占 50.71%，共 395 家。其次是国有独资企业，占 23.62%，共 184 家。其余的依次是外商独资企业、中外合资企业以及集体企业，所占的百分比分别为 9.50%、7.83% 和 1.93%，家数分别为 74 家、61 家以及 15 家。其他类型的企业占 6.42%，共 50 家。

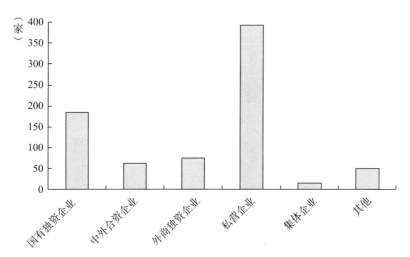

图 5 - 8　样本企业的企业性质

（四）样本企业的企业规模

样本企业的企业规模分布状况如表 5 - 29 所示，员工人数在 50 ~ 100 人的企业数量为 216 家，所占比重为 27.73%；员工人数为 101 ~ 500 人的企业数量为 246 家，所占比重为 31.58%。由此可见，员工人数为 50 ~ 100 人和 101 ~ 500 人的两类企业占了大多数。其他的依次是 501 ~ 1000 人的企业数为 102 家，所占比例为 13.09%；1001 ~ 2000 人的企业

表 5 - 29　样本企业的企业规模

企业员工人数（人）	样本个数（家）	所占比例（%）
50 ~ 100	216	27.73
101 ~ 500	246	31.58
501 ~ 1000	102	13.09
1001 ~ 2000	93	11.94
2001 ~ 5000	54	6.93
5001 及以上	68	8.73
合计	779	100

数为 93 家，所占比例为 11.94%；2001～5000 人的企业数为 54 家，所占比例为 6.93%；5001 人及以上的企业数为 68 家，所占比例为 8.73%。

（五）样本企业的成立时间

如图 5 - 9 所示，从样本企业的成立时间来看，样本企业的成立年份及比重为：2001～2005 年成立的共 290 家，占 37.23%；1991～2000 年成立的共 233 家，占 29.91%；2006 年及之后成立的有 156 家，占 20.03%；1980 年及之前成立的有 71 家，占 9.11%；1981～1990 年成立的有 29 家，占 3.72%。

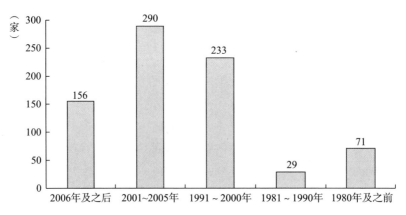

图 5 - 9　样本企业的成立时间

（六）样本企业的一般统计性描述

本研究对假设进行检验采用的结构方程模型的源数据须服从正态分布，因此，需要对正式调研的数据进行正态分布检验。当峰度绝对值小于 10、偏度绝对值小于 3 时，基本服从正态分布。下面分别对外部环境、竞争战略、人力资源管理系统、战略人力资本以及企业持续竞争优势的各个项目进行描述统计和正态分布检验，问卷中各变量测量项目的最大值（Minimum）、最小值（Maximum）、平均值（Mean）、标准差（Std. Devi-ation）、偏度（Skewness）和峰度（Kurtosis）等描述性统计量如表 5 - 30、表 5 - 31、表 5 - 32、表 5 - 33 和表 5 - 34 所示。从表 5 - 30、表 5 - 31、表 5 - 32、表 5 - 33 和表 5 - 34 中，我们可以看出，企业外部环境、竞争战略、人力资源管理系统、战略人力资本以及企业持续竞争优势各个量表的题项的偏度绝对值基本小于 2，峰度绝对值均小于 3。因此，我们可以认为正式调研的数据基本服从正态分布，适合进行下一步的分析。

表 5 - 30　企业外部环境量表的一般描述性统计和正态分布性

项目	样本量	最小值	最大值	平均值	标准差	偏度	峰度
te1	779	1.000	5.000	3.502	1.004	- 0.383	- 0.488
te2	779	1.000	5.000	3.647	0.880	- 0.748	0.396
te3	779	1.000	5.000	3.512	0.924	- 0.344	- 0.311
te4	779	1.000	5.000	3.734	0.893	- 0.790	0.474
me1	779	1.000	5.000	3.172	1.043	- 0.124	- 0.819
me2	779	1.000	5.000	3.282	1.061	- 0.265	- 0.645
me3	779	1.000	5.000	3.569	0.941	- 0.556	- 0.110
se1	779	1.000	5.000	3.325	0.934	- 0.337	- 0.215
se2	779	1.000	5.000	3.375	1.041	- 0.453	- 0.515
se3	779	1.000	5.000	3.327	0.989	- 0.301	- 0.504

表 5 - 31　企业竞争战略量表的一般描述性统计和正态分布性

项目	样本量	最小值	最大值	平均值	标准差	偏度	峰度
ds1	779	1.000	5.000	3.891	0.898	- 0.819	0.608
ds2	779	1.000	5.000	3.909	0.847	- 1.008	1.552
ds3	779	1.000	5.000	3.743	0.961	- 0.687	0.116
cs1	779	1.000	5.000	3.293	0.922	- 0.306	- 0.494
cs2	779	1.000	5.000	3.697	0.938	- 0.684	0.076
cs3	779	1.000	5.000	3.662	0.934	- 0.687	0.170

表 5 - 32　企业人力资源管理系统量表的一般描述性统计和正态分布性

项目	样本量	最小值	最大值	平均值	标准差	偏度	峰度
ihs1	779	1.000	5.000	3.855	0.774	- 1.009	1.903

项目	样本量	最小值	最大值	平均值	标准差	偏度	峰度
ihs2	779	1.000	5.000	3.706	0.929	- 0.618	0.207
ihs3	779	1.000	5.000	3.537	0.976	- 0.801	0.183
ihs4	779	1.000	5.000	3.320	1.010	- 0.282	- 0.627
ihs5	779	1.000	5.000	3.498	0.929	- 0.506	- 0.021
ihs6	779	1.000	5.000	3.579	0.841	- 0.666	0.455
ihs7	779	1.000	5.000	3.276	1.004	- 0.413	- 0.302
ihs8	779	1.000	5.000	3.236	1.087	- 0.184	- 0.829
ehs1	779	1.000	5.000	3.523	1.027	- 0.521	- 0.446
ehs2	779	1.000	5.000	3.660	0.915	- 0.610	- 0.076
ehs3	779	1.000	5.000	3.377	0.898	- 0.377	- 0.160
ehs4	779	1.000	5.000	3.415	0.916	- 0.521	- 0.111
ehs5	779	1.000	5.000	3.205	0.977	- 0.164	- 0.695
ehs6	779	1.000	5.000	3.428	0.938	- 0.477	- 0.046
ehs7	779	1.000	5.000	3.442	0.914	- 0.763	0.229

表 5 - 33　企业战略人力资本量表的一般描述性统计和正态分布性

项目	样本量	最小值	最大值	平均值	标准差	偏度	峰度
ihc1	779	1.000	5.000	3.515	0.931	- 0.220	- 0.220
ihc2	779	1.000	5.000	3.607	0.908	0.273	0.273
ihc3	779	1.000	5.000	3.775	0.808	2.238	2.238
ihc4	779	1.000	5.000	3.720	0.909	0.487	0.487
ihc5	779	1.000	5.000	3.688	0.905	0.494	0.494
ihc6	779	1.000	5.000	3.628	0.939	- 0.119	- 0.119
ihc7	779	1.000	5.000	3.607	0.851	0.170	0.170
Ehc1	779	1.000	5.000	3.840	0.786	1.723	1.723
Ehc2	779	1.000	5.000	3.635	0.816	0.420	0.420
Ehc3	779	1.000	5.000	3.849	0.847	1.511	1.511

续表

项目	样本量	最小值	最大值	平均值	标准差	偏度	峰度
Ehc4	779	1.000	5.000	3.928	0.813	1.769	1.769
Ehc5	779	1.000	5.000	3.974	0.830	2.077	2.077

表 5 - 34   企业持续竞争优势量表的一般描述性统计和正态分布性

项目	样本量	最小值	最大值	平均值	标准差	偏度	峰度
sca1	779	1.000	5.000	3.204	0.961	- 0.383	- 0.398
sca2	779	1.000	5.000	3.483	0.896	- 0.491	- 0.214
sca3	779	1.000	5.000	3.600	0.892	- 0.567	0.069
sca4	779	1.000	6.000	3.466	0.917	- 0.281	- 0.247
sca5	779	1.000	5.000	3.350	0.928	- 0.246	- 0.251
sca6	779	1.000	5.000	3.571	0.789	- 0.322	0.151
sca7	779	1.000	5.000	3.379	0.804	- 0.300	0.038
sca8	779	1.000	5.000	3.503	0.905	- 0.422	- 0.171
sca9	779	1.000	5.000	3.344	1.023	- 0.322	- 0.410

三 数据质量验证性评估

（一）信度与效度分析计算方法

本研究在进行理论假设检验之前需要对正式调研的样本数据进行数据质量验证性评估。本研究运用结构方程统计软件 AMOS 16.0 对各个变量进行验证性因子分析，以评估正式调研时数据的信度和效度。

1. 信度分析

在预调研阶段，本研究采用 Cronbach's a 内部一致性系数对各个量表的信度进行评估，使测量项目形成一定的内部结构（王重鸣，1990）。结构方程本身可以作为检验潜在变量信度的指标，采用结构方程中的验证性因子分析计算出来的个别项目的标准化负荷量也可以用来获取因子的信度，这种信度被称为建构信度或者组合信度（CR）。在正式调研阶段，本研究采用 *CR* 来评估测量的信度，*CR* 是基于个别变量信度指数及其测量误差计算而来的，反映的是潜在变量建构指标的一致性程度，比较高的 *CR* 值表明潜在变量建构指标之间高度关联，其数学公式如下（黄芳铭，2005）。

$$CR = \left(\sum \lambda\right)^2 \Big/ \left[\left(\sum \lambda\right)^2 + \sum (\theta)\right] \tag{5.1}$$

其中，*CR* 表示建构信度；

λ 表示观测变量在潜变量上的标准负荷；

θ 表示观测变量的测量误差。

不同的学者认为的标准是不一样的。一般认为建构效度大于 0.60 或者大于 0.5。

2. 效度分析

在验证性因子分析中，本研究通过使用平均方差抽取量（*Average Variance Extracted*，简称为"*AVE*"）以及因子的建构信度来衡量收敛效度（Fornell & Larcker，1981）。

AVE 计算公式如下。

$$AVE = \left(\sum \lambda^2\right) \Big/ \left[\left(\sum \lambda^2\right) + \sum (\theta)\right] \tag{5.2}$$

其中，*AVE* 表示潜变量提取的平均方差；

λ 表示观测变量在潜变量上的标准负荷；

θ 表示观测变量的测量误差。

一般认为，提取的平均方差在 0.5 以上，表明构建的变量具有收敛效度。

对于区分效度采用 *AVE* 的平方根与该潜变量及其他潜变量之间的相关系数进行比较，如果 *AVE* 的平方根远远大于后者，说明具有明显的区分效度（Fornell & Larcker，1981）。

（二）外部环境量表信度效度检验

1. 模型设定

本研究根据预调研的结果对外部环境变量表进行模型的设定。外部环境变量的潜变量包括技术环境、市场环境和政策环境。其中，技术环境的测量项目是 4 个，市场环境的测量项目是 3 个，政策环境的测量项目也是 3 个。因此，模型设定如图 5 - 10 所示。

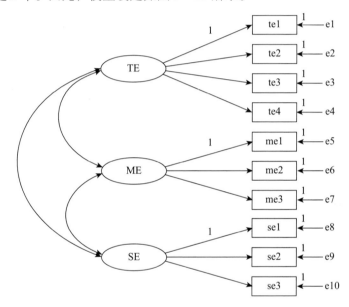

图 5 - 10　外部环境量表验证性因子分析模型

2. 模型识别

AMOS 理论模型的检验有时会出现模型无法识别的情形。模型能够被识别才能顺利估计各个参数（吴明隆，1990）。在外部环境变量的验证性因子分析模型中，总自由度为 $q \times (q+1)/2 = 10 \times 11/2 = 55$，模型共 23 个估计参数，小于自由度 55，满足被识别的必要条件。同时，外部环境变量的验证性因子模型满足模型被识别的充分条件。因此，外部环境变量模型是可以被识别的。

3. 模型评估

本研究运用软件 AMOS16.0 对外部环境变量的验证性因子分析模型

进行了分析，如图 5 - 11 和表 5 - 35 所示。

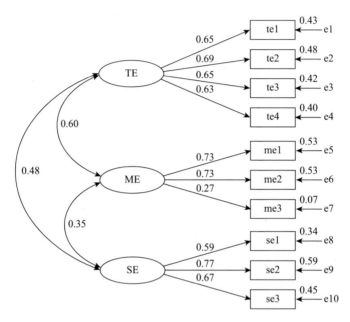

图 5 - 11　外部环境量表验证性因子分析模型结果

表 5 - 35　外部环境量表验证性因子分析结果

潜变量	项目	非标准负荷	标准负荷	标准误差（S. E.）	CR	AVE
TE	te1	1. 00	0. 65	—	0. 75	0. 52
	te2	0. 93	0. 69	0. 06		
	te3	0. 92	0. 65	0. 07		
	te4	0. 86	0. 63	0. 06		
ME	me1	1. 00	0. 73	—	0. 69	0. 58
	me2	1. 02	0. 73	0. 09		
	me3	0. 33	0. 27	0. 05		
SE	se1	1. 00	0. 59	—	0. 76	0. 49
	se2	1. 46	0. 77	0. 12		
	se3	1. 21	0. 67	0. 10		

（1）模型拟合评估

在评价模型的拟合度之前，第一要通过"违犯估计"检查估计系数不能超出可接受的范围，即 $S.E. > 0$，第二就是标准化系数不能超过或者太接近1。从表5-35中可以看出，外部环境变量模型中标准误差 $S.E.$ 的值为0.05到0.12，不存在负的标准误差。同样，从表5-35和图5-11可以看出，模型中标准负荷的绝对值为0.27~0.77，未超过0.95。因此，模型未发生"违犯估计"现象，可以进行模型拟合度检验。

本研究采用极大似然估计法对外部环境变量的验证性因子模型进行估计，并通过拟合指数对测量数据是否拟合进行评价。吴明隆（1990）认为拟合指数分为绝对拟合指数、增值拟合指数和简约拟合指数。各个拟合指数所包括的统计量以及临界值如表5-36所示。从表5-36中可以看出，在绝对拟合度指标中，$\chi^2 = 0.36$、$GFI = 0.98$、$AGFI = 0.96$、$RMR = 0.04$ 以及 $RMSEA = 0.05$，这几个指标基本在临界值之内。因此，绝对拟合度指标通过检验。增值拟合度指标中，$NFI = 0.95$、$RFI = 0.93$、$IFI = 0.97$、$TLI = 0.96$ 以及 $CFI = 0.97$，这几个指标均在临界值之内。因此，增值拟合度指标通过检验。简约拟合度指标中，$PGFI = 0.57$、$PNFI = 0.68$，达到标准，AIC、$CAIC$ 也符合要求。因此，外部环境变量的验证性因子模型可以接受。

表5-36 外部环境量表验证性因子分析模型拟合指标值

指标类型	统计检验量	适配的标准或临界值	估计值	判定结果
绝对拟合度指标	χ^2	$P > 0.05$	0.36	接受
	GFI	> 0.90	0.98	接受
	$AGFI$	> 0.90	0.96	接受
	RMR	< 0.05	0.04	接受
	$RMSEA$	< 0.05（适配良好）< 0.08（适配合理）	0.05	接受

指标类型	统计检验量	适配的标准或临界值	估计值	判定结果
增值拟合度指标	NFI	>0.90	0.95	接受
	RFI	>0.90	0.93	接受
	IFI	>0.90	0.97	接受
	TLI	>0.90	0.96	接受
	CFI	>0.90	0.97	接受
简约拟合度指标	PGFI	>0.50	0.57	接受
	PNFI	>0.50	0.68	接受
	AIC	理论模型的 AIC 小于独立模型的 AIC，且小于饱和模型的 AIC	—	接受
	CAIC	理论模型的 CAIC 小于独立模型的 CAIC，且小于饱和模型的 CAIC	—	接受

（2）信度评估

本研究由建构信度来对外部环境变量的信度进行评价。根据公式 5.1 计算出来的三个维度的建构信度分别为 0.75、0.69 和 0.76，如表 5-35 所示，均高于 0.50。因此，外部环境变量因子的信度是可以接受的。

（3）效度评估

收敛效度。外部环境变量的收敛效度用平均方差抽取量 AVE 来评估。根据 AVE 公式计算出来的值如表 5-35 所示。各个潜变量的 AVE 值分别为 0.52、0.58 和 0.49，可以看出，尽管 AVE 最低为 0.49，但是所有的 AVE 非常接近或者高于标准值 0.5，这表明外部环境变量测量指标的解释力超过其标准误差，具有一定的收敛效度。

区分效度。区分效度主要是通过比较潜变量 AVE 的平方根与变量之间的相关系数来评价的。如果 AVE 的平方根远大于变量之间的相关系数，则表明不同潜变量的测量项目之间具有明显的区分效度。从表 5-37 中可以看出，外部环境量表的三个潜变量 AVE 的平方根（对角部分数据）分别为 0.73、0.76 和 0.70，均大于它与其他潜变量因子的相关系数。因此，外部环境变量具有区分效度。

表 5 - 37　外部环境量表区分效度分析

变量	TE	ME	SE
TE	0.73		
ME	0.60	0.76	
SE	0.48	0.35	0.70

（三）竞争战略信度效度检验

1. 模型设定

本研究根据预调研的结果对竞争战略变量进行模型的设定。竞争战略变量的潜变量包括成本减少战略和差异化战略。其中，成本减少战略的测量项目是 3 个，差异化战略的测量项目是 3 个。因此，模型设定如图 5 - 12 所示。

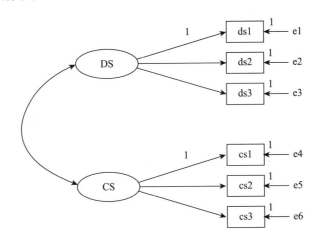

图 5 - 12　战略变量验证性因子分析模型

2. 模型识别

在竞争战略变量的验证性因子分析模型中，总的自由度为 $q \times (q + 1)/2 = 6 \times 7/2 = 21$，模型共计 13 个估计参数，小于自由度 21，满足被识别的必要条件。同时，竞争战略变量的验证性因子模型满足模型被识别的充分条件。因此，竞争战略变量模型是可以被识别的。

3．模型评估

本研究运用软件 AMOS 16.0 对竞争战略变量的验证性因子分析模型进行了分析，如图 5 – 13 和表 5 – 38 所示。

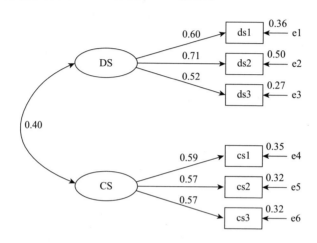

图 5 – 13　竞争战略量表验证性因子分析模型结果

注：在预调研中，差异化战略含 5 个测量项目，信度、效度分析后已删除 ds3、ds5，在正式调研中测量项目顺次重新排序。下同。

（1）模型拟合评估

从表 5 – 38 中可以看出，竞争战略模型中标准误差 $S.E.$ 的值为 0.10 到 0.12，并无负的标准误差存在。同样，从表 5 – 38 和图 5 – 13 中，我们可以看出，模型中标准化系数的绝对值为 0.52 到 0.71，小于 0.95。因此，模型未发生"违犯估计"现象，可以进行模型的拟合度检验。

表 5 – 38　竞争战略量表验证性因子分析结果

潜变量	项目	非标准负荷	标准负荷	标准误差（$S.E.$）	CR	AVE
DS	ds1	1.00	0.60	—	0.64	0.57
	ds2	1.10	0.71	0.12		
	ds3	0.93	0.52	0.10		

续表

潜变量	项目	非标准负荷	标准负荷	标准误差（S. E.）	CR	AVE
CS	cs1	1.00	0.59	——	0.59	0.53
	cs2	0.97	0.57	0.11		
	cs3	0.97	0.57	0.11		

　　本研究采用极大似然估计法对竞争战略变量的验证性因子模型进行估计，通过拟合指数对测量数据是否拟合进行评价。由表 5 - 39 可知，在绝对拟合度指标中，$\chi^2 = 0.45$、$GFI = 0.98$、$AGFI = 0.96$、$RMR = 0.04$ 以及 $RMSEA = 0.07$，这几个指标均在临界值之内。因此，绝对拟合度指标通过检验。在增值拟合度指标中，$NFI = 0.93$、$RFI = 0.98$、$IFI = 0.95$、$TLI = 0.90$、$CFI = 0.95$，这几个指标基本在临界值之内。因此，绝对拟合度指标通过检验。简约拟合度指标中，$PGFI = 0.55$、$PNFI = 0.64$，达到标准，AIC、$CAIC$ 也符合要求。因此，竞争战略变量验证性因子模型可以接受。

表 5 - 39　竞争战略量表验证性因子分析模型拟合指标值

指标类型	统计检验量	适配的标准或临界值	估计值	判定结果
绝对拟合度指标	χ^2	$P > 0.05$	0.45	接受
	GFI	> 0.90	0.98	接受
	AGFI	> 0.90	0.96	接受
	RMR	< 0.05	0.04	接受
	RMSEA	< 0.05（适配良好）< 0.08（适配合理）	0.07	接受
增值拟合度指标	NFI	> 0.90	0.93	接受
	RFI	> 0.90	0.98	接受
	IFI	> 0.90	0.95	接受
	TLI	> 0.90	0.90	接受
	CFI	> 0.90	0.95	接受

续表

指标类型	统计检验量	适配的标准或临界值	估计值	判定结果
	PGFI	>0.50	0.55	接受
	PNFI	>0.50	0.64	接受
简约拟合度指标	AIC	理论模型的 AIC 小于独立模型的 AIC，且小于饱和模型的 AIC	—	接受
	CAIC	理论模型的 CAIC 小于独立模型的 CAIC，且小于饱和模型的 CAIC	—	接受

（2）信度评估

本研究通过建构信度来对战略环境的信度进行评价。根据公式计算出来的两个潜在变量的建构信度分别为 0.64 和 0.59，如表 5-38 所示，均高于 0.50。因此，竞争战略变量的因子的信度是可以接受的。

（3）效度评估

收敛效度。竞争战略变量的收敛效度用 AVE 来评估。根据 AVE 公式计算出来的值如表 5-38 所示。各个潜变量的 AVE 值分别为 0.57 和 0.53。可以看出，两个潜变量的 AVE 值高于标准值 0.50，这表明竞争战略变量测量指标的解释力超过其标准误差，具有一定的收敛效度。

区分效度。从表 5-40 中可以看出，竞争战略的三个潜变量 AVE 的平方根（对角部分数据）为 0.76 和 0.72，大于它与其他潜变量因子的相关系数。因此，竞争战略变量具有区分效度。

表 5-40　竞争战略量表区分效度分析

变量	DS	CS
DS	0.76	
CS	0.40	0.72

（四）人力资源管理系统量表信度和效度分析

1. 模型设定

本研究根据预调研的结果对人力资源管理系统变量进行模型的设

定。人力资源管理系统变量的潜变量包括内开型人力资源管理系统和外取型人力资源管理系统。其中，内开型人力资源管理系统的测量项目是 8 个，外取型人力资源管理系统的测量项目是 7 个。模型设定如图 5 - 14 所示。

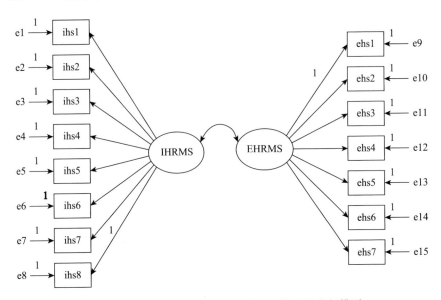

图 5 - 14 人力资源管理系统量表验证性因子分析模型

2. 模型识别

在人力资源管理系统变量的验证性因子分析模型中，总的自由度为 $q \times (q + 1)/2 = 15 \times 16/2 = 120$，模型共 31 个估计参数，小于自由度 120，满足被识别的必要条件。同时，人力资源管理系统变量的验证性因子模型满足模型被识别的充分条件。因此，人力资源管理系统变量模型是可识别的。

3. 模型评估

本研究运用软件 AMOS 16.0 对人力资源管理系统变量的验证性因子分析模型进行了分析，如图 5 - 15 和表 5 - 41 所示。

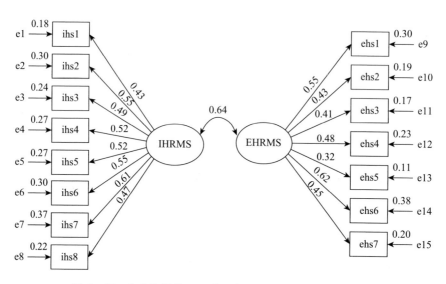

图 5 - 15　人力资源管理系统量表验证性因子分析模型结果

表 5 - 41　人力资源管理系统量表验证性因子分析结果

潜变量	项目	非标准负荷	标准负荷	标准误差（S. E.）
IHRMS	ihs1	0.65	0.43	0.07
	ihs2	1.00	0.55	0.09
	ihs3	0.94	0.49	0.10
	ihs4	1.03	0.52	0.10
	ihs5	0.94	0.52	0.09
	ihs6	0.90	0.55	0.09
	ihs7	1.19	0.61	0.11
	ihs8	1.00	0.47	—
EHRMS	ehs1	1.00	0.55	—
	ehs2	0.70	0.43	0.07
	ehs3	0.66	0.41	0.07
	ehs4	0.77	0.48	0.07
	ehs5	0.56	0.32	0.07
	ehs6	1.03	0.62	0.08
	ehs7	0.73	0.45	0.07

（1）模型拟合评估

从表 5 - 41 中，我们可以看出，人力资源管理系统变量模型中标准误差 $S.E.$ 的值为 0.07 到 0.11，并无负的标准误差存在。同样，从表 5 - 41 和图 5 - 15 中，我们可以看出，模型中标准化系数的绝对值为 0.32 到 0.62，小于 0.95。因此，模型未发生"违犯估计"现象，可以进行模型的拟合度检验。

在得到参数的估计值后，本研究通过拟合指数对模型和测量数据是否拟合进行评价。由表 5 - 42 可知，在绝对拟合指数中，$\chi^2 = 0.33$、$GFI = 0.93$、$AGFI = 0.91$、$RMR = 0.04$ 以及 $RMSEA = 0.07$，这几个指标均在临界值之内。因此，绝对拟合度指标通过检验。在简约拟合度指标

表 5 - 42　人力资源管理系统量表验证性因子分析模型拟合指标值

指标类型	统计检验量	适配的标准或临界值	估计值	判定结果
绝对拟合度指标	χ^2	$P > 0.05$	0.33	接受
	GFI	> 0.90	0.93	接受
	$AGFI$	> 0.90	0.91	接受
	RMR	< 0.05	0.04	接受
	$RMSEA$	< 0.05（适配良好）< 0.08（适配合理）	0.07	接受
增值拟合度指标	NFI	> 0.90	0.83	拒绝
	RFI	> 0.90	0.80	拒绝
	IFI	> 0.90	0.86	拒绝
	TLI	> 0.90	0.84	拒绝
	CFI	> 0.90	0.86	拒绝
简约拟合度指标	$PGFI$	> 0.50	0.69	接受
	$PNFI$	> 0.50	0.71	接受
	AIC	理论模型的 AIC 小于独立模型的 AIC，且小于饱和模型的 AIC	—	接受
	$CAIC$	理论模型的 $CAIC$ 小于独立模型的 $CAIC$，且小于饱和模型的 $CAIC$	—	接受

中，*PGFI* = 0.69、*PNFI* = 0.71，*AIC*、*CAIC* 这几个指标均在临界值之内。而在增值拟合度指标中，*NFI*、*RFI*、*IFI*、*TLI* 以及 *CFI* 这几个指标均在临界值之外，增值拟合度指标未通过检验。因此，人力资源管理系统变量的验证性因子模型需要进行修正。

（2）模型修正

在输出的模型修正指标图中，*M. I.* 最大的数据是 e9 到 e10 的关系，如果我们建立 e9 到 e10 的关系，则 Chi-square 减少 27.58。在建立 e4 到 e5 的关系后，构建的模型如图 5 – 16 所示，验证性因子分析结果和拟合值如表 5 – 43 所示。

从表 5 – 44 可以看出，建立 e9 到 e10 的关系后，*NFI*、*RFI*、*IFI*、*TLI* 以及 *CFI* 这几个指标均在临界值之内。因此，增值拟合度指标通过检验。

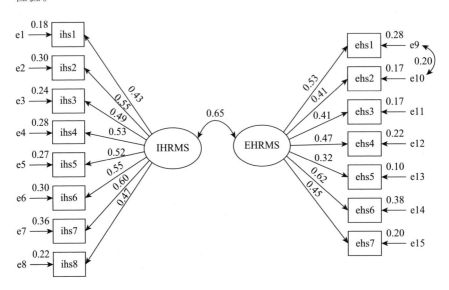

图 5 – 16　人力资源管理系统变量验证性因子分析模型修正结果

表 5 – 43　人力资源管理系统验证性因子分析修正结果

潜变量	项目	非标准负荷	标准负荷	标准误差（S. E.）	CR	AVE
IHRMS	ihs1	0.65	0.43	0.07	0.74	0.67
	ihs2	1.00	0.55	0.09		
	ihs3	0.94	0.49	0.10		
	ihs4	1.04	0.53	0.10		
	ihs5	0.94	0.52	0.09		
	ihs6	0.90	0.55	0.09		
	ihs7	1.19	0.60	0.11		
	ihs8	1.00	0.47			
EHRMS	ehs1	1.00	0.53		0.65	0.51
	ehs2	0.69	0.41	0.07		
	ehs3	0.68	0.41	0.07		
	ehs4	0.79	0.47	0.08		
	ehs5	0.57	0.32	0.07		
	ehs6	1.06	0.62	0.08		
	ehs7	0.76	0.45	0.07		

表 5 – 44　人力资源管理系统变量验证性因子分析模型修正拟合指标值

指标类型	统计检验量	适配的标准或临界值	估计值	判定结果
绝对拟合度指标	χ^2	$P > 0.05$	0.33	接受
	GFI	> 0.90	0.94	接受
	AGFI	> 0.90	0.92	接受
	RMR	< 0.05	0.04	接受
	RMSEA	< 0.05（适配良好）< 0.08（适配合理）	0.07	接受
增值拟合度指标	NFI	> 0.90	0.94	接受
	RFI	> 0.90	0.92	接受
	IFI	> 0.90	0.98	接受
	TLI	> 0.90	0.95	接受
	CFI	> 0.90	0.96	接受

续表

指标类型	统计检验量	适配的标准或临界值	估计值	判定结果
简约拟合度指标	*PGFI*	>0.50	0.69	接受
	PNFI	>0.50	0.71	接受
	AIC	理论模型的 *AIC* 小于独立模型的 *AIC*，且小于饱和模型的 *AIC*	—	接受
	CAIC	理论模型的 *CAIC* 小于独立模型的 *CAIC*，且小于饱和模型的 *CAIC*	—	接受

（3）信度评估

本研究通过建构信度来对人力资源管理系统变量的信度进行评价。根据公式计算出来的2个潜在变量的建构信度分别为0.74和0.65，如表5-43所示，均高于0.50。因此，人力资源管理系统变量因子的信度是可以接受的。

（4）效度评估

收敛效度。人力资源管理系统变量的收敛效度用 *AVE* 来评估。根据 *AVE* 公式计算出来的值如表5-43所示。各个潜变量的 *AVE* 值分别为0.67和0.51。可以看出，2个潜变量的 *AVE* 值高于标准值0.5，这表明人力资源管理系统变量测量指标的解释力超过其标准误差，具有一定的收敛效度。

区分效度。从表5-45中可以看出，人力资源管理系统变量的2个潜变量 *AVE* 的平方根（对角部分数据）分别为0.82和0.72，均大于它与其他潜变量因子的相关系数。因此，人力资源管理系统变量具有区分效度。

表5-45　人力资源管理系统变量区分效度分析

变量	IHRMS	EHRMS
IHRMS	0.82	
EHRMS	0.65	0.72

（五）战略人力资本量表信度和效度分析

1. 模型设定

本研究根据预调研的结果对战略人力资本变量进行模型的设定。战略人力资本变量的潜变量包括内开型人力资本、外取型人力资本。其中，内开型人力资本的测量项目是 7 个，外取型人力资本的测量项目是 5 个。因此，模型设定如图 5 – 17 所示。

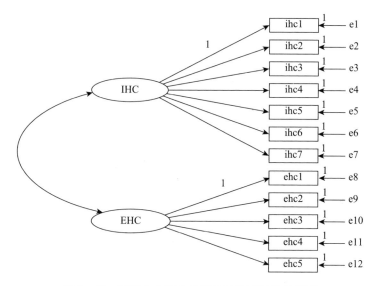

图 5 – 17　战略人力资本量表验证性因子分析模型

2. 模型识别

在战略人力资本变量的验证性因子分析模型中，总的自由度为 $q \times (q + 1)/2 = 12 \times 13/2 = 78$，模型共 25 个估计参数，小于自由度 78，满足被识别的必要条件。同时，战略人力资本变量的验证性因子模型满足模型被识别的充分条件。因此，战略人力资本变量模型是可以被识别的。

3. 模型评估

本研究运用软件 AMOS 16.0 对战略人力资本变量的验证性因子分析模型进行了分析，如图 5 – 18 和表 5 – 46 所示。

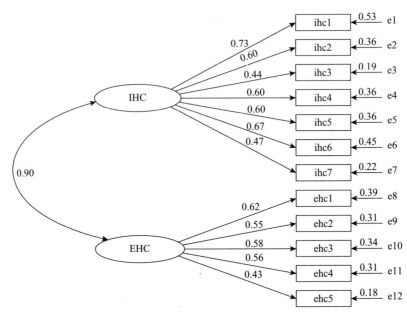

图 5 – 18 战略人力资本量表验证性因子分析模型结果

（1）模型拟合评估

从表 5 – 46 中可以看出，战略人力资本模型中标准误差 *S. E.* 的值为 0.05 到 0.08，并无负的标准误差存在。同样，从表 5 – 46 和图 5 – 18 中可以看出，模型中标准化系数的绝对值为 0.43 到 0.73，小于 0.95。因此，模型未发生"违犯估计"现象，可以进行拟合度检验。

表 5 – 46 战略人力资本量表验证性因子分析结果

潜变量	项目	非标准负荷	标准负荷	标准误差（*S. E.*）	*CR*	*AVE*
	ihc1	1.00	0.73			
	ihc2	0.80	0.60	0.05		
	ihc3	0.52	0.44	0.05		
IHC	ihc4	0.80	0.60	0.05	0.78	0.55
	ihc5	0.80	0.60	0.05		
	ihc6	0.93	0.67	0.05		
	ihc7	0.59	0.47	0.05		

续表

潜变量	项目	非标准负荷	标准负荷	标准误差（S.E.）	CR	AVE
EHC	ehc1	1.00	0.62		0.68	0.60
	ehc2	0.92	0.55	0.07		
	ehc3	1.01	0.58	0.08		
	ehc4	0.93	0.56	0.07		
	ehc5	0.72	0.43	0.07		

在得到参数的估计值后，本研究通过拟合指数对测量数据是否拟合进行评价。从表 5 – 47 可以看出，在绝对拟合度指标中，$\chi^2 = 0.15$、$GFI = 0.92$、$AGFI = 0.94$、$RMR = 0.04$ 以及 $RMSEA = 0.07$，这几个指标均在临界值之内。因此，绝对拟合度指标通过检验。增值拟合度指标中，$NFI = 0.95$、$RFI = 0.91$、$IFI = 0.96$、$TLI = 0.93$ 以及 $CFI = 0.96$，这几个指标均在临界值之内。因此，增值拟合度指标通过检验。简约拟合度指标中，$PGFI = 0.63$、$PNFI = 0.68$，达到标准，AIC、$CAIC$ 也符合要求。因此，战略人力资本变量的验证性因子模型可以接受。

表 5 – 47　战略人力资本量表验证性因子分析模型拟合指标值

指标类型	统计检验量	适配的标准或临界值	估计值	判定结果
绝对拟合度指标	χ^2	$P > 0.05$	0.15	接受
	GFI	> 0.90	0.92	接受
	$AGFI$	> 0.90	0.94	接受
	RMR	< 0.05	0.04	接受
	$RMSEA$	< 0.05（适配良好）< 0.08（适配合理）	0.07	接受
增值拟合度指标	NFI	> 0.90	0.95	接受
	RFI	> 0.90	0.91	接受
	IFI	> 0.90	0.96	接受
	TLI	> 0.90	0.93	接受
	CFI	> 0.90	0.96	接受

指标类型	统计检验量	适配的标准或临界值	估计值	判定结果
简约拟合度指标	PGFI	>0.50	0.63	接受
	PNFI	>0.50	0.68	接受
	AIC	理论模型的 AIC 小于独立模型的 AIC，且小于饱和模型的 AIC	—	接受
	CAIC	理论模型的 CAIC 小于独立模型的 CAIC，且小于饱和模型的 CAIC	—	接受

（2）信度评估

本研究通过建构信度来对战略人力资本变量的信度进行评价。根据公式计算出来的 2 个维度的建构信度分别为 0.78 和 0.68，如表 5 - 46 所示，均高于 0.50。因此，因子的信度是可以接受的。

（3）效度评估

收敛效度。战略人力资本变量的收敛效度用 AVE 来评估。根据 AVE 公式计算出来的值如表 5 - 46 所示。各个潜变量的 AVE 值分别为 0.55 和 0.60，这表明战略人力资本变量测量指标的解释力超过其标准误差，具有一定的收敛效度。

区分效度。从表 5 - 48 中可以看出，战略人力资本变量的 2 个潜变量 AVE 的平方根（对角部分数据）分别为 0.92 和 0.91，均大于它与其他潜变量因子的相关系数。因此，战略人力资本变量具有区分效度。

表 5 - 48   战略人力资本变量区分效度检验

变量	IHC	EHC
IHC	0.92	
EHC	0.90	0.91

（六）企业持续竞争优势量表信度和效度分析

1. 模型设定

本研究根据预调研的结果对企业持续竞争优势变量进行模型的设

定。企业持续竞争优势变量的潜变量的测量项目是 9 个，模型设定如图
5 – 19 所示。

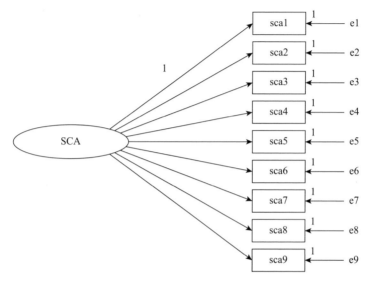

图 5 – 19 企业持续竞争优势量表验证性因子分析模型

2. 模型识别

在企业持续竞争优势变量的验证性因子分析模型中，总的自由度为
$q \times (q+1)/2 = 9 \times 10/2 = 45$，模型共 18 个估计参数，小于自由度 45，
满足被识别的必要条件。同时，企业持续竞争优势变量的验证性因子模
型满足被识别的充分条件。因此，企业持续竞争优势变量模型可被
识别。

3. 模型评估

本研究运用软件 AMOS 16.0 对企业持续竞争优势变量的验证性因
子分析模型进行了分析，如图 5 – 20 和表 5 – 49 所示。

（1）模型拟合评估

从表 5 – 49 中可以看出，企业持续竞争优势变量模型中标准误差
S. E. 的值为 0.11 到 0.15，并无负的标准误差存在。同样，从表 5 – 49
和图 5 – 20 可以看出，模型中标准化系数的绝对值为 0.43 到 0.70，小

于 0.95。因此,模型未发生"违犯估计"现象,可以进行拟合度检验。

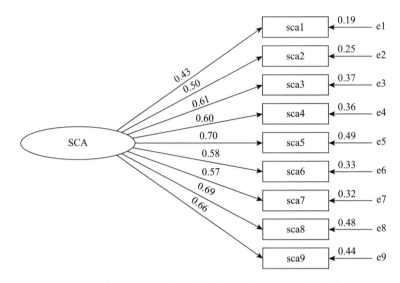

图 5 - 20　企业持续竞争优势量表验证性因子分析模型结果

表 5 - 49　企业持续竞争优势量表验证性因子分析结果

潜变量	项目	非标准负荷	标准负荷	标准误差($S.E.$)
	sca1	1.00	0.43	
	sca2	1.09	0.50	0.12
	sca3	1.31	0.61	0.13
	sca4	1.32	0.60	0.13
SCA	sca5	1.56	0.70	0.14
	sca6	1.09	0.58	0.11
	sca7	1.10	0.57	0.11
	sca8	1.51	0.69	0.14
	sca9	1.63	0.66	0.15

　　本研究采用极大似然估计法对企业持续竞争优势变量的验证性因子模型进行估计。在得到参数的估计值后,本研究通过拟合指数对模型和测量数据是否拟合进行评价。从表 5 - 50 可以看出,绝对拟合指标中,

$\chi^2 = 0.10$、$GFI = 0.95$、$AGFI = 0.91$、$RMR = 0.04$ 以及 $RMSEA = 0.04$，这几个指标均在临界值之内。因此，绝对拟合度指标通过检验。简约拟合度指标中，$PGFI = 0.53$ 以及 $PNFI = 0.59$，达到标准，AIC、$CAIC$ 也符合要求。因此，简约拟合度指标达到标准。增值拟合度指标中，$NFI = 0.79$、$RFI = 0.72$、$IFI = 0.80$、$TLI = 0.73$ 以及 $CFI = 0.80$，这几个指标均在临界值之外。因此，增值拟合度指标未通过检验，企业持续竞争优势变量的验证性因子模型需要进行修正。

表 5 – 50　企业持续竞争优势验证性因子分析模型拟合指标值

指标类型	统计检验量	适配的标准或临界值	估计值	判定结果
绝对拟合度指标	χ^2	$P > 0.05$	0.10	接受
	GFI	> 0.90	0.95	接受
	$AGFI$	> 0.90	0.91	接受
	RMR	< 0.05	0.04	接受
	$RMSEA$	< 0.05（适配良好）< 0.08（适配合理）	0.06	接受
增值拟合度指标	NFI	> 0.90	0.79	拒绝
	RFI	> 0.90	0.72	拒绝
	IFI	> 0.90	0.80	拒绝
	TLI	> 0.90	0.73	拒绝
	CFI	> 0.90	0.80	拒绝
简约拟合度指标	$PGFI$	> 0.50	0.53	接受
	$PNFI$	> 0.50	0.59	接受
	AIC	理论模型的 AIC 小于独立模型的 AIC，且小于饱和模型的 AIC	—	接受
	$CAIC$	理论模型的 $CAIC$ 小于独立模型的 $CAIC$，且小于饱和模型的 $CAIC$	—	接受

（2）模型修正

在输出的模型修正指标中，$M.I.$ 最大的数据是 e1 到 e2 的关系，为 83.85，如果我们建立从 e1 到 e2 的关系，则 $Chi\text{-}square$ 减少 83.85。

在建立 e1 到 e2 的关系后，构建的模型如图 5 – 21 所示，验证性因子分析修正结果和拟合值如表 5 – 51 与表 5 – 52 所示。

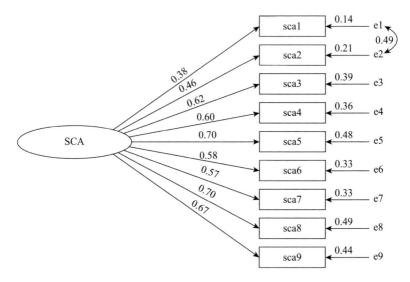

图 5 – 21 企业持续竞争优势量表验证性因子分析修正模型结果

表 5 – 51 企业持续竞争优势量表验证性因子分析修正结果

潜变量	项目	非标准负荷	标准负荷	标准误差（S. E.）	CR	AVE
SCA	sca1	1. 00	0. 38		0. 83	0. 55
	sca2	1. 13	0. 46	0. 10		
	sca3	1. 54	0. 62	0. 17		
	sca4	1. 52	0. 60	0. 17		
	sca5	1. 78	0. 70	0. 19		
	sca6	1. 26	0. 58	0. 14		
	sca7	1. 27	0. 57	0. 14		
	sca8	1. 75	0. 70	0. 18		
	sca9	1. 88	0. 67	0. 20		

从表 5 – 52 可以看出，建立 e1 到 e2 的关系后，绝对拟合指数、增值拟合指数和简约拟合指数的各个拟合指数均达到标准。*NFI*、*RFI*、

IFI、*TLI*、*CFI* 均在 0.9 以上。因此，增值拟合度指标通过检验。

表 5 - 52　企业持续竞争优势验证性因子分析模型修正拟合指标值

指标类型	统计检验量	适配的标准或临界值	估计值	判定结果
绝对拟合度指标	χ^2	$P > 0.05$	0.10	接受
	GFI	> 0.90	0.93	接受
	AGFI	> 0.90	0.95	接受
	RMR	< 0.05	0.04	接受
	RMSEA	< 0.05（适配良好）< 0.08（适配合理）	0.06	接受
增值拟合度指标	*NFI*	> 0.90	0.94	接受
	RFI	> 0.90	0.91	接受
	IFI	> 0.90	0.93	接受
	TLI	> 0.90	0.94	接受
	CFI	> 0.90	0.97	接受
简约拟合度指标	*PGFI*	> 0.50	0.54	接受
	PNFI	> 0.50	0.63	接受
	AIC	理论模型的 *AIC* 小于独立模型的 *AIC*，且小于饱和模型的 *AIC*	—	接受
	CAIC	理论模型的 *CAIC* 小于独立模型的 *CAIC*，且小于饱和模型的 *CAIC*	—	接受

（3）信度评估

本研究通过建构信度来对企业持续竞争优势变量的信度进行评价。根据公式计算出来的潜在变量的建构信度均为 0.83，如表 5 - 51 所示，高于 0.50。因此，信度是可以接受的。

（4）效度评估

收敛效度。企业持续竞争优势变量的收敛效度用 *AVE* 来评估。根据 *AVE* 公式计算出来的值如表 5 - 51 所示。各个潜变量的 *AVE* 值均为 0.55，可以看出，两个潜变量的 *AVE* 值高于标准值 0.50，这表明企业持续竞争优势变量测量指标的解释力超过其标准误差，具有一定的收敛效度。

区分效度。企业持续竞争优势变量不存在潜变量因子的相关系数，因此，企业持续竞争优势变量没有区分效度。

第四节　本章小结

本章主要对研究变量量表的开发与测量、预调研以及正式调研进行了分析。首先，本章在文献回顾、访谈和提出研究假设及概念模型的基础上确定研究问题涉及的变量，其中包括外部环境、竞争战略、人力资源管理系统、战略人力资本以及企业持续竞争优势变量。本章搜集国内外相关文献，选取了国内外学者证实的较为成熟的测量量表，以及结合访谈设计调查问卷。其次，为了提高调查问卷的效度与信度，本章在大规模发放正式问卷之前对预调研的问卷进行检验，进而得到更为精简的、有效的变量测量量表，采用 SPSS 16.0 对量表进行信度和效度检验。再次，本章通过对量表进行修正，得到正式调研的问卷。最后，本章进行了大规模的正式调研。在进行理论假设检验之前需要对正式调研的样本数据进行一般描述性统计和正态分布以及数据质量验证性评估，即对数据的效度和信度进行评估，其中效度主要是对量表的结构效度，包括收敛效度和区分效度进行评价。本章运用结构方程统计软件 AMOS 16.0 以及 SPSS 进行分析。

本章通过预调研与正式调研得到的结果显示，大样本数据的数值质量是可以接受的，且具有良好的信度和效度，可以用于下一步的实证检验。

第六章 战略人力资本与企业持续竞争优势：数据分析与假设检验

第一节 人力资源管理系统与战略人力资本构型假设检验

从第五章数据验证性评估中的人力资源管理系统量表信度和效度分析以及战略人力资本量表信度和效度分析可以看出，假设 H1 和 H2 得到验证。

第二节 人力资源管理系统与企业持续竞争优势关系假设检验

首先，以人力资源管理系统为自变量，以企业持续竞争优势为因变量，用结构方程模型进行分析，概念模型如图 6－1 所示。概念模型中，人力资源管理系统的两个维度包括内开型人力资源管理系统和外取型人力资源管理系统。如图 6－1 所示，假设 H3a 为内开型人力资源管理系统与企业持续竞争优势正相关，H3b 为外取型人力资源管理系统与企业持续竞争优势正相关。

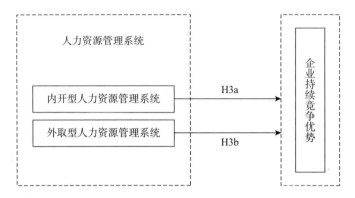

图 6 - 1　人力资源管理系统与企业持续竞争优势关系概念模型

一　内开型人力资源管理系统与企业持续竞争优势关系检验

（一）模型设定

根据前面概念模型设定结构方程模型，以内开型人力资源管理系统为自变量，以企业持续竞争优势为因变量，模型设定如图 6 - 2 所示。

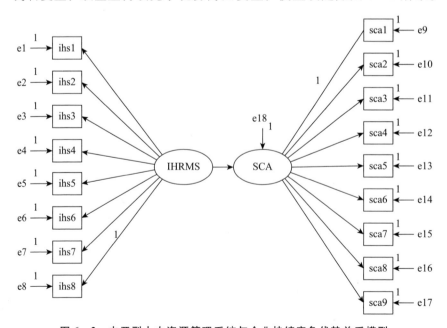

图 6 - 2　内开型人力资源管理系统与企业持续竞争优势关系模型

其中，内开型人力资源管理系统的测量项目是 8 个，企业持续竞争优势的测量项目是 9 个。

（二）模型识别

内开型人力资源管理系统与企业持续竞争优势关系模型中，总的自由度为 $q \times (q+1)/2 = 17 \times 18/2 = 153$，模型共计 36 个估计参数，小于自由度 153，满足被识别的必要条件。另外，模型不存在潜变量的双向因果关系。因此，模型符合可识别的充分和必要条件。

（三）参数估计和拟合度评价

本研究运用软件 AMOS 16.0 对内开型人力资源管理系统与企业持续竞争优势因果关系模型进行了分析，分析结果如图 6-3 所示。

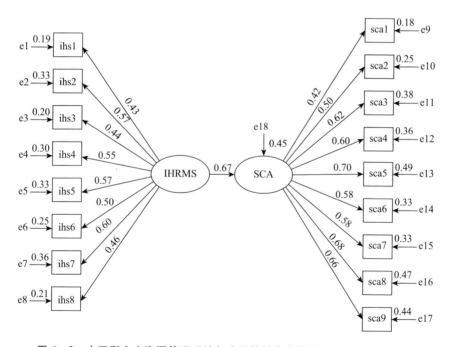

图 6-3　内开型人力资源管理系统与企业持续竞争优势关系模型分析结果

本研究采用极大似然估计法对内开型人力资源管理系统与企业持续竞争优势关系模型进行估计。拟合结果如表 6-1 所示。在绝对拟合度指标中，$\chi^2 = 0.23$、$GFI = 0.90$、$AGFI = 0.91$、$RMR = 0.04$ 以及 $RMSEA =$

0.07，这几个指标基本在临界值之内。因此，绝对拟合度指标通过检验。增值拟合度指标中，$NFI = 0.91$、$RFI = 0.96$、$IFI = 0.92$、$TLI = 0.90$以及$CFI = 0.92$，这几个指标基本在临界值之内。因此，增值拟合度指标通过检验。简约拟合度指标中，$PGFI = 0.69$、$PNFI = 0.69$，达到标准，AIC、$CAIC$也符合要求。因此，模型拟合度良好。

表6-1　内开型人力资源管理系统与企业持续竞争优势关系模型拟合指标值

指标	χ^2	GFI	AGFI	RMR	RMSEA	NFI	RFI
值	0.23	0.90	0.91	0.04	0.07	0.91	0.96
是否接受	接受	接受	接受	接受	接受	接受	接受
指标	IFI	TLI	CFI	PGFI	PNFI	AIC	CAIC
值	0.92	0.90	0.92	0.69	0.69	—	—
是否接受	接受	接受	接受	接受	接受	接受	接受

（四）模型解释

由图6-3和表6-2看出，IHRMS到SCA的路径系数为0.67，达到0.001的显著水平，说明内开型人力资源管理系统对企业持续竞争优势的正向影响非常显著。因此，支持假设H3a。

表6-2　内开型人力资源管理系统与企业持续竞争优势关系模型
路径系数分析及检验

假设	假设回归路径	标准化路径系数	显著性	假设结果
H3a	IHRMS→SCA	0.67***	0.000	成立

注：*** $P < 0.001$。

二　外取型人力资源管理系统与企业持续竞争优势关系检验

（一）模型设定

根据前面概念模型设定结构方程模型，以外取型人力资源管理系统为自变量，以企业持续竞争优势为因变量，模型设定如图6-4所示。

其中，外取型人力资源管理系统的测量项目是 7 个，企业持续竞争优势的测量项目是 9 个。

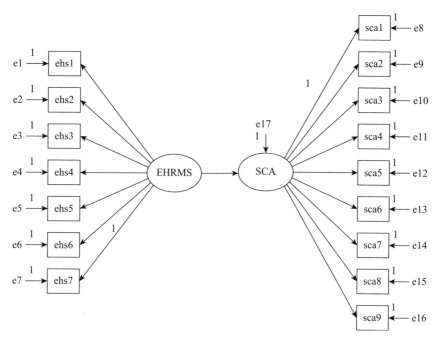

图 6 - 4　外取型人力资源管理系统与企业持续竞争优势关系模型

（二）模型识别

外取型人力资源管理系统与企业持续竞争优势关系模型中，总的自由度为 $q \times (q+1)/2 = 16 \times 17/2 = 136$，模型共 34 个估计参数，小于自由度 136，满足被识别的必要条件。另外，模型不存在潜变量的双向因果关系。因此，模型符合可识别的充分和必要条件。

（三）参数估计和拟合度评价

本研究运用软件 AMOS 16.0 对外取型人力资源管理系统与企业持续竞争优势关系模型进行了分析，分析结果如图 6 - 5 所示。

本研究采用极大似然估计法对外取型人力资源管理系统与企业持续竞争优势关系模型进行估计，拟合结果如表 6 - 3 所示。在绝对拟合度指标中，$\chi^2 = 0.02$、$GFI = 0.91$、$AGFI = 0.90$、$RMR = 0.04$ 以及

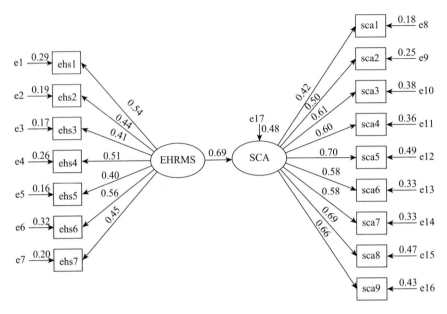

图6-5 外取型人力资源管理系统与企业持续竞争优势关系模型分析结果

$RMSEA = 0.07$，除χ^2外，这几个指标基本在临界值之内。因此，绝对拟合度指标没通过检验。增值拟合度指标中，$NFI = 0.88$、$RFI = 0.84$、$IFI = 0.80$、$TLI = 0.87$以及$CFI = 0.80$，这几个指标均在临界值之外。因此，增值拟合度指标没有通过检验。简约拟合度指标中，$PGFI = 0.68$、$PNFI = 0.67$，达到标准，AIC、$CAIC$也符合要求。因此，模型需要修正。

表6-3 外取型人力资源管理系统与企业持续竞争优势关系
模型拟合指标值

指标	χ^2	GFI	AGFI	RMR	RMSEA	NFI	RFI
值	0.02	0.91	0.90	0.04	0.07	0.88	0.84
是否接受	拒绝	接受	接受	接受	接受	拒绝	拒绝

指标	IFI	TLI	CFI	PGFI	PNFI	AIC	CAIC
值	0.80	0.87	0.80	0.68	0.67	—	—
是否接受	拒绝	拒绝	拒绝	接受	接受	接受	接受

（四）模型修正

在输出的模型修正指标图中，*M. I.* 最大的数据是 e8 到 e9 的关系，如果我们建立 e8 到 e9 的关系，则 *Chi-square* 减少 44.85。在建立 e8 到 e9 的关系后，构建的模型与分析结果如图 6－6 所示。

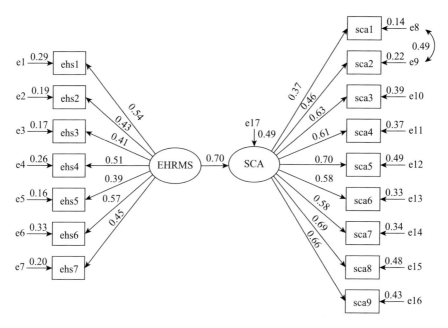

图 6－6　外取型人力资源管理系统与企业持续竞争优势关系模型修正分析结果

模型修正后，拟合结果如表 6－4 所示。在绝对拟合度指标中，$\chi^2 = 0.55$、*GFI* = 0.92、*AGFI* = 0.90、*RMR* = 0.04 以及 *RMSEA* = 0.07，这几个指标基本在临界值之内。因此，绝对拟合度指标通过检验。增值拟合度指标中，*NFI* = 0.94、*RFI* = 0.91、*IFI* = 0.97、*TLI* = 0.94 以及 *CFI* = 0.97，这几个指标均在临界值之内。因此，绝对拟合度指标通过检验。简约拟合度指标中，*PGFI* = 0.69、*PNFI* = 0.72，达到标准，*AIC*、*CAIC* 也符合要求。因此，模型拟合度良好。

表 6 - 4　外取型人力资源管理系统与企业持续竞争优势关系
修正模型拟合指标值

指标	χ^2	GFI	AGFI	RMR	RMSEA	NFI	RFI
值	0.55	0.92	0.90	0.04	0.07	0.94	0.91
是否接受	接受	接受	接受	接受	接受	接受	接受
指标	IFI	TLI	CFI	PGFI	PNFI	AIC	CAIC
值	0.97	0.94	0.97	0.69	0.72	—	—
是否接受	接受	接受	接受	接受	接受	接受	接受

（五）模型解释

由图 6 - 6 和表 6 - 5 我们可以看出，EHRMS 到 SCA 的路径系数为 0.70，达到 0.001 的显著水平，说明外取型人力资源管理系统对企业持续竞争优势的正向影响非常显著。因此，支持假设 H3b。

表 6 - 5　外取型人力资源管理系统与企业持续竞争优势关系模型
路径系数分析及检验

假设	假设回归路径	标准化路径系数	显著性	假设结果
H3b	EHRMS→SCA	0.70***	0.000	成立

注：*** $P < 0.001$。

第三节　人力资源管理系统与战略人力资本关系 以及竞争战略的调节作用假设检验

本研究以人力资源管理系统为自变量，以战略人力资本为因变量，以差异化战略和成本减少战略为调节变量，用结构方程模型进行分析，概念模型如图 6 - 7 所示。概念模型中，人力资源管理系统的两个维度包括内开型人力资源管理系统和外取型人力资源管理系统，战略人力资本的两个维度包括内开型人力资本和外取型人力资本。如图 6 - 7 所示，假设 H4a 为内开型人力资源管理系统与内开型人力资本正相关，H4b

为外取型人力资源管理系统与外取型人力资本正相关，H5a 为差异化战略在内开型人力资源管理系统与内开型人力资本的关系中具有调节作用，H5b 为成本减少战略在外取型人力资源管理系统与外取型人力资本的关系中具有调节作用。

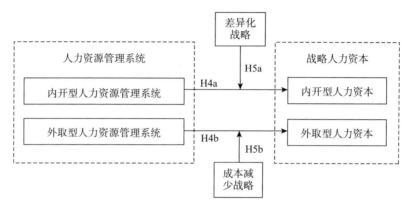

图 6 - 7　人力资源管理系统与战略人力资本关系概念模型

一　内开型人力资源管理系统与内开型人力资本关系检验

（一）模型设定

根据前面概念模型设定结构方程模型，以内开型人力资源管理系统为自变量，以内开型人力资本为因变量，模型设定如图 6 - 8 所示。其中，内开型人力资源管理系统的测量项目是 8 个，内开型人力资本的测量项目是 7 个。

（二）模型识别

内开型人力资源管理系统与内开型人力资本的关系模型中，总的自由度为 $q \times (q + 1)/2 = 15 \times 16/2 = 120$，模型共 34 个估计参数，小于自由度 120，满足被识别的必要条件。另外，模型不存在潜变量的双向因果关系。因此，模型符合可识别的充分和必要条件。

（三）参数估计和拟合度评价

本研究运用软件 AMOS 16.0 对内开型人力资源管理系统与内开型

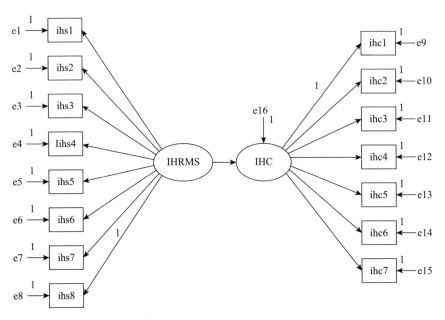

图 6-8 内开型人力资源管理系统与内开型人力资本关系模型

人力资本的关系模型进行了分析，分析结果如图 6-9 所示。

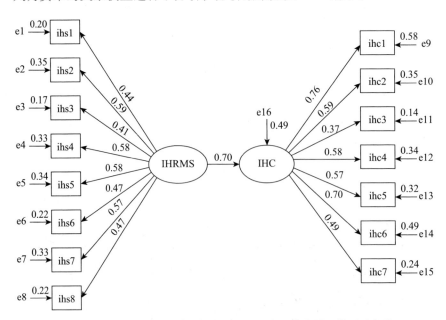

图 6-9 内开型人力资源管理系统与内开型人力资本关系模型分析结果

本研究采用极大似然估计法对内开型人力资源管理系统与内开型人力资本关系模型进行估计，拟合结果如表 6 - 6 所示。在绝对拟合度指标中，$\chi^2 = 0.27$、$GFI = 0.93$、$AGFI = 0.90$、$RMR = 0.04$ 以及 $RMSEA = 0.07$，这几个指标基本在临界值之内。因此，绝对拟合度指标通过检验。增值拟合度指标中，$NFI = 0.93$、$RFI = 0.90$、$IFI = 0.96$、$TLI = 0.94$ 以及 $CFI = 0.96$，这几个指标基本在临界值之内。因此，增值拟合度指标通过检验。简约拟合度指标中，$PGFI = 0.69$、$PNFI = 0.71$，达到标准，AIC、$CAIC$ 也符合要求。因此，模型拟合度良好。

表 6 - 6 内开型人力资源管理系统与内开型人力资本关系模型拟合指标值

指标	χ^2	GFI	$AGFI$	RMR	$RMSEA$	NFI	RFI
值	0.27	0.93	0.90	0.04	0.07	0.93	0.90
是否接受	接受	接受	接受	接受	接受	接受	接受
指标	IFI	TLI	CFI	$PGFI$	$PNFI$	AIC	$CAIC$
值	0.96	0.94	0.96	0.69	0.71	—	—
是否接受	接受	接受	接受	接受	接受	接受	接受

（四）模型解释

由图 6 - 9 和表 6 - 7 我们可以看出，IHRMS 到 IHC 的路径系数为 0.70，达到 0.001 的显著水平，说明内开型人力资源管理系统对内开型人力资本的正向影响非常显著。因此，支持假设 H4a。

表 6 - 7 内开型人力资源管理系统与内开型人力资本关系
模型路径系数分析及检验

假设	假设回归路径	标准化路径系数	显著性	假设结果
H4a	IHRMS→IHC	0.70***	0.000	成立

注：*** $P < 0.001$。

二　差异化战略的调节作用检验

本研究关于潜变量交互效应使用乘积项的结构方程。设 ξ_1 是自变量，y 为因变量，ξ_2 为调节变量，自变量 ξ_1 有两个观察变量 x_1、x_2，调节变量 ξ_2 有两个观察变量 x_3、x_4。其结构方程如下。

$$y = \gamma_1\xi_1 + \gamma_2\xi_2 + \gamma_3\xi_1\xi_2 + \zeta \qquad (6.1)$$

其中 $\xi_1\xi_2$ 表示 ξ_1 对 ξ_2 的交互效应项。模型假设潜变量和误差项都是正态变量，潜变量与误差项之间不相关，任两个误差项之间也不相关。如果把 $\xi_1\xi_2$ 作为潜变量，则又面临 1 个新问题，没有指标。为此，将指标的乘积项 x_1x_3、x_1x_4、x_2x_3、x_2x_4 作为 $\xi_1\xi_2$ 的指标（温忠麟和侯杰泰，2003）。当采用结构方程检验变量 ξ_2 对 ξ_1 的调节效应时，主要看交互项 $\xi_1\xi_2$ 的系数 γ_3 是否显著。

（一）模型设定

本研究根据前面概念模型的提出设定结构方程模型，以内开型人力资源管理系统为自变量，以内开型人力资本为因变量，以差异化战略为调节变量，如图 6-10 所示。其中，IHRMS × DS 表示内开型人力资源管理系统与内开型人力资本的交互项。内开型人力资源管理系统的测量项目是 8 个，内开型人力资本的测量项目是 7 个，差异化战略的测量项目是 3 个，内开型人力资源管理系统与差异化战略的交互的测量项目是24 个。

（二）模型识别

在差异化战略对内开型人力资源管理系统与内开型人力资本的调节作用模型中，总的自由度为 $q \times (q+1)/2 = 42 \times 43/2 = 903$，模型共 86 个估计参数，小于自由度 903，满足被识别的必要条件。另外，模型不存在潜变量的双向因果关系。因此，模型符合可识别的充分和必要条件。

（三）参数估计和拟合度评价

本研究运用软件 AMOS 16.0 对差异化战略对内开型人力资源管理

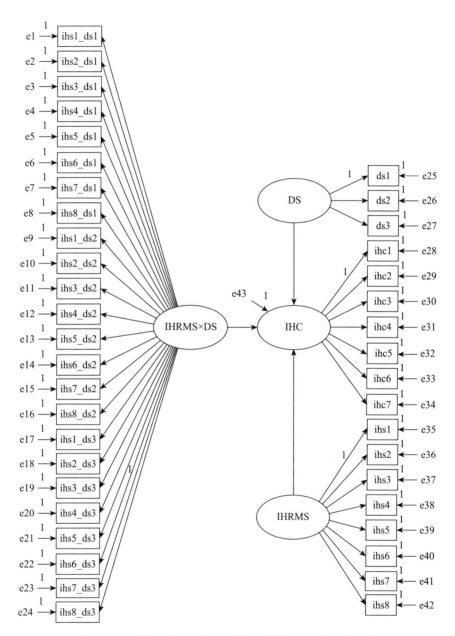

图 6 - 10 差异化战略对内开型人力资源管理系统与内开型
人力资本关系的调节作用模型

系统与内开型人力资本关系的调节作用模型进行了分析，分析结果如图 6 - 11 所示，拟合值如表 6 - 8 所示。

表 6 - 8　差异化战略对内开型人力资源管理系统与内开型人力资本
关系的调节作用模型拟合指标值

指标	χ^2	GFI	AGFI	RMR	RMSEA	NFI	RFI
值	0.31	0.91	0.91	0.04	0.07	0.92	0.94
是否接受	接受	接受	接受	接受	接受	接受	接受
指标	IFI	TLI	CFI	PGFI	PNFI	AIC	CAIC
值	0.91	0.91	0.98	0.61	0.55	—	—
是否接受	接受	接受	接受	接受	接受	接受	接受

本研究采用极大似然估计法对差异化战略对内开型人力资源管理系统与内开型人力资本的调节作用模型进行估计。在绝对拟合度指标中，$\chi^2 = 0.31$、$GFI = 0.91$、$AGFI = 0.91$、$RMR = 0.04$ 以及 $RMSEA = 0.07$，这几个指标均在临界值之内。因此，绝对拟合度指标通过检验。增值拟合度指标中，$NFI = 0.92$、$RFI = 0.94$、$IFI = 0.91$、$TLI = 0.91$ 以及 $CFI = 0.98$，这几个指标均在临界值之内。因此，增值拟合度指标通过检验。简约拟合度指标中，$PGFI = 0.61$、$PNFI = 0.55$，达到标准，AIC、$CAIC$ 也符合要求。因此，模型拟合度良好。

（四）模型解释

由图 6 - 11 和表 6 - 9 我们可知，差异化战略对内开型人力资源管理系统与内开型人力资本的调节作用模型中，IHRMS × DS 到 IHC 的路径系数为 0.29，达到 0.001 的显著水平，说明差异化战略对内开型人力资源管理系统与内开型人力资本的关系具有正向调节作用。因此，支持假设 H5a。

为了具体体现差异化战略对内开型人力资源管理系统与内开型人力资本之间关系的调节作用，下面参照刘云和石金涛等（2009）介绍的方法画出调节效应图 6 - 12。为了方便作图，本研究对数据进行了

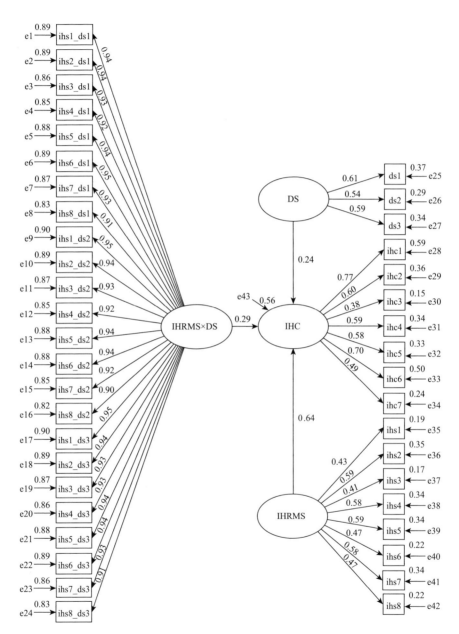

**图 6 - 11 差异化战略对内开型人力资源管理系统与内开型
人力资本关系的调节作用模型分析结果**

表 6 – 9　差异化战略对内开型人力资源管理系统与内开型人力资本
关系的调节作用模型路径系数分析及检验

假设	假设回归路径	标准化路径系数	显著性	假设结果
H5a	IHRMS × DS→IHC	0.29***	0.000	成立
	IHRMS→IHC	0.64***	0.000	
	DS→IHC	0.24***	0.000	

注：***P < 0.001。

Z-Score 标准化转换，以差异化战略的得分为分类标准，以差异化战略的中位数（Med）为分类点，把内开型人力资源管理系统和内开型人力资本标准化数据分成两组，一组是 Z < Med，另一组是 Z > Med；在每一组做一个 X 与 Y 的回归分析，找出截距和斜率，画出两条直线；通过回归方程对应的图线对比高低分组间的差别。图 6 – 12 反映了差异化战略对内开型人力资源管理系统与内开型人力资本关系的调节作用。其中，横轴代表内开型人力资源管理系统，纵轴代表内开型人力资本。黑色实线代表高差异化战略中内开型人力资源管理系统对内开型人力资本的影响，黑色虚线代表低差异化战略中内开型人力资源管理系统对内开型人力资本的影响。

从图 6 – 12 中我们可以看出，两条直线呈交叉趋势，说明差异化战略对内开型人力资源管理系统与内开型人力资本的关系存在调节作用。两条直线的斜率都为正，说明内开型人力资源管理系统对内开型人力资本具有正向影响；黑色实线的斜率略大于黑色虚线的斜率，说明对于采用高差异化战略的企业，内开型人力资源管理系统对内开型人力资本的影响较大；对于采用低差异化战略的企业，内开型人力资源管理系统对内开型人力资本的影响较小。因此，差异化战略对内开型人力资源管理系统与内开型人力资本的关系也起着正向调节作用。

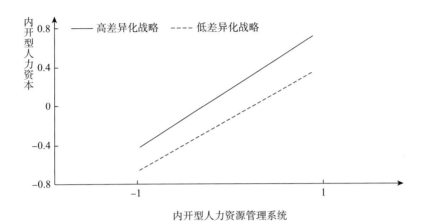

图 6－12 差异化战略对内开型人力资源管理系统与
内开型人力资本关系的调节效应

三 外取型人力资源管理系统与外取型人力资本关系检验

（一）模型设定

本研究根据前面概念模型设定结构方程模型，以外取型人力资源管理系统为自变量，以外取型人力资本为因变量，模型设定如图 6－13 所示。其中，外取型人力资源管理系统的测量项目是 7 个，外取型人力资本的测量项目是 5 个。

（二）模型识别

外取型人力资源管理系统与外取型人力资本的关系模型中，总的自由度为 $q \times (q+1)/2 = 12 \times 13/2 = 78$，模型共 26 个估计参数，小于自由度 78，满足被识别的必要条件。另外，模型不存在潜变量的双向因果关系。因此，模型符合可识别的充分和必要条件。

（三）参数估计和拟合度评价

本研究运用软件 AMOS 16.0 对外取型人力资源管理系统与外取型人力资本的关系模型进行了分析，分析结果如图 6－14 所示，拟合值如表 6－10 所示。

本研究采用极大似然估计法对外取型人力资源管理系统与外取型

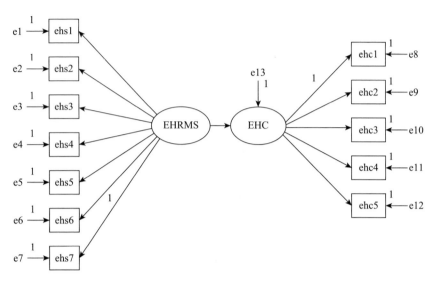

图 6-13　外取型人力资源管理系统与外取型人力资本关系模型

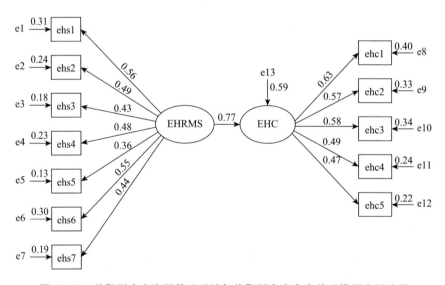

图 6-14　外取型人力资源管理系统与外取型人力资本关系模型分析结果

人力资本因果关系模型进行估计。在绝对拟合度指标中，$\chi^2 = 0.37$、$GFI = 0.96$、$AGFI = 0.94$、$RMR = 0.04$ 以及 $RMSEA = 0.06$，这几个指标均在临界值之内。因此，绝对拟合度指标通过检验。增值拟合度指标中，$NFI = 0.93$、$RFI = 0.93$、$IFI = 0.90$、$TLI = 0.94$ 以及 $CFI = 0.90$，这几个指标基本在临界值之内。因此，增值拟合度指标通过检验。简约拟合度指标中，$PGFI = 0.65$、$PNFI = 0.70$，达到标准，AIC、$CAIC$ 也符合要求。因此，模型拟合度良好。

表 6 – 10　外取型人力资源管理系统与外取型人力资本关系模型拟合指标值

指标	χ^2	GFI	AGFI	RMR	RMSEA	NFI	RFI
值	0.37	0.96	0.94	0.04	0.06	0.93	0.93
是否接受	接受	接受	接受	接受	接受	接受	接受
指标	IFI	TLI	CFI	PGFI	PNFI	AIC	CAIC
值	0.90	0.94	0.90	0.65	0.70	—	—
是否接受	接受	接受	接受	接受	接受	接受	接受

（四）模型解释

由图 6 – 14 和表 6 – 11 可知，EHRMS 到 EHC 的路径系数为 0.77，达到 0.001 的显著水平，说明外取型人力资源管理系统对外取型人力资本的正向影响非常显著。因此，支持假设 H4b。

表 6 – 11　外取型人力资源管理系统与外取型人力资本关系模型
路径系数分析及检验

假设	假设回归路径	标准化路径系数	显著性	假设结果
H4b	EHRMS→EHC	0.77***	0.000	成立

注：＊＊＊$P < 0.001$。

四　成本减少战略的调节作用检验

（一）模型设定

本研究根据前面概念模型的提出设定结构方程模型，以外取型人力资源管理系统为自变量，以外取型人力资本为因变量，以成本减少战略为调节变量，构建结构方程模型，如图 6 – 15 所示。其中，EHRMS ×

CS 表示外取型人力资源管理系统与成本减少战略的交互项。外取型人力资源管理系统的测量项目是 7 个，外取型人力资本的测量项目是 5 个，成

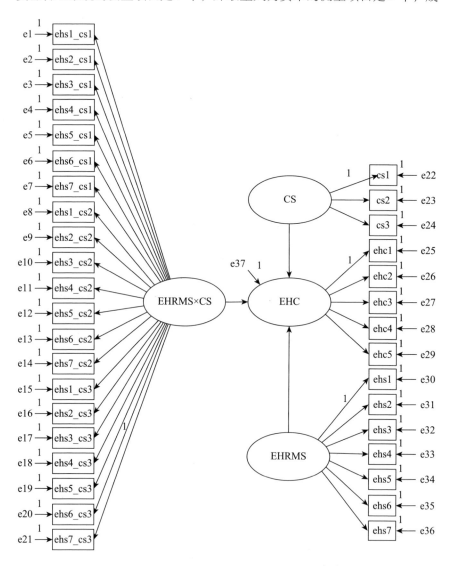

图 6－15　成本减少战略对外取型人力资源管理系统与外取型人力资本关系的调节作用模型

本减少战略的测量项目是 3 个，外取型人力资源管理系统与成本减少战略交互的测量项目是 21 个。

（二）　模型识别

在成本减少战略对外取型人力资源管理系统与外取型人力资本的调节作用模型中，总的自由度为 $q \times (q+1)/2 = 36 \times 37/2 = 666$，模型共 86 个估计参数，小于自由度 666，满足被识别的必要条件。另外，模型不存在潜变量的双向因果关系。因此，模型符合可识别的充分和必要条件。

（三）　参数估计和拟合度评价

本研究运用软件 AMOS 16.0 对成本减少战略对外取型人力资源管理系统与外取型人力资本关系的调节作用模型进行了分析，分析结果如图 6 – 16 所示，拟合值如表 6 – 12 所示。

本研究采用极大似然估计法对成本减少战略对外取型人力资源管理系统与外取型人力资本的调节作用模型进行估计。在绝对拟合度指标中，$\chi^2 = 0.37$、$GFI = 0.91$、$AGFI = 0.90$、$RMR = 0.04$ 以及 $RMSEA = 0.06$，这几个指标基本在临界值之内。因此，绝对拟合度指标通过检验。增值拟合度指标中，$NFI = 0.90$、$RFI = 0.93$、$IFI = 0.91$、$TLI = 0.92$ 以及 $CFI = 0.91$，这几个指标基本在临界值之内。因此，增值拟合度指标通过检验。简约拟合度指标中，$PGFI = 0.65$、$PNFI = 0.60$，达到标准，AIC、$CAIC$ 符合要求。因此，模型拟合度基本良好。

（四）　模型解释

如图 6 – 16 和表 6 – 13 所示，成本减少战略对外取型人力资源管理系统与外取型人力资本关系的调节作用模型中，EHRMS×CS 到 EHC 的路径系数为 – 0.17，达到 0.001 的显著水平，说明成本减少战略对外取型人力资源管理系统与外取型人力资本具有反向调节作用。因此，支持假设 H5b。

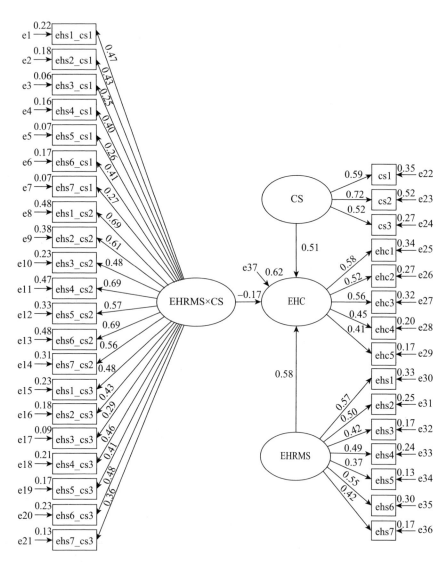

图 6－16　成本减少战略对外取型人力资源管理系统与外取型
人力资本关系的调节作用模型分析结果

表 6 – 12　成本减少战略对外取型人力资源管理系统与外取型人力
资本关系的调节作用模型拟合指标值

指标	χ^2	GFI	AGFI	RMR	RMSEA	NFI	RFI
值	0.37	0.91	0.90	0.04	0.06	0.90	0.93
是否接受	接受	接受	接受	接受	接受	接受	接受
指标	IFI	TLI	CFI	PGFI	PNFI	AIC	CAIC
值	0.91	0.92	0.91	0.65	0.60	—	—
是否接受	接受	接受	接受	接受	接受	接受	接受

表 6 – 13　成本减少战略对外取型人力资源管理系统与外取型人力资本
关系的调节作用模型路径系数分析及检验

假设	假设回归路径	标准化路径系数	显著性	假设结果
H5b	EHRMS × CS→EHC	– 0.17 ***	0.000	成立
	EHRMS→EHC	0.58 ***	0.000	
	CS→EHC	0.51 ***	0.000	

注：＊＊＊$P < 0.001$。

　　为了具体体现成本减少战略对外取型人力资源管理系统与外取型人力资本关系的调节作用，下面画出调节效应图 6 – 17。从图 6 – 17 中可

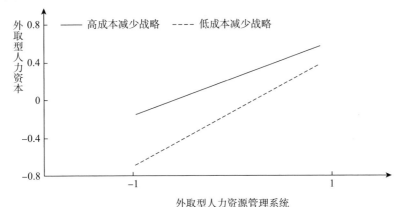

图 6 – 17　成本减少战略对外取型人力资源管理系统与
外取型人力资本关系的调节效应

以看出，两条直线呈交叉趋势，说明成本减少战略对外取型人力资源管理系统与外取型人力资本的关系存在调节作用。两条直线的斜率都为正，说明外取型人力资源管理系统对外取型人力资本具有正向影响；黑色虚线的斜率略大于黑色实线的斜率，说明采用成本领先战略的企业，外取型人力资源管理系统对外取型人力资本的影响较小。因此，成本减少战略对外取型人力资源管理系统与外取型人力资本的关系起着反向调节作用。

第四节　战略人力资本与企业持续竞争优势关系以及外部环境的调节作用假设检验

本研究以战略人力资本为自变量，以企业持续竞争优势为因变量，用结构方程模型进行分析，概念模型如图 6 - 18 所示。概念模型中，战略人力资本的两个维度包括内开型人力资本和外取型人力资本。如图 6 - 18 所示，H6a 为内开型人力资本与企业持续竞争优势正相关，H6b 为外取型人力资本与企业持续竞争优势正相关，H7a 为技

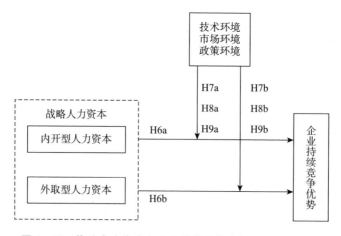

图 6 - 18　战略人力资本与企业持续竞争优势关系概念模型

术环境在内开型人力资本与企业持续竞争优势的关系中具有调节作用，H7b 为技术环境在外取型人力资本与企业持续竞争优势的关系中具有调节作用，H8a 为市场环境在内开型人力资本与企业持续竞争优势的关系中具有调节作用，H8b 为市场环境在外取型人力资本与企业持续竞争优势的关系中具有调节作用，H9a 为政策环境在内开型人力资本与企业持续竞争优势的关系中具有调节作用，H9b 为政策环境在外取型人力资本与企业持续竞争优势的关系中具有调节作用。

一 内开型人力资本与企业持续竞争优势关系检验

（一）模型设定

本研究根据前面概念模型设定结构方程模型，以内开型人力资本为自变量，以企业持续竞争优势为因变量，模型设定如图 6 - 19 所示。其

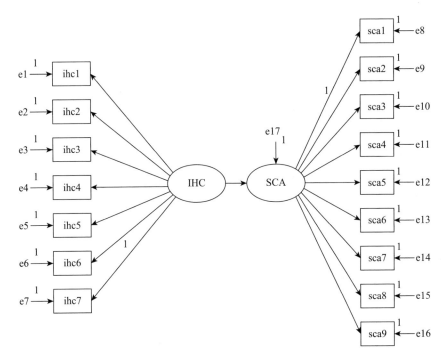

图 6 - 19　内开型人力资本与企业持续竞争优势关系模型

中，IHC 表示内开型人力资本，SCA 表示企业持续竞争优势。内开型人力资本的测量项目是 7 个，企业持续竞争优势的测量项目是 9 个。

（二）模型识别

在内开型人力资本与企业持续竞争优势的关系模型中，总的自由度为 $q \times (q+1)/2 = 16 \times 17/2 = 136$，模型共计 34 个估计参数，小于自由度 136，满足被识别的必要条件。另外，模型不存在潜变量的双向因果关系。因此，模型符合可识别的充分和必要条件。

（三）参数估计和拟合度评价

本研究运用软件 AMOS 16.0 对内开型人力资本与企业持续竞争优势的关系模型进行了分析，分析结果如图 6-20 所示，拟合值如表 6-14 所示。

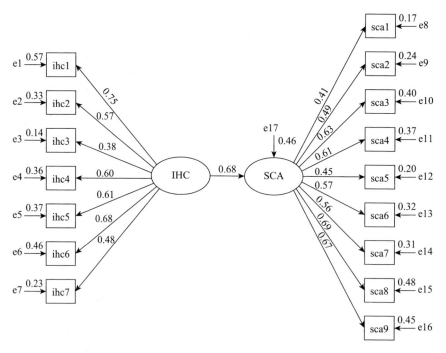

图 6-20 内开型人力资本与企业持续竞争优势关系模型分析结果

本研究采用极大似然估计法对内开型人力资本与企业持续竞争优势

因果关系模型进行估计。在绝对拟合度指标中，$\chi^2 = 0.56$、$GFI = 0.90$、$AGFI = 0.91$、$RMR = 0.04$ 以及 $RMSEA = 0.07$，这几个指标基本在临界值之内。因此，绝对拟合度指标通过检验。在增值拟合度指标中，$NFI = 0.80$、$RFI = 0.76$、$IFI = 0.82$、$TLI = 0.86$ 以及 $CFI = 0.82$，这几个指标均在临界值之外。因此，增值拟合度指标没有通过检验。在简约拟合度指标中，$PGFI = 0.68$、$PNFI = 0.68$，达到标准，AIC、$CAIC$ 也符合要求。因此，模型需要修正。

表 6 – 14　内开型人力资本与企业持续竞争优势关系模型拟合指标值

指标	χ^2	GFI	$AGFI$	RMR	$RMSEA$	NFI	RFI
值	0.56	0.90	0.91	0.04	0.07	0.80	0.76
是否接受	接受	接受	接受	接受	接受	拒绝	拒绝
指标	IFI	TLI	CFI	$PGFI$	$PNFI$	AIC	$CAIC$
值	0.82	0.86	0.82	0.68	0.68	—	—
是否接受	拒绝	拒绝	拒绝	接受	接受	接受	接受

（四）模型修正

在输出的模型修正指标图中，$M.I.$ 最大的数据是 e8 到 e9 的关系，如果我们建立 e8 到 e9 的关系，则 $Chi\text{-}square$ 减少 56.85。在建立 e8 到 e9 的关系后，分析结果如图 6 – 21 所示。

模型修正后，拟合结果如表 6 – 15 所示。在绝对拟合度指标中，$\chi^2 = 0.57$、$GFI = 0.92$、$AGFI = 0.90$、$RMR = 0.04$、$RMSEA = 0.07$，这几个指标基本在临界值之内。因此，绝对拟合度指标通过检验。在增值拟合度指标中，$NFI = 0.95$、$RFI = 0.93$、$IFI = 0.94$、$TLI = 0.95$ 以及 $CFI = 0.91$，这几个指标均在临界值之内，增值拟合度指标通过检验。在简约拟合度指标中，$PGFI = 0.69$、$PNFI = 0.73$，达到标准，AIC、$CAIC$ 也符合要求。因此，模型拟合度良好。

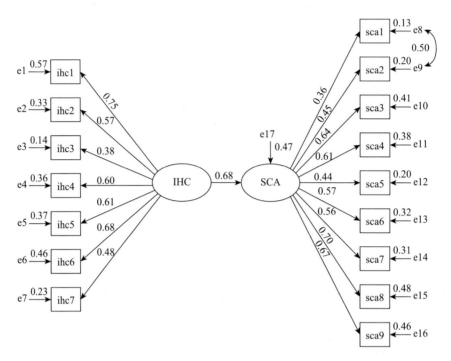

图 6-21   内开型人力资本与企业持续竞争优势关系模型分析修正结果

表 6-15   内开型人力资本与企业持续竞争优势关系模型修正拟合指标值

指标	χ^2	GFI	AGFI	RMR	RMSEA	NFI	RFI
值	0.57	0.92	0.90	0.04	0.07	0.95	0.93
是否接受	接受	接受	接受	接受	接受	接受	接受
指标	IFI	TLI	CFI	PGFI	PNFI	AIC	CAIC
值	0.94	0.95	0.91	0.69	0.73	—	—
是否接受	接受	接受	接受	接受	接受	接受	接受

(五) 模型解释

如图 6-21 和表 6-16 所示，IHC 到 SCA 的路径系数为 0.68，达到 0.001 的显著水平，说明内开型人力资本对企业持续竞争优势的正向影响非常显著。因此，支持假设 H6a。

表 6 - 16　内开型人力资本与企业持续竞争优势关系模型
路径系数分析及检验

假设	假设回归路径	标准化路径系数	显著性	假设结果
H6a	IHC→SCA	0.68 ***	0.000	成立

注：＊＊＊$P < 0.001$。

二　外部环境在内开型人力资本与企业持续竞争优势关系中的调节作用检验

（一）技术环境在内开型人力资本与企业持续竞争优势关系中的调节作用检验

1. 模型设定

本研究根据前面概念模型设定结构方程模型，以内开型人力资本为自变量，以企业持续竞争优势为因变量，以技术环境为调节变量，如图 6 - 22 所示。其中，IHC × TE 表示内开型人力资本与技术环境的交互项。内开型人力资本的测量项目是 7 个，企业持续竞争优势的测量项目是 9 个，技术环境的测量项目是 4 个，内开型人力资本与技术环境交互的测量项目是 28 个。

2. 模型识别

在技术环境对内开型人力资本与企业持续竞争优势的调节作用模型中，总的自由度为 $q \times (q + 1) / 2 = 48 \times 49 / 2 = 1176$，模型共计 100 个估计参数，小于自由度 1176，满足被识别的必要条件。另外，模型不存在潜变量的双向因果关系。因此，模型符合可识别的充分和必要条件。

3. 参数估计和拟合度评价

本研究运用软件 AMOS 16.0 对技术环境对内开型人力资本与企业持续竞争优势关系的调节作用模型进行了分析，分析结果如图 6 - 23 所示，拟合值如表 6 - 17 所示。本研究采用极大似然估计法对技术环境对内开型人力资本与企业持续竞争优势关系的调节作用模型进行估计。在绝对拟合度指标中，$\chi^2 = 0.44$、$GFI = 0.89$、$AGFI = 0.89$、$RMR = 0.04$

177

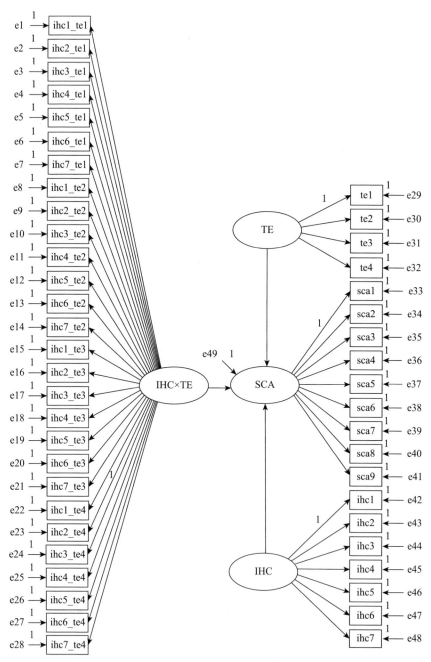

**图 6-22　技术环境对内开型人力资本与企业持续竞争
优势关系的调节作用模型**

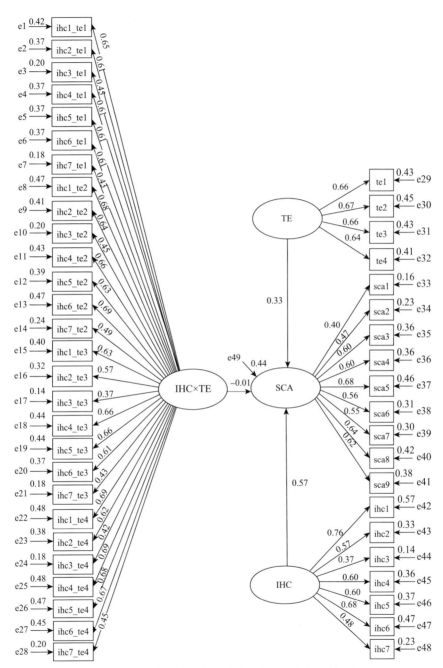

图 6 - 23 技术环境对内开型人力资本与企业持续竞争优势关系的调节作用模型分析结果

以及 *RMSEA* = 0.06，基本接近临界值，模型虽然拟合情况不太理想，但是，能基本反映出变量之间的关系。在增值拟合度指标中，*NFI* = 0.91、*RFI* = 0.90、*IFI* = 0.91、*TLI* = 0.92 以及 *CFI* = 0.91，这几个指标基本在临界值之内。因此，增值拟合度指标通过检验。在简约拟合度指标中，*PGFI* = 0.62、*PNFI* = 0.56，达到标准，*AIC*、*CAIC* 也符合要求。因此，模型拟合度基本良好。

表 6 - 17　技术环境对内开型人力资本与企业持续竞争优势关系的调节作用模型拟合指标值

指标	χ^2	GFI	AGFI	RMR	RMSEA	NFI	RFI
值	0.44	0.89	0.89	0.04	0.06	0.91	0.90
是否接受	接受	拒绝	拒绝	接受	接受	接受	接受
指标	IFI	TLI	CFI	PGFI	PNFI	AIC	CAIC
值	0.91	0.92	0.91	0.62	0.56	—	—
是否接受	接受	接受	接受	接受	接受	接受	接受

4. 模型解释

由图 6 - 23 和表 6 - 18 我们可知，在技术环境对内开型人力资本与企业持续竞争优势关系的调节作用模型中，IHC × TE 到 SCA 的路径系数为 - 0.01，达到 0.001 的显著水平，说明技术环境对内开型人力资本与企业持续竞争优势的关系具有显著的反向调节作用。因此，支持假设 H7a。

表 6 - 18　技术环境对内开型人力资本与企业持续竞争优势关系的调节作用模型路径系数分析及检验

假设	假设回归路径	标准化路径系数	显著性	假设结果
H7a	IHC × TE→SCA	- 0.01***	0.000	成立
	IHC→ SCA	0.57***	0.000	
	TE→ SCA	0.33***	0.000	

注：*** *P* < 0.001。

为了具体体现技术环境对内开型人力资本与企业持续竞争优势关系的调节作用，下面画出调节效应图。从图6-24中我们可以看出，两条直线交叉，说明技术环境对内开型人力资本与企业持续竞争优势的关系存在显著调节作用。两条线的斜率都为正，说明内开型人力资本对企业持续竞争优势具有正向影响；黑色虚线的斜率略大于黑色实线的斜率，说明对于高技术环境动态性的企业，内开型人力资本对企业持续竞争优势的影响较小，对于低技术环境动态性的企业，内开型人力资本对企业持续竞争优势的影响较大。因此，技术环境对内开型人力资本与企业持续竞争优势的关系起着反向调节作用。

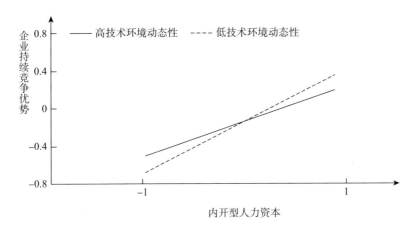

图6-24　技术环境对内开型人力资本与企业持续竞争优势关系的调节效应

（二）市场环境在内开型人力资本与企业持续竞争优势关系中的调节作用检验

1. 模型设定

本研究根据前面概念模型设定结构方程模型，以内开型人力资本为自变量，以企业持续竞争优势为因变量，以市场环境为调节变量，构建结构方程模型，如图6-25所示。其中，IHC×ME 表示内开型人力资本与市场环境的交互项。内开型人力资本的测量项目是7个，企业持续竞争优势的测量项目是9个，市场环境的测量项目是3个，内开型人力资本与市场环境交互的测量项目是 21 个。

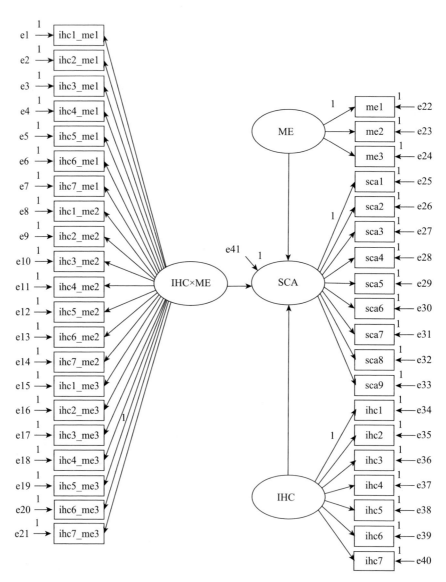

图 6 - 25   市场环境对内开型人力资本与企业持续竞争优势关系的调节作用模型

2. 模型识别

在市场环境对内开型人力资本与企业持续竞争优势关系的调节作用模型中，总的自由度为 $q \times (q+1)/2 = 40 \times 41/2 = 820$，模型共 84 个估计参数，小于自由度 820，满足被识别的必要条件。另外，模型不存在潜变量的双向因果关系。因此，模型符合可识别的充分和必要条件。

3. 参数估计和拟合度评价

本研究运用软件 AMOS 16.0 对市场环境对内开型人力资本与企业持续竞争优势关系的调节作用模型进行了分析，分析结果如图 6 - 26 所示，拟合值如表 6 - 19 所示。

表 6 - 19　市场环境对内开型人力资本与企业持续竞争优势
关系的调节作用模型拟合指标值

指标	χ^2	GFI	AGFI	RMR	RMSEA	NFI	RFI
值	0.56	0.95	0.90	0.03	0.06	0.95	0.95
是否接受	接受	接受	接受	接受	拒绝	接受	接受
指标	IFI	TLI	CFI	PGFI	PNFI	AIC	CAIC
值	0.91	0.91	0.91	0.58	0.51	—	—
是否接受	接受	接受	接受	接受	接受	接受	接受

本研究采用极大似然估计法对市场环境对内开型人力资本与企业持续竞争优势关系的调节作用模型进行估计。在绝对拟合度指标中，χ^2 = 0.56、$GFI = 0.95$、$AGFI = 0.90$、$RMR = 0.03$ 以及 $RMSEA = 0.06$，这几个指标基本在临界值之内。因此，绝对拟合度指标通过检验。在增值拟合度指标中，$NFI = 0.95$、$RFI = 0.95$、$IFI = 0.91$、$TLI = 0.91$ 以及 $CFI = 0.91$，这几个指标均在临界值之内。因此，增值拟合度指标通过检验。在简约拟合度指标中，$PGFI = 0.58$、$PNFI = 0.51$，达到标准，AIC、$CAIC$ 也符合要求。因此，模型拟合度良好。

4. 模型解释

由图 6 - 26 和表 6 - 20 可知，在市场环境对内开型人力资本与企业

战略人力资本与企业持续竞争优势

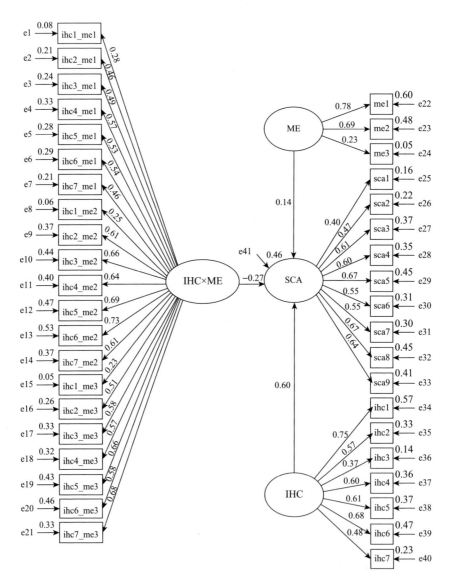

图 6 - 26　市场环境对内开型人力资本与企业持续竞争优势
关系的调节作用模型分析结果

184

持续竞争优势关系的调节作用模型中，IHC × ME 到 SCA 的路径系数为 - 0. 27，达到 0. 001 的显著水平，说明市场环境对内开型人力资本与企业持续竞争优势的关系具有显著的反向调节作用。因此，支持假设 H8a。

表 6 - 20　市场环境对内开型人力资本与企业持续竞争优势关系的
调节作用模型路径系数分析及检验

假设	假设回归路径	标准化路径系数	显著性	假设结果
H8a	IHC × ME→SCA	- 0. 27 ***	0. 000	成立
	IHC→SCA	0. 60 ***	0. 000	
	ME→SCA	0. 14 ***	0. 000	

注：*** $P < 0.001$。

为了具体体现市场环境对内开型人力资本与企业持续竞争优势关系的调节作用，下面画出调节效应图。从图 6 - 27 中可以看出，两条直线交叉，说明市场环境对内开型人力资本与企业持续竞争优势的关系存在显著的调节作用。两条线的斜率都为正，说明内开型人力资本对企业持续竞争优势具有正向影响；黑色虚线的斜率略大于黑色实线的斜率，说

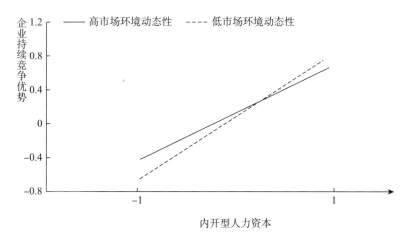

图 6 - 27　市场环境对内开型人力资本与企业持续竞争
优势关系的调节效应

明对于低市场环境动态性的企业，内开型人力资本对企业持续竞争优势的影响较大，对于高市场环境动态性的企业，内开型人力资本对企业持续竞争优势的影响较小。因此，市场环境对内开型人力资本与企业持续竞争优势的关系起着反向调节作用。

（三）政策环境在内开型人力资本与企业持续竞争优势关系中的调节作用检验

1. 模型设定

本研究根据前面概念模型设定结构方程模型，以内开型人力资本为自变量，以企业持续竞争优势为因变量，以政策环境为调节变量，具体如图 6-28 所示。其中，IHC×SE 表示内开型人力资本与政策环境的交互项。内开型人力资本的测量项目是 7 个，企业持续竞争优势的测量项目是 9 个，政策环境的测量项目是 3 个，内开型人力资本与政策环境交互的测量项目是 21 个。

2. 模型识别

在政策环境对内开型人力资本与企业持续竞争优势关系的调节作用模型中，总的自由度为 $q \times (q+1)/2 = 40 \times 41/2 = 820$，模型共 84 个估计参数，小于自由度 820，满足被识别的必要条件。另外，模型不存在潜变量的双向因果关系。因此，模型符合可识别的充分和必要条件。

3. 参数估计和拟合度评价

本研究运用软件 AMOS 16.0 对政策环境对内开型人力资本与企业持续竞争优势关系的调节作用模型进行了分析，分析结果如图 6-29 所示，拟合值如表 6-21 所示。

本研究采用极大似然估计法对政策环境对内开型人力资本与企业持续竞争优势关系的调节作用模型进行估计。在绝对拟合度指标中，$\chi^2 = 0.71$、$GFI = 0.91$、$AGFI = 0.93$、$RMR = 0.04$ 以及 $RMSEA = 0.05$，这几个指标基本在临界值之内。因此，绝对拟合度指标通过检验。在增值拟合度指标中，$NFI = 0.90$、$RFI = 0.92$、$IFI = 0.93$、$TLI = 0.90$ 以及 $CFI = 0.93$，这几个指标基本在临界值之内。因此，增值拟合度指标通过检

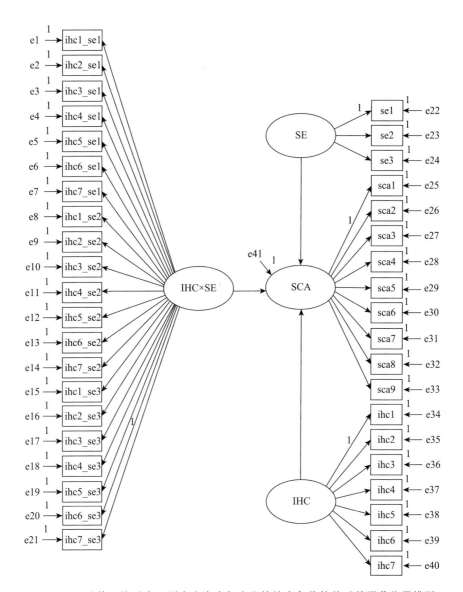

图 6－28　政策环境对内开型人力资本与企业持续竞争优势关系的调节作用模型

验。在简约拟合度指标中，*PGFI* = 0.60、*PNFI* = 0.58，达到标准，*AIC*、*CAIC* 也符合要求。因此，模型拟合度良好。

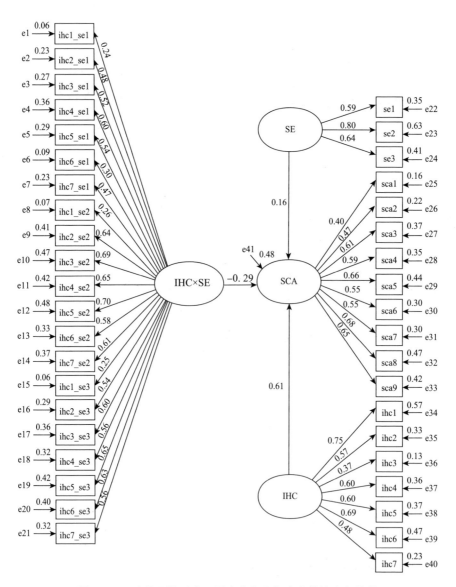

图 6 - 29　政策环境对内开型人力资本与企业持续竞争优势
关系的调节作用模型分析结果

表 6 - 21　政策环境对内开型人力资本与企业持续竞争优势
关系的调节作用模型拟合指标值

指标	χ^2	GFI	AGFI	RMR	RMSEA	NFI	RFI
值	0.71	0.91	0.93	0.04	0.05	0.90	0.92
是否接受	接受	接受	接受	接受	接受	接受	接受
指标.	IFI	TLI	CFI	PGFI	PNFI	AIC	CAIC
值	0.93	0.90	0.93	0.60	0.58	—	—
是否接受	接受	接受	接受	接受	接受	接受	接受

4. 模型解释

如图 6 - 29 和表 6 - 22 所示，在政策环境对内开型人力资本与企业持续竞争优势关系的调节作用模型中，IHC × SE 到 SCA 的路径系数为 -0.29，$P = 0.330$，不显著，说明政策环境对内开型人力资本与企业持续竞争优势关系的调节作用不成立。因此，不支持假设 H9a。

表 6 - 22　政策环境对内开型人力资本与企业持续竞争优势关系的
调节作用模型路径系数分析及检验

假设	假设回归路径	标准化路径系数	显著性	假设结果
	IHC × SE→SCA	-0.29	0.330	
H9a	IHC→SCA	0.61 ***	0.000	不成立
	SE→SCA	0.16 ***	0.000	

注：*** $P < 0.001$。

为了具体体现政策环境对内开型人力资本与企业持续竞争优势关系的调节作用，下面画出调节效应图。从图 6 - 30 中可以看出，两条直线基本呈平行趋势，说明政策环境对内开型人力资本与企业持续竞争优势的关系不存在调节作用。

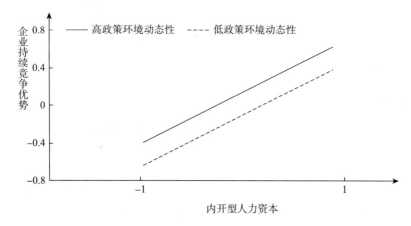

图 6 - 30 政策环境对内开型人力资本与企业持续
竞争优势关系的调节效应

三 外取型人力资本与企业持续竞争优势关系检验

（一）模型设定

本研究根据前面概念模型设定结构方程模型，以外取型人力资本为自变量，以企业持续竞争优势为因变量，模型设定如图 6 - 31 所示。其中，EHC 表示外取型人力资本，SCA 表示企业持续竞争优势。外取型人力资本的测量项目是 5 个，企业持续竞争优势的测量项目是 9 个。

（二）模型识别

在外取型人力资本与企业持续竞争优势的因果关系模型中，总的自由度为 $q \times (q + 1)/2 = 14 \times 15/2 = 105$，模型共 30 个估计参数，小于自由度 105，满足被识别的必要条件。另外，模型不存在潜变量的双向因果关系。因此，模型符合可识别的充分和必要条件。

（三）参数估计和拟合度评价

本研究运用软件 AMOS 16.0 对外取型人力资本与企业持续竞争优势的因果关系模型进行了分析，分析结果如图 6 - 32 所示，拟合值如表 6 - 23 所示。

本研究采用极大似然估计法对外取型人力资本与企业持续竞争优势

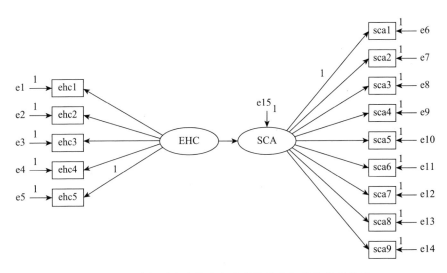

图 6 – 31　外取型人力资本与企业持续竞争优势关系模型

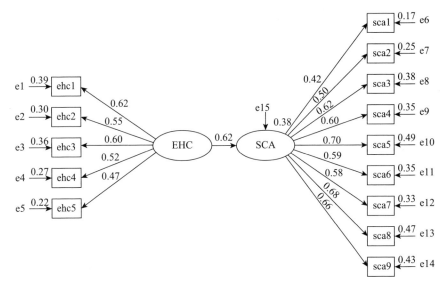

图 6 – 32　外取型人力资本与企业持续竞争优势关系模型分析结果

的因果关系模型进行估计。在绝对拟合度指标中，$\chi^2 = 0.44$、$GFI = 0.90$、$AGFI = 0.96$、$RMR = 0.04$ 以及 $RMSEA = 0.06$，这几个指标基本在临界值之内。因此，绝对拟合度指标通过检验。在增值拟合度指标中，$NFI=0.90$、$RFI=0.96$、$IFI=0.92$、$TLI=0.94$ 以及 $CFI=0.92$，这几个指标基本在临界值之内。因此，增值拟合度指标通过检验。在简约拟合度指标中，$PGFI=0.65$、$PNFI=0.67$，达到标准，AIC、$CAIC$ 也符合要求。因此，模型拟合度良好。

表 6 - 23　外取型人力资本与企业持续竞争优势关系模型拟合指标值

指标	χ^2	GFI	AGFI	RMR	RMSEA	NFI	RFI
值	0.44	0.90	0.96	0.04	0.06	0.90	0.96
是否接受	接受	接受	接受	接受	接受	接受	接受
指标	IFI	TLI	CFI	PGFI	PNFI	AIC	CAIC
值	0.92	0.94	0.92	0.65	0.67	—	—
是否接受	接受	接受	接受	接受	接受	接受	接受

（四）模型解释

如图 6 - 32 和表 6 - 24 所示，EHC 到 SCA 的路径系数为 0.62，达到 0.001 的显著水平，说明外取型人力资本对企业持续竞争优势的正向影响非常显著。因此，支持假设 H6b。

表 6 - 24　外取型人力资本与企业持续竞争优势关系模型路径系数分析及检验

假设	假设回归路径	标准化路径系数	显著性	假设结果
H6b	EHC→SCA	0.62 ***	0.000	成立

注：$***P<0.001$。

四　外部环境在外取型人力资本与企业持续竞争优势关系中的调节作用检验

（一）技术环境在外取型人力资本与企业持续竞争优势关系中的调节作用检验

1. 模型设定

本研究根据前面概念模型设定结构方程模型，以外取型人力资本为自变量，以企业持续竞争优势为因变量，以技术环境为调节变量，如图 6 - 33 所示。其中，EHC × TE 表示外取型人力资本与技术环境的交互项。外取型人力资本的测量项目是 5 个，企业持续竞争优势的测量项目是 9 个，技术环境的测量项目是 4 个，外取型人力资本与技术环境交互的测量项目是 20 个。

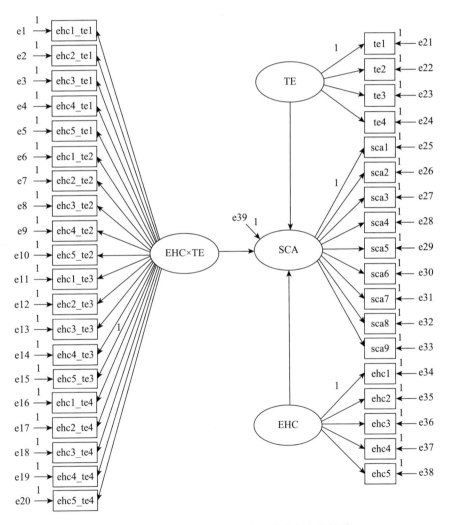

**图 6 - 33　技术环境对外取型人力资本与企业持续
竞争优势关系的调节作用模型**

2．模型识别

在技术环境对外取型人力资本与企业持续竞争优势关系的调节作用模型中，总的自由度为 $q \times (q+1)/2 = 38 \times 39/2 = 741$，模型共 80 个估计参数，小于自由度 741，满足被识别的必要条件。另外，模型不存在潜变量的双向因果关系。因此，模型符合可识别的充分和必要条件。

3．参数估计和拟合度评价

本研究运用软件 AMOS 16.0 对技术环境对外取型人力资本与企业持续竞争优势关系的调节作用模型进行了分析，分析结果如图 6－34 所示，拟合值如表 6－25 所示。

本研究采用极大似然估计法对技术环境对外取型人力资本与企业持续竞争优势关系的调节作用模型进行估计。在绝对拟合度指标中，$\chi^2 = 0.32$、$GFI = 0.91$、$AGFI = 0.90$、$RMR = 0.03$ 以及 $RMSEA = 0.07$，这几个指标基本在临界值之内。因此，绝对拟合度指标通过检验。在增值拟合度指标中，$NFI = 0.90$、$RFI = 0.94$、$IFI = 0.92$、$TLI = 0.95$ 以及 $CFI = 0.92$，这几个指标基本在临界值之内。因此，增值拟合度指标通过检验。在简约拟合度指标中，$PGFI = 0.50$、$PNFI = 0.55$，达到标准，AIC、$CAIC$ 也符合要求。因此，模型拟合度良好。

表 6－25　技术环境对外取型人力资本与企业持续竞争优势
关系的调节作用模型拟合指标值

指标	χ^2	GFI	AGFI	RMR	RMSEA	NFI	RFI
值	0.32	0.91	0.90	0.03	0.07	0.90	0.94
是否接受	接受	接受	接受	接受	接受	接受	接受
指标	IFI	TLI	CFI	PGFI	PNFI	AIC	CAIC
值	0.92	0.95	0.92	0.50	0.55	—	—
是否接受	接受	接受	接受	接受	接受	接受	接受

4．模型解释

如图 6－34 和表 6－26 所示，在技术环境对外取型人力资本与企

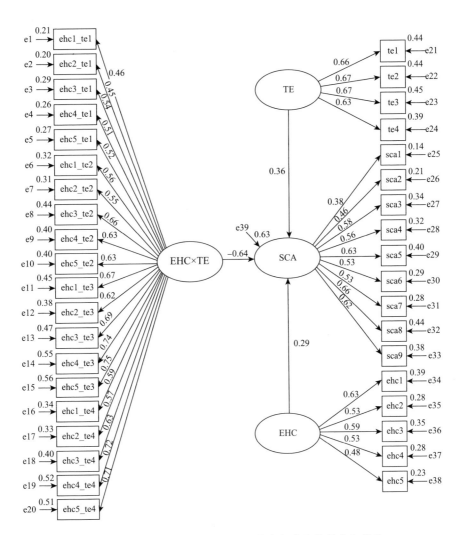

**图6-34　技术环境对外取型人力资本与企业持续竞争优势
关系的调节作用模型分析结果**

业持续竞争优势关系的调节作用模型中，EHC×TE到SCA的路径系
数为-0.64，P=0.730，不显著，说明技术环境对外取型人力资本与
企业持续竞争优势的调节作用不成立。因此，不支持假设H7b。

表 6 – 26　技术环境对外取型人力资本与企业持续竞争优势关系的
调节作用模型路径系数分析及检验

假设	假设回归路径	标准化路径系数	显著性	假设结果
H7b	EHC × TE→SCA	– 0.64	0.730	不成立
	EHC→SCA	0.29 ***	0.000	
	TE→SCA	0.36 ***	0.000	

注：***$P < 0.001$。

为了具体体现技术环境对外取型人力资本与企业持续竞争优势关系
的调节作用，下面画出调节效应图。从图 6 – 35 中我们可以看出，两条
直线呈平行趋势，说明技术环境对外取型人力资本与企业持续竞争优势
的关系不存在调节作用。

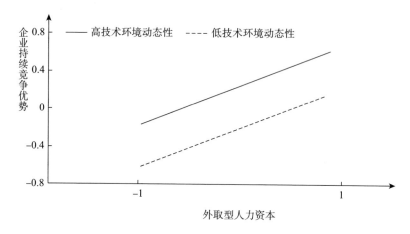

图 6 – 35　技术环境对外取型人力资本与企业持续
竞争优势关系的调节效应

**（二）市场环境在外取型人力资本与企业持续竞争优势关系中的调
节作用检验**

1. 模型设定

本研究根据前面概念模型设定结构方程模型，以外取型人力资本为
自变量，以企业持续竞争优势为因变量，以市场环境为调节变量，如图

6－36 所示。其中，EHC×ME 表示外取型人力资本与市场环境的交互项。外取型人力资本的测量项目是 5 个，企业持续竞争优势的测量项目是 9 个，市场环境的测量项目是 3 个，外取型人力资本与市场环境交互的测量项目是 15 个。

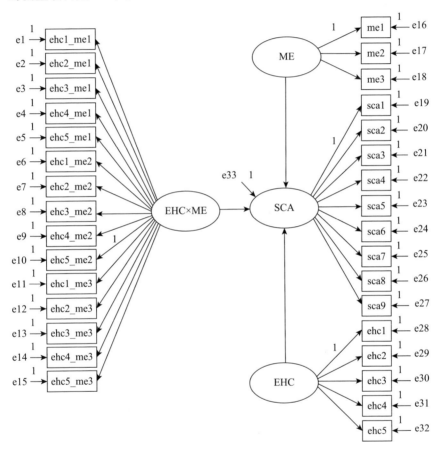

**图 6－36　市场环境对外取型人力资本与企业持续竞争
优势关系的调节作用模型**

2. 模型识别

在市场环境对外取型人力资本与企业持续竞争优势关系的调节作用模型中，总的自由度为 $q \times (q+1)/2 = 32 \times 33/2 = 528$，模型共计 68 个估计参数，小于自由度 528，满足被识别的必要条件。另外，模型不存在潜变量的双向因果关系。因此，模型符合可识别的充分和必要条件。

3. 参数估计和拟合度评价

本研究运用软件 AMOS 16.0 对市场环境对外取型人力资本与企业持续竞争优势关系的调节作用模型进行了分析，分析结果如图 6 – 37 所示，拟合值如表 6 – 27 所示。

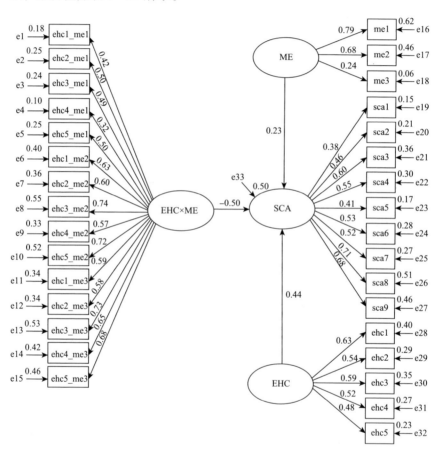

图 6 – 37　市场环境对外取型人力资本与企业持续竞争优势
关系的调节作用模型分析结果

本研究采用极大似然估计法对市场环境对外取型人力资本与企业持续竞争优势关系的调节作用模型进行估计。在绝对拟合度指标中，$\chi^2 = 0.77$、$GFI = 0.95$、$AGFI = 0.90$、$RMR = 0.04$ 以及 $RMSEA = 0.06$，这几个指标基本在临界值之内。因此，绝对拟合度指标通过检验。在增值拟合度指标中，$NFI = 0.91$、$RFI = 0.93$、$IFI = 0.91$、$TLI = 0.90$ 以及 $CFI = 0.91$，这几个指标基本在临界值之内。因此，增值拟合度指标通过检验。在简约拟合度指标中，$PGFI = 0.57$、$PNFI = 0.55$，达到标准，AIC 以及 $CAIC$ 也符合要求。因此，模型拟合度良好。

表 6 – 27　市场环境对外取型人力资本与企业持续竞争优势
关系的调节作用模型拟合指标值

指标	χ^2	GFI	$AGFI$	RMR	$RMSEA$	NFI	RFI
值	0.77	0.95	0.90	0.04	0.06	0.91	0.93
是否接受	接受	接受	接受	接受	拒绝	接受	接受
指标	IFI	TLI	CFI	$PGFI$	$PNFI$	AIC	$CAIC$
值	0.91	0.90	0.91	0.57	0.55	—	—
是否接受	接受	接受	接受	接受	接受	接受	接受

4. 模型解释

由图 6 – 37 和表 6 – 28 可以看出，在市场环境对外取型人力资本与企业持续竞争优势关系的调节作用模型中，EHC × ME 到 SCA 的路径系数为 – 0.50，达到 0.001 的显著水平，说明市场环境对外取型人力资本与企业持续竞争优势的关系具有显著的反向调节作用。因此，支持假设 H8b。

表 6 – 28　市场环境对外取型人力资本与企业持续竞争优势关系的
调节作用模型路径系数分析及检验

假设	假设回归路径	标准化路径系数	显著性	假设结果
H8b	EHC × ME→SCA	– 0.50 ***	0.000	成立
	EHC→SCA	0.44 ***	0.000	
	ME→SCA	0.23 ***	0.000	

注：* * * $P < 0.001$。

为了具体体现市场环境对外取型人力资本与企业持续竞争优势关系的调节作用，下面画出调节效应图。从图 6-38 中我们可以看出，两条直线呈交叉趋势，说明市场环境对外取型人力资本与企业持续竞争优势的关系存在显著的调节作用。两条线的斜率都为正，说明外取型人力资本对企业持续竞争优势具有正向影响；黑色虚线的斜率略大于黑色实线的斜率，说明对于低市场环境动态性的企业，外取型人力资本对企业持续竞争优势的影响较大，对于高市场环境动态性的企业，外取型人力资本对企业持续竞争优势的影响较小。因此，市场环境对外取型人力资本与企业持续竞争优势的关系起着反向调节作用。

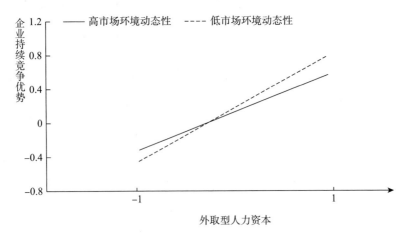

图 6-38　市场环境对外取型人力资本与企业持续
竞争优势关系的调节效应

（三）政策环境在外取型人力资本与企业持续竞争优势关系中的调节作用检验

1. 模型设定

本研究根据前面概念模型设定结构方程模型，以外取型人力资本为自变量，以企业持续竞争优势为因变量，以政策环境为调节变量，如图 6-39 所示。其中，EHC × SE 表示外取型人力资本与政策环境的交互项。外取型人力资本的测量项目是 5 个，企业持续竞争优势的测量项目是 9 个，政策环境的测量项目是 3 个，外取型人力资本与政策环境交互的测量项目是 15 个。

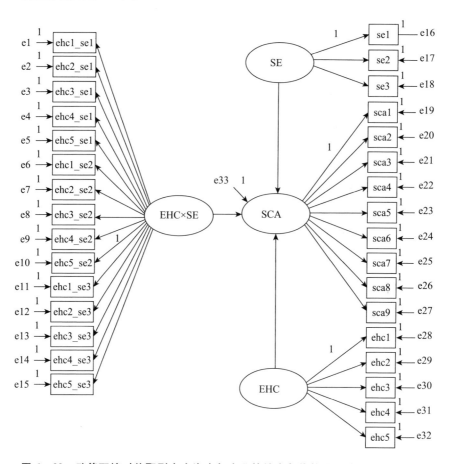

图 6 - 39　政策环境对外取型人力资本与企业持续竞争优势关系的调节作用模型

2. 模型识别

在政策环境对外取型人力资本与企业持续竞争优势关系的调节作用模型中，总的自由度为 $q \times (q + 1) / 2 = 32 \times 33 / 2 = 528$，模型共 68 个估计参数，小于自由度 528，满足被识别的必要条件。另外，模型不存在潜变量的双向因果关系。因此，模型符合可识别的充分和必要条件。

3. 参数估计和拟合度评价

本研究运用软件 AMOS 16.0 对政策环境对外取型人力资本与企业持续竞争优势关系的调节作用模型进行了分析，分析结果如图 6-40 所示，拟合值如表 6-29 所示。

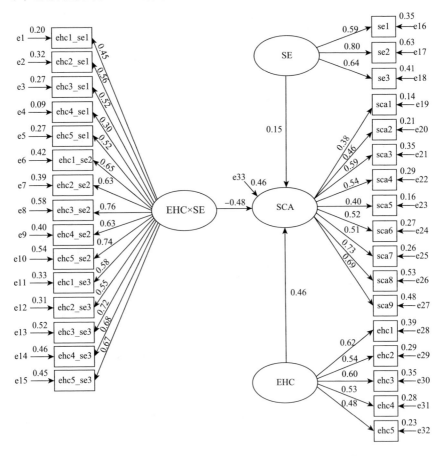

图 6-40 政策环境对外取型人力资本与企业持续竞争优势关系的调节作用模型分析结果

本研究采用极大似然估计法对政策环境对外取型人力资本与企业持续竞争优势关系的调节作用模型进行估计。在绝对拟合度指标中，$\chi^2 = 0.55$、$GFI = 0.94$、$AGFI = 0.90$、$RMR = 0.04$ 以及 $RMSEA = 0.05$，这几个指标均在临界值之内。因此，绝对拟合度指标通过检验。在增值拟合度指标中，$NFI=0.90$、$RFI=0.89$、$IFI=0.91$、$TLI=0.89$以及$CFI=0.91$，基本接近临界值，模型虽然拟合情况不太理想，但是，能基本反映出变量之间的关系。在简约拟合度指标中，$PGFI=0.61$、$PNFI=0.57$，达到标准，AIC、$CAIC$也符合要求。因此，模型拟合度基本良好。

表 6 - 29　政策环境对外取型人力资本与企业持续竞争
优势关系的调节作用模型拟合指标值

指标	χ^2	GFI	AGFI	RMR	RMSEA	NFI	RFI
值	0.55	0.94	0.90	0.04	0.05	0.90	0.89
是否接受	接受	接受	接受	接受	接受	接受	拒绝
指标	IFI	TLI	CFI	PGFI	PNFI	AIC	CAIC
值	0.91	0.89	0.91	0.61	0.57	—	—
是否接受	接受	拒绝	接受	接受	接受	接受	接受

4. 模型解释

如图 6 - 40 和表 6 - 30 所示，在政策环境对外取型人力资本与企业持续竞争优势关系的调节作用模型中，EHC×SE 到 SCA 的路径系数为 - 0.48，$P=0.440$，不显著，说明政策环境对外取型人力资本与企业持续竞争优势关系的调节作用不成立。因此，不支持假设 H9b。

表 6 - 30　政策环境对外取型人力资本与企业持续竞争优势关系的
调节作用模型路径系数分析及检验

假设	假设回归路径	标准化路径系数	显著性	假设结果
H9b	EHC×SE→SCA	- 0.48	0.440	不成立
	EHC→SCA	0.46***	0.000	
	SE→SCA	0.15***	0.000	

注：***$P<0.001$。

为了具体体现政策环境对外取型人力资本与企业持续竞争优势关系

的调节作用,下面画出调节效应图。从图 6-41 中我们可以看出,两条直线呈平行趋势,说明政策环境对外取型人力资本与企业持续竞争优势的关系不存在调节作用。

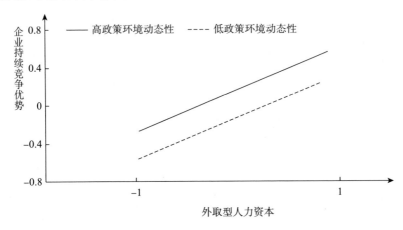

图 6-41　政策环境对外取型人力资本与企业持续竞争优势关系的调节效应

第五节　战略人力资本中介作用假设检验

以人力资源管理系统为自变量,以企业持续竞争优势为因变量,以战略人力资本为中介变量,用结构方程模型进行分析,概念模型如图 6-42所示。概念模型中,人力资源管理系统的两个维度包括内开型人力资源管理系统和外取型人力资源管理系统,战略人力资本的两个维

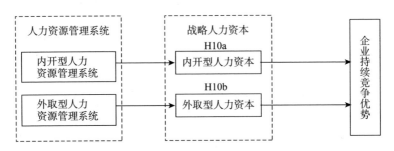

图 6-42　战略人力资本中介作用概念模型

度包括内开型人力资本和外取型人力资本。如图 6 – 42 所示,H10a 为内开型人力资本在内开型人力资源管理系统与企业持续竞争优势的关系中具有中介作用,H10b 为外取型人力资本在外取型人力资源管理系统与企业持续竞争优势的关系中具有中介作用。

一　内开型人力资本的中介作用检验

凡是 X 影响 Y,并且 X 通过中介变量 M 对 Y 产生影响,M 就是中介变量。中介变量分为完全中介变量和部分中介变量。如果 X 对 Y 的影响完全通过 M,没有 M 的作用,X 就不会影响 Y,那么 M 为完全中介变量。如果 X 对 Y 的影响部分是直接的,部分是通过 M 的,那么 M 为部分中介变量。自变量 X、因变量 Y 和中介变量 M 之间的路径图如图 6 – 43 所示。

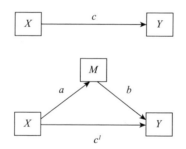

图 6 – 43　自变量、因变量和中介变量关系路径

检验中介变量的模型通过以下三步(Baron & Kenny,1986),如图 6 – 43 所示。

第一步:构建 X 与 Y 的回归模型,检验 X 是否与 Y 相关,$Y = cX + \varepsilon_1$。自变量 X 的变化能显著地解释因变量 Y 的变化,即图中 c 显著不等于 0。

第二步:构建 X 与 M 的回归模型,检验 X 是否与 M 相关,$M = aX + \varepsilon_2$。自变量 X 的变化能显著地解释中介变量 M 的变化,即图中 a 显著不等于 0。

第三步：构建 X、M 与 Y 的回归模型，检验 M 是不是 X 和 Y 的中介变量，$Y = c'X + bM + \varepsilon_3$。自变量 X 和中介变量 M 同时进入对因变量 Y 的影响模型，检验 X 对 Y 影响的系数变化情况，同时 b 应显著不等于零。如果 $c' = 0$，说明 M 是完全中介变量；如果 c' 不等于 0，且 $c' < c$，则 M 是部分中介变量。

本研究已在前面章节对 Baron 和 Kenny（1986）的三步中前两个步骤进行了检验，结果显示：内开型人力资源管理系统对企业持续竞争优势有显著的正向影响；内开型人力资源管理系统对内开型人力资本具有显著的正向影响。因此，我们建立关于内开型人力资本在内开型人力资源管理系统与企业持续竞争优势关系中的中介作用模型。

（一）模型设定

本研究以内开型人力资源管理系统为自变量，以内开型人力资本为中介变量，以企业持续竞争优势为因变量，构建结构方程模型，如图 6 - 44 所示。其中，内开型人力资源管理系统的测量项目是 8 个，内开型人力资本的测量项目是 7 个，企业持续竞争优势的测量项目是 9 个。

（二）模型识别

在内开型人力资本对内开型人力资源管理系统与企业持续竞争优势关系的中介作用模型中，总的自由度为 $q \times (q + 1)/2 = 24 \times 25/2 = 300$，模型共 53 个估计参数，小于自由度 300，满足被识别的必要条件。另外，模型不存在潜变量的双向因果关系。因此，模型符合可识别的充分和必要条件。

（三）参数估计和拟合度评价

本研究运用软件 AMOS 16.0 对内开型人力资本在内开型人力资源管理系统与企业持续竞争优势关系中的中介作用模型进行了分析，分析结果如图 6 - 45 所示，拟合值如表 6 - 31 所示。

本研究采用极大似然估计法对内开型人力资本在内开型人力资源管理系统与企业持续竞争优势关系中的中介作用模型进行估计。在绝对拟合度指标中，$\chi^2 = 0.47$、$GFI = 0.90$、$AGFI = 0.96$、$RMR = 0.04$

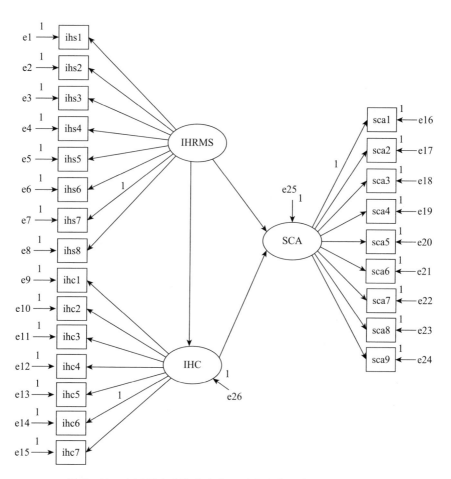

**图 6 - 44　内开型人力资本在内开型人力资源管理系统与企业
持续竞争优势关系中的中介作用模型**

以及 *RMSEA* = 0.07，这几个指标均在临界值之内。因此，绝对拟合度
指标通过检验。在增值拟合度指标中，*NFI* = 0.90、*RFI* = 0.95、*IFI* =
0.91、*TLI* = 0.91 以及 *CFI* = 0.93，这几个指标均在临界值之内。因
此，增值拟合度指标通过检验。在简约拟合度指标中，*PGFI* = 0.70、
PNFI = 0.73，达到标准，*AIC*、*CAIC* 也符合要求。因此，模型拟合度
良好。

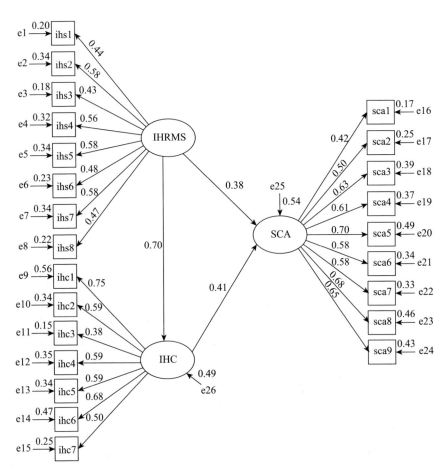

图 6 – 45　内开型人力资本在内开型人力资源管理系统与企业持续
竞争优势关系中的中介作用模型分析结果

表 6 – 31　内开型人力资本在内开型人力资源管理系统与企业持续竞争
优势关系中的中介作用模型拟合指标值

指标	χ^2	GFI	AGFI	RMR	RMSEA	NFI	RFI
值	0.47	0.90	0.96	0.04	0.07	0.90	0.95
是否接受	接受	接受	接受	接受	接受	接受	接受
指标	IFI	TLI	CFI	PGFI	PNFI	AIC	CAIC
值	0.91	0.91	0.93	0.70	0.73	—	—
是否接受	接受	接受	接受	接受	接受	接受	接受

（四）模型解释

由图 6 - 45 和表 6 - 32 可知，IHRMS 到 IHC 的路径系数为 0.70（$P < 0.001$），IHC 到 SCA 的路径系数为 0.41（$P < 0.001$），IHRMS 到 SCA 的路径系数为 0.38（$P < 0.001$），都达到了 0.001 的显著水平。IHRMS 到 SCA 的路径系数 0.38 小于图 6 - 3 中 IHRMS 到 SCA 的路径系数 0.67，满足中介变量检验的第三个条件，前面的研究满足了中介作用的第一个和第二个条件，从而说明内开型人力资本在内开型人力资源管理系统与企业持续竞争优势关系中起到部分中介作用。因此，支持假设 H10a。计算得出的结果为 $a \times b / c = 0.70 \times 0.41 / 0.67 \approx 0.4284$，说明中介效应占总体效应的比例接近 42.84%。

表 6 - 32　内开型人力资本在内开型人力资源管理系统与企业持续竞争
优势关系中的中介作用模型路径系数分析及检验

假设	假设回归路径	标准化路径系数	显著性	假设结果
	IHRMS→IHC	0.70 ***	0.000	
H10a	IHC→SCA	0.41 ***	0.000	成立
	IHRMS→SCA	0.38 ***	0.000	

注：$*** P < 0.001$。

二　外取型人力资本的中介作用检验

本研究已在前面章节对 Baron 和 Kenny（1986）的三步中前两个步骤予以检验，结果显示：外取型人力资源管理系统对企业持续竞争优势有显著的正向影响；外取型人力资源管理系统对外取型人力资本具有显著的正向影响。因此，我们建立了关于外取型人力资本在外取型人力资源管理系统与企业持续竞争优势关系中的中介作用模型。

（一）模型设定

本研究以外取型人力资源管理系统为自变量，以外取型人力资本为中介变量，以企业持续竞争优势为因变量，构建结构方程模型，如图 6 - 46 所示。其中，外取型人力资源管理系统的测量项目是 7 个，外取型人力资本的测量项目是 5 个，企业持续竞争优势的测量项目是 9 个。

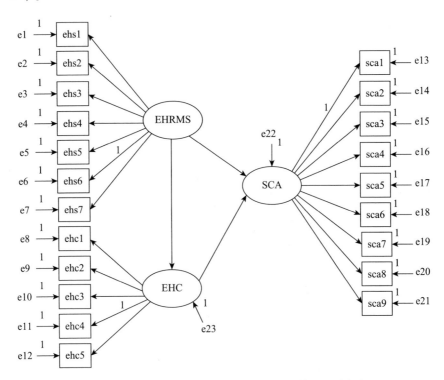

**图 6 - 46　外取型人力资本对外取型人力资源管理系统与企业
持续竞争优势关系的中介作用模型**

（二）模型识别

在外取型人力资本对外取型人力资源管理系统与企业持续竞争优势关系的中介作用模型中，总的自由度为 $q \times (q+1)/2 = 21 \times 22/2 = 231$，模型共 47 个估计参数，小于自由度 231，满足被识别的必要条件。另外，模型不存在潜变量的双向因果关系。因此，模型符合可识别的充分和必要条件。

（三）参数估计和拟合度评价

本研究运用软件 AMOS 16.0 对外取型人力资本在外取型人力资源管理系统与企业持续竞争优势关系中的中介作用模型进行了分析，分析结果如图 6 - 47 所示，拟合值如表 6 - 33 所示。

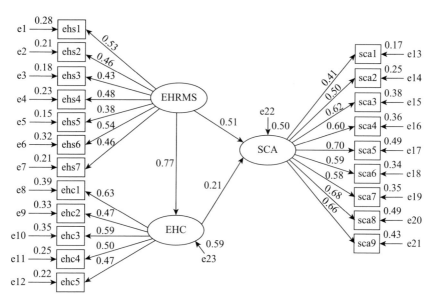

图 6 - 47　外取型人力资本在外取型人力资源管理系统与企业持续竞争优势关系中的中介作用模型分析结果

本研究采用极大似然估计法对外取型人力资本在外取型人力资源管理系统与企业持续竞争优势关系中的中介作用模型进行估计。在绝对拟合度指标中，$\chi^2 = 0.33$、$GFI = 0.87$、$AGFI = 0.85$、$RMR = 0.05$ 以及 $RMSEA = 0.07$，部分拟合度指标没有达到标准，因此，绝对拟合度指标没有通过检验。在增值拟合度指标中，$NFI = 0.91$、$RFI = 0.95$、$IFI = 0.91$、$TLI = 0.92$ 以及 $CFI = 0.91$，这几个指标均在临界值之内。因此，增值拟合度指标通过检验。在简约拟合度指标中，$PGFI = 0.72$、$PNFI = 0.69$，达到标准，AIC、$CAIC$ 也符合要求。因此，由于绝对拟合度指标没有通过检验，模型需要修正。

表6－33　外取型人力资本在外取型人力资源管理系统与企业持续
竞争优势关系中的中介作用模型拟合指标值

指标	χ^2	GFI	AGFI	RMR	RMSEA	NFI	RFI
值	0.33	0.87	0.85	0.05	0.07	0.91	0.95
是否接受	接受	拒绝	拒绝	拒绝	接受	接受	接受
指标	IFI	TLI	CFI	PGFI	PNFI	AIC	CAIC
值	0.91	0.92	0.91	0.72	0.69	—	—
是否接受	接受	接受	接受	接受	接受	接受	接受

（四）模型修正

在输出的模型修正指标图中，*M. I.* 最大的数据是 e13 到 e14 的关系，如果我们建立 e13 到 e14 的关系，则 *Chi-square* 减少 48.82。在建立 e13 到 e14 的关系后，构建的模型以及分析结果如图 6－48 所示。

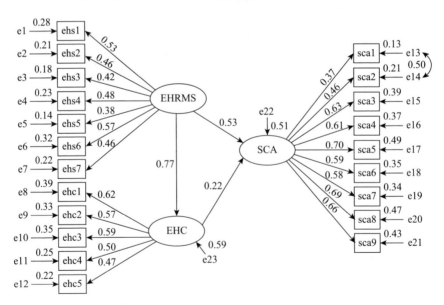

图6－48　外取型人力资本在外取型人力资源管理系统与企业
持续竞争优势关系中的中介作用模型分析修正结果

模型修正后，拟合结果如表 6－34 所示，在绝对拟合度指标中，$\chi^2 =$ 0.34、$GFI = 0.91$、$AGFI = 0.90$、$RMR = 0.04$ 以及 $RMSEA = 0.06$，基本在临界值之内。因此，绝对拟合度指标通过检验。在增值拟合度指标中，$NFI = 0.92$、$RFI = 0.95$、$IFI = 0.91$、$TLI = 0.94$ 以及 $CFI = 0.93$，这几个指标均在临界值之内。因此，增值拟合度指标通过检验。在简约拟合度指标中，$PGFI = 0.73$、$PNFI = 0.73$，达到标准，AIC、$CAIC$ 也符合要求。因此，模型拟合度良好。

表 6－34　外取型人力资本在外取型人力资源管理系统与企业持续
竞争优势关系中的中介作用模型修正拟合指标值

指标	χ^2	GFI	$AGFI$	RMR	$RMSEA$	NFI	RFI
值	0.34	0.91	0.90	0.04	0.06	0.92	0.95
是否接受	接受	接受	接受	接受	接受	接受	接受
指标	IFI	TLI	CFI	$PGFI$	$PNFI$	AIC	$CAIC$
值	0.91	0.94	0.93	0.73	0.73	——	——
是否接受	接受	接受	接受	接受	接受	接受	接受

（五）　模型解释

如图 6－48 和表 6－35 所示，EHRMS 到 EHC 的路径系数为 0.77（$P < 0.001$），EHC 到 SCA 的路径系数为 0.22（$P < 0.001$），EHRMS 到 SCA 的路径系数为 0.53（$P < 0.001$），都达到了 0.001 的显著水平。EHRMS 到 SCA 的路径系数 0.53 小于图 6－6 中 EHRMS 到 SCA 的路径系数 0.70，满足中介变量检验的第三个条件，前面的研究满足了中介作用的第一个和第二个条件，从而说明外取型人力资本在外取型人力资源管理系统和企业持续竞争优势关系中起到部分中介作用，支持假设 H10b。计算得出的结果为 $a \times b / c = 0.77 \times 0.22 / 0.70 = 0.2420$，说明中介效应占总体效应的比例接近 24.20%。

表 6 – 35 外取型人力资本在外取型人力资源管理系统与企业持续竞争
优势关系中的中介作用模型路径系数分析及检验

假设	假设回归路径	标准化路径系数	显著性	假设结果
H10b	EHRMS→EHC	0.77***	0.000	成立
	EHC→SCA	0.22***	0.000	
	EHRMS→SCA	0.53***	0.000	

注：***$P < 0.001$。

第六节 本章小结

一 研究假设检验结果汇总

本章提出了外部环境、企业竞争战略、人力资源管理系统、战略人力资本以及企业持续竞争优势之间关系的概念模型，并根据概念模型对人力资源管理系统与战略人力资本构型的关系、人力资源管理系统与企业持续竞争优势的关系、人力资源管理系统与战略人力资本的关系、战略人力资本与企业持续竞争优势的关系、战略人力资本在人力资源管理系统与企业持续竞争优势的关系中的中介作用以及在企业竞争战略和外部环境关系中的调节作用进行了假设检验。假设检验结果汇总见表 6 – 36。

表 6 – 36 研究假设检验结果

编号	假设	结果
H1	人力资源管理系统分为内开型人力资源管理系统与外取型人力资源管理系统	支持
H2	战略人力资本分为内开型人力资本与外取型人力资本	支持
H3a	内开型人力资源管理系统与企业持续竞争优势正相关	支持
H3b	外取型人力资源管理系统与企业持续竞争优势正相关	支持
H4a	内开型人力资源管理系统与内开型人力资本正相关	支持
H4b	外取型人力资源管理系统与外取型人力资本正相关	支持

编号	假设	结果
H5a	差异化战略在内开型人力资源管理系统与内开型人力资本的关系中具有调节作用	支持
H5b	成本减少战略在外取型人力资源管理系统与外取型人力资本的关系中具有调节作用	支持
H6a	内开型人力资本与企业持续竞争优势正相关	支持
H6b	外取型人力资本与企业持续竞争优势正相关	支持
H7a	技术环境在内开型人力资本与企业持续竞争优势的关系中具有调节作用	支持
H7b	技术环境在外取型人力资本与企业持续竞争优势的关系中具有调节作用	不支持
H8a	市场环境在内开型人力资本与企业持续竞争优势的关系中具有调节作用	支持
H8b	市场环境在外取型人力资本与企业持续竞争优势的关系中具有调节作用	支持
H9a	政策环境在内开型人力资本与企业持续竞争优势的关系中具有调节作用	不支持
H9b	政策环境在外取型人力资本与企业持续竞争优势的关系中具有调节作用	不支持
H10a	内开型人力资本在内开型人力资源管理系统与企业持续竞争优势的关系中具有中介作用	支持
H10b	外取型人力资本在外取型人力资源管理系统与企业持续竞争优势的关系中具有中介作用	支持

二　人力资源管理系统与战略人力资本构型检验结果

根据第五章数据验证性评估中对人力资源管理系统量表信度和效度的检验，人力资源管理系统分为内开型人力资源管理系统和外取型人力资源管理系统。其中，内开型人力资源管理系统的测量项目是 8 个，外取型人力资源管理系统的测量项目是 7 个。因此，支持假设 H1。根据第五章数据验证性评估中对战略人力资本量表信度和效度的检验，战略人力资本根据竞争战略的不同分为内开型人力资本和外取型人力资本。其中，内开型人力资本的测量项目是 7 个，外取型人力资本的测量项目是 5 个。因此，支持假设 H2。当企业采用不同的竞争战略时，需要不同的人力资源管理系统和不同的战略人力资本与之相匹配。当企业采用差异化战略时，企业就会与员工维持长久的关系，倾向于采用内开型人力资源管理系统以及内开型人力资本。采用差异化战略的企业，更加重视员工的经验性知识、专有性知识、心智技能、知识技能、创新能力、组织学习能力。这与一些学者研究的如承诺型、内部发展型、投资型和累积型等人力资源管理系统相似。当企业采用成本减少战略时，企业倾向于采用外取型人力资源管理系统以及外取型人力资本。成本减少战略倾向于强调工作效率和成本最小化，适合程序标准化和控制严格的企业。这种企业更加重视员工的观念性知识、通用性知识、动作技能、业务能力、执行能力，这与一些学者研究的如控制型、市场型等人力资源管理系统是相似的。

三　人力资源管理系统与企业持续竞争优势关系检验结果

人力资源管理系统的两个维度包括内开型人力资源管理系统和外取型人力资源管理系统。以内开型人力资源管理系统为自变量，以企业持续竞争优势为因变量，用结构方程模型进行分析，发现 IHRMS 到 SCA 的路径系数为 0.67，达到 0.001 的显著水平，说明内开型人力资源管理系统对企业持续竞争优势的正向影响非常显著。因此，支持假设 H3a。当企业实施差异化战略时，内开型人力资源管理系统所采用的各项实践活动给企业带来持续竞争优势，特别强调基于个人特征和长期潜力的招聘程序、内部晋升政策以及基于创新和团队协作的薪酬激励机制等，以实现对现有员工的长期承诺。

以外取型人力资源管理系统为自变量，以企业持续竞争优势为因变量，用结构方程模型进行分析，发现 EHRMS 到 SCA 的路径系数经过模型修正后为 0.70，达到 0.001 的显著水平，说明外取型人力资源管理系统对企业持续竞争优势的正向影响非常显著。因此，支持假设 H3b。当企业实施成本减少战略时，外取型人力资源管理系统所采用的各项实践活动给企业带来持续竞争优势。外取型人力资源管理系统适用于雇佣关系相对简单、技术含量低的企业。与以内部开发方式形成人力资本的企业相比，外取型人力资源管理系统更适用于以直接的方式获取人力资本的企业。从市场获取企业所需的人力资本可减少人力资本的开发周期与投资。

从研究结果来看，当企业面临不同的外部环境时，要确定本企业的竞争战略，根据不同的竞争战略选择匹配的人力资源管理方式。当企业倾向于创新，采用差异化战略时，要采取适合企业发展的人力资源管理方式才能创造和保持持久的竞争优势，以长期培育的观点来对待员工，注意对员工技能的培训和开发，鼓励员工参与管理，使用基于员工发展的绩效评估和激励性薪酬体系等。有些企业采用多样化战略，其认为在具体的人力资源管理实践中，多样化培训、多样化薪酬等是非常有效的人力资源管理措施。

四　人力资源管理系统与战略人力资本关系以及竞争战略的调节作用关系检验结果

（一）内开型人力资源管理系统与内开型人力资本关系检验结果

以内开型人力资源管理系统为自变量，以内开型人力资本为因变量，用结构方程模型进行回归。其中，内开型人力资源管理系统的测量项目是 8 个，内开型人力资本的测量项目是 7 个。IHRMS 到 IHC 的路径系数为 0.70，达到 0.001 的显著水平，说明内开型人力资源管理系统对内开型人力资本的正向影响非常显著。因此，支持假设 H4a。

在差异化战略下，企业需要实施特定的人力资源管理系统才能形成符合差异化战略的战略人力资本。以内开型人力资源管理系统为自变量，以内开型人力资本为因变量，以差异化战略为调节变量。内开型人力资源管理系统的测量项目是 8 个，内开型人力资本的测量项目是 7 个，差异化战略的测量项目是 3 个。在差异化战略对内开型人力资源管理系统与内开型人力资本关系的调节作用模型中，IHRMS × DS 到 IHC 的路径系数为 0.29，达到 0.001 的显著水平，说明差异化战略对内开型人力资源管理系统与内开型人力资本关系的调节作用非常显著。因此，支持假设 H5a。从调节效应图 6-12 中可以看出，采用高差异化战略的企业，内开型人力资源管理系统对内开型人力资本的影响较大，对于采用低差异化战略的企业，内开型人力资源管理系统对内开型人力资本的影响较小。因此，差异化战略对内开型人力资源管理系统与内开型人力资本的关系起着正向调节作用。

在全球化背景下，企业面临复杂激烈的外部环境，企业的战略目标不断改变。战略目标改变后，企业进而根据战略目标确定人力资源战略，根据人力资源战略对员工进行相应的人力资源管理实践，形成战略人力资本。研究结果表明，差异化战略与内开型人力资本以及内开型人力资源管理系统是匹配的。实施差异化战略时，企业需要采用内开型人力资源管理系统，这些人力资源管理系统更看重员工隐性知识的价值创造作用及其在团队中的共享效果，不仅要求员工具备专业性较强的先进技术，还要求员工具备可执行多种任务的广泛技术。在知识方面，内开型人力资源管理系统注重员工个体知识的价值性，提升员工知识的稀缺性、难以模仿性，即经验性知识和专有性知识；在技能方面，内开型人力资源管理系统有助于形成具备高价值性、高稀缺性的柔性员工技术，包括不断掌握目前及未来所需的技能，及时更新技能，迅速学习并掌握不会的技能，即心智技能和知识技能；在能力方面，内开型人力资源管理系统更加注重组织学习能力与创新能力。实施内开型人力资源管理系统，主要注重对知识、技能以及能力的获取、开发，包括招聘潜力型的优秀员工、提供专有性培训与职业发展机会、以个体方式反馈指导工作的信息、较高自主性、鼓励建立非正式社会契约、招聘具备团队协作能力的员工、以强化团队协作能力为培训初衷、以群体标准进行绩效评价和发放薪酬、注重团队设计对组织内专有性知识的传递。

（二）外取型人力资源管理系统与外取型人力资本关系检验结果

以外取型人力资源管理系统为自变量，以外取型人力资本为因变量，用结构方程模型进行回归。其中，外取型人力资源管理系统的测量项目是 7 个，外取型人力资本的测量项目是 5 个。EHRMS 到 EHC 的路径系数为 0.77，达到 0.001 的显著水平，说明外取型人力资源管理系统对外取型人力资本的正向影响非常显著。因此，支持假设 H4b。

在成本减少战略下，企业需要实施特定的人力资源管理系统才能形成符合成本减少战略的战略人力资本。以外取型人力资源管理系统为自变量，以外取型人力资本为因变量，以成本减少战略为调节变量，构建结构方程模型。外取型人力资源管理系统的测量项目是 7 个，外取型人力资本的测量项目是 5 个，成本减少战略的测量项目是 3 个。从结果可以看出，在成本减少战略对外取型人力资源管理系统与外取型人力资本关系的调节作用模型中，EHRMS × CS 到 EHC 的路径系数为 -0.17，达到 0.001 的显著水平，说明成本减少战略对外取型人力资源管理系统与外取型人力资本关系的调节作用非常显著。因此，支持假设 H5b。调节效应图 6-17 表明，对于采用成本领先战略的企业，外取型人力资源管理系统对外取型人力资本的影响较小。因此，成本减少战略对外取型人力资源管理系统与外取型人力资本的关系起着反向调节作用。

研究结果表明，成本减少战略与外取型人力资本以及外取型人力资源管理系统是匹配的，当企业实施成本减少战略时，实施外取型人力资源管理系统的企业，为了降低人员成本，比较重视人力资本的价值性开发，而不重视人力资本的稀缺性、难以模仿性与组织性开发。在知识方面，企业重视员工显性知识的可编码性、存储性与重复性利用，即观念性知识与通用性知识；在技能方面，为了节约劳动力成本并降低次品率，企业会倾向于使用在劳动力市场中具备较低技术水平但熟练性较强的员工，即动作技能；在能力方面，企业注重员工的执行能力与业务能力。实施外取型人力资源管理系统，主要注重节约大量高价值人力资本的开发成本，包括详细的人员需求规划、强调甄选的招募，招聘测验强调是否具备当前所需技术、低开发成本高招聘成本的内部雇用、基于市场制定旨在维护互利关系的公正合理的薪酬和福利制度、基于成本的工作轮换，较低自主性、较低参与机会，有抱怨解决机制、有员工建议机制；注重广泛和全面的甄选程序、侧重于员工更加遵守规则和法规、员工的薪酬和奖励基于市场工资、设计员工的薪酬和奖励时要确保员工之间的公平、员工的薪酬和奖励主要集中在短期绩效、企业的绩效评价依据客观和量化的结果、企业允许少量员工参与绩效目标设定与评价。

五 战略人力资本与企业持续竞争优势关系以及外部环境的调节作用关系检验结果

（一）内开型人力资本与企业持续竞争优势关系检验结果

以内开型人力资本为自变量，以企业持续竞争优势为因变量，用结构方程模型进行回归。内开型人力资本的测量项目是 7 个，企业持续竞争优势的测量项目是 9 个。IHC 到 SCA 的路径系数为 0.68，达到 0.001 的显著水平，说明内开型人力资本对企业持续竞争优势的正向影响非常显著。因此，支持假设 H6a。

技术环境在内开型人力资本与企业持续竞争优势关系中的调节作用，以内开型人力资本为自变量，以企业持续竞争优势为因变量，以技术环境为调节变量，构建结构方程模型。内开型人力资本的测量项目是 7 个，企业持续竞争优势的测量项目是 9 个，技术环境的测量项目是 4 个。在技术环境对内开型人力资本与企业持续竞争优势关系的调节作用模型中，IHC × TE 到 SCA 的路径系数为 - 0.01，达到 0.001 的显著水平，说明技术环境对内开型人力资本与企业持续竞争优势的关系具有显著的反向调节作用。因此，支持假设 H7a。从调节效应图 6 - 24 可以看出，对于高技术环境动态性的企业，内开型人力资本对企业持续竞争优势的影响较小，对于低技术环境动态性的企业，内开型人力资本对企业持续竞争优势的影响较大。因此，技术环境对内开型人力资本与企业持续竞争优势的关系起着反向调节作用。

市场环境在内开型人力资本与企业持续竞争优势关系中的调节作用，以内开型人力资本为自变量，以企业持续竞争优势为因变量，以市场环境为调节变量，构建结构方程模型。内开型人力资本的测量项目是

7 个，企业持续竞争优势的测量项目是 9 个，市场环境的测量项目是 3 个。在市场环境对内开型人力资本与企业持续竞争优势关系的调节作用模型中，IHC×ME 到 SCA 的路径系数为 - 0.27，达到 0.001 的显著水平，说明市场环境对内开型人力资本与企业持续竞争优势的关系具有显著的反向调节作用。因此，支持假设 H8a。从调节效应图 6 - 27 中可以看出，对于低市场环境动态性的企业，内开型人力资本对企业持续竞争优势的影响较大，对于高市场环境动态性的企业，内开型人力资本对企业持续竞争优势的影响较小。因此，市场环境对内开型人力资本与企业持续竞争优势的关系起着反向调节作用。

政策环境在内开型人力资本与企业持续竞争优势关系中的调节作用，以内开型人力资本为自变量，以企业持续竞争优势为因变量，以政策环境为调节变量，构建结构方程模型。内开型人力资本的测量项目是 7 个，企业持续竞争优势的测量项目是 9 个，政策环境的测量项目是 3 个。在政策环境对内开型人力资本与企业持续竞争优势关系的调节作用模型中，IHC×SE 到 SCA 的路径系数为 - 0.29，$P = 0.330$ 不显著，说明政策环境对内开型人力资本与企业持续竞争优势关系的调节作用不成立。因此，不支持假设 H9a。从调节效应图 6 - 30 中可以看出，两条直线呈平行趋势，说明政策环境对内开型人力资本与企业持续竞争优势的关系不存在调节作用。

从研究结果可以看出，内开型人力资本对企业持续竞争优势具有正向影响。技术环境和市场环境对内开型人力资本与企业持续竞争优势的关系具有反向调节作用。政策环境对内开型人力资本与企业持续竞争优势的关系没有调节作用。技术进步将使社会对企业生产的产品或服务的需求不断发生变化，进而为企业提供有利的发展机会，但也可能对企业造成威胁。在科学技术飞速发展的时代，谁最先拥有了先进的技术，谁就占领了市场。因此，在高技术环境动态性的外部环境下，如果员工技能的专业化和深度跟不上发展，企业势必会失去竞争优势。因此，技术环境对内开型人力资本与企业持续竞争优势的关系具有反向调节作用。

市场环境包括需求因素、竞争因素、价格因素等，这些因素都会影响企业的发展。一个地区的需求在很大程度上影响了企业的发展。同时，竞争因素也起到了很大的作用，竞争是市场经济的基本规律，有竞争力的企业在市场上处于有利地位。原材料的价格因素也是影响企业发展的一个重要原因。因此，市场环境对内开型人力资本与企业持续竞争优势的关系具有反向调节作用。从研究结果来看，政策环境对内开型人力资本与企业持续竞争优势关系的调节作用并不大。这是因为，在企业的发展过程中，政府的宏观调控虽然对企业的发展起到了很大的作用，但是企业的发展更需要政府对其投资决策等进行引导，政府通过制定财政、产业、税收、金融、贸易等相关政策解决资金问题，同时通过制定法律为企业营造公平的发展环境。这些政策环境对企业整体战略的制定有比较大的影响，但在员工方面，政策环境和内开型人力资本与企业持续竞争优势的关系的关联度不是很大。因此，不支持假设 H9a。

（二）外取型人力资本与企业持续竞争优势关系检验结果

以外取型人力资本为自变量，以企业持续竞争优势为因变量，用结构方程模型进行回归。其中，外取型人力资本的测量项目是 5 个，企业持续竞争优势的测量项目是 9 个。EHC 到 SCA 的路径系数为 0.62，达到 0.001 的显著水平，说明外取型人力资本对企业持续竞争优势的正向影响非常显著。因此，支持假设 H6b。

技术环境在外取型人力资本与企业持续竞争优势关系中的调节作用，以外取型人力资本为自变量，以企业持续竞争优势为因变量，以技术环境为调节变量，构建结构方程模型。外取型人力资本的测量项目是 5 个，技术环境的测量项目是 4 个，企业持续竞争优势的测量项目是 9 个。在技术环境对外取型人力资本与企业持续竞争优势关系的调节作用模型中，EHC × TE 到 SCA 的路径系数为 −0.64，$P = 0.730$，不显著，说明技术环境对外取型人力资本与企业持续竞争优势关系的调节作用不成立。因此，不支持假设 H7b。从调节效应图 6 − 35 中可以看出，两条直线呈平行趋势，说明技术环境对外取型人力资本与企业持续竞争优势的关系不存在调节作用。

市场环境在外取型人力资本与企业持续竞争优势关系中的调节作用，以外取型人力资本为自变量，以企业持续竞争优势为因变量，以市场环境为调节变量，构建结构方程模型。外取型人力资本的测量项目是5个，企业持续竞争优势的测量项目是9个，市场环境的测量项目是3个。在市场环境对外取型人力资本与企业持续竞争优势关系的调节作用模型中，EHC × ME 到 SCA 的路径系数为 − 0.50，达到 0.001 的显著水平，说明市场环境对外取型人力资本与企业持续竞争优势的关系具有显著的反向调节作用。因此，支持假设 H8b。从调节效应图 6 − 38 可以看出，对于低市场环境动态性的企业，外取型人力资本对企业持续竞争优势的影响较大，对于高市场环境动态性的企业，外取型人力资本对企业持续竞争优势的影响较小。因此，市场环境对外取型人力资本与企业持续竞争优势的关系起着反向调节作用。

政策环境在外取型人力资本与企业持续竞争优势关系中的调节作用，以外取型人力资本为自变量，以企业持续竞争优势为因变量，以政策环境为调节变量，构建结构方程模型。外取型人力资本的测量项目是5个，企业持续竞争优势的测量项目是9个，政策环境的测量项目是3个。在政策环境对外取型人力资本与企业持续竞争优势关系的调节作用模型中，EHC × SE 到 SCA 的路径系数为 − 0.48，$P = 0.440$，不显著，说明政策环境对外取型人力资本与企业持续竞争优势关系的调节作用不成立。因此，不支持假设 H9b。从调节效应图 6 − 41 可以看出，两条直线呈平行趋势，说明政策环境对外取型人力资本与企业持续竞争优势的关系不存在调节作用。

从研究结果来看，外取型人力资本对企业持续竞争优势具有正向影响，但外取型人力资本对企业持续竞争优势的影响比内开型人力资本的影响小。当企业采用不同的战略时，恰当的人力资源管理系统将有助于企业持续竞争优势的提升。但是不同的系统与不同的战略契合形成的战略人力资本对企业持续竞争优势的影响程度不同。这是因为内开型人力资本具备价值性、稀缺性、不可模仿性。内开型人力资源管理系统更加注重对员工个体知识、技能和能力的开发。实施差异化战略的企业能够比竞争者更好地掌握某些资源或能力并且能够比竞争者更好地运用这些能力，它可以使企业不断地创造新的优势资源，进而获得持续竞争优势。而实施成本减少战略的企业，为了降低人员成本，比较重视人力资本的价值性开发，而忽视人力资本的稀缺性、难以模仿性与组织性开发。外取型人力资源管理系统适用于雇佣关系比较简单、技术含量低的组织，但是这种系统很容易被企业模仿，进而使竞争优势消失。市场环境对外取型人力资本与企业持续竞争优势的关系具有反向调节作用，技术环境和政策环境对外取型人力资本与企业持续竞争优势的关系没有调节作用。同样，市场环境包括需求因素、竞争因素、价格因素等。这几个因素在很大程度上影响了企业的发展。因此，市场环境对外取型人力资本与企业持续竞争优势的关系具有调节作用。在内开型人力资本与企业持续竞争优势的关系中，技术环境具有调节作用，但是在外取型人力资本与企业持续竞争优势的关系中，调节作用并不明显，这是因为，外取型人力资本更关注员工的观念性知识、通用性知识、动作技能、业务能力、执行能力，企业更加注重缩减成本，对技术研发等方面的投入并不大，更多的是从市场直接招聘所需员工。因此，不支持假设 H7b。从研究结果来看，同样，政策环境对外取型人力资本与企业持续竞争优势关系的调节作用并不显著，和内开型人力资本相一致，在企业的发展过程中，政府的宏观调控虽然对企业的发展起到了很大的作用，企业的发展更需要政府对其投资决策等进行引导，政府通过制定财政、产业、税收、金融、贸易等相关政策，解决资金问题，同时通过制定法律为企业营造公平的发展环境。这些政策环境对企业整体战略的制定有很大影响，但在员工方面，政策环境与外取型人力资本和企业持续竞争优势的关系的关联度不是很大。因此，不支持假设 H9b。

六　战略人力资本中介作用检验结果

（一）内开型人力资本在内开型人力资源管理系统与企业持续竞争优势关系中的中介作用

以内开型人力资源管理系统为自变量，以企业持续竞争优势为因变量，以内开型人力资本为中介变量，构建结构方程模型。其中，内开型人力资源管理系统的测量项目是 8 个，企业持续竞争优势的测量项目是 9 个，内开型人力资本的测量项目是 7 个。经过检验，内开型人力资本在内开型人力资源管理系统与企业持续竞争优势关系中起到了部分中介作用，支持假设 H10a。中介效应占总体效应的比例接近 42.84%。

研究结果表明，内开型人力资源管理系统、内开型人力资本、企业持续竞争优势之间都存在显著的相关性。其中，内开型人力资本是一个重要的中介因素。内开型人力资源管理系统对增强企业的内开型人力资本进而提高企业持续竞争优势有非常积极的作用。采取差异化战略的企业，通过内开型人力资源管理系统的实践可以提升与差异化战略需求匹配的人力资本水平，从而达到提高企业持续竞争优势的目的。内开型人力资本的特点包括员工的专有性知识、心智技能、知识技能、创新能力、组织学习能力。这种人力资本可给企业带来比较高的持续竞争优势。基于这些特点，内开型人力资源管理系统更加注重"内部开发"，注重开发员工的创造性和能动性，并且注重对企业所需的人力资本进行长期培育，注重企业要给予员工更大的工作自主权和发展空间。内开型人力资源管理系统的企业给员工更大的发展空间，以长期培养的观点来对待员工，注重通过培训培养员工能力，增强信息的流通和共享程度从而培养员工对企业的忠诚度，进而产生长期贡献。例如，按照个体需求为员工提供针对性的培训、薪酬激励要与员工实际工作能力相匹配、与员工加强沟通和知识共享、加强组织学习并提升组织学习能力、不断培养员工对企业的忠诚度，进而达到育人、留人的目的。内开型人力资源管理系统培育的员工会具备明确的自我需求导向，高教育水平，高知识、技能和能力等特点，员工也更注重个人发展规划和个人价值的不断实现。

（二）外取型人力资本在外取型人力资源管理系统与企业持续竞争优势关系中的中介作用

以外取型人力资源管理系统为自变量，以企业持续竞争优势为因变量，以外取型人力资本为中介变量，构建结构方程模型。其中，外取型人力资源管理系统的测量项目是 7 个，企业持续竞争优势的测量项目是 9 个，外取型人力资本的测量项目是 5 个。经过检验，外取型人力资本在外取型人力资源管理系统与企业持续竞争优势关系中起到了部分中介作用，支持假设 H10b。中介效应占总体效应的比例接近 24.20%。

同样，研究结果表明，外取型人力资源管理系统、外取型人力资本、企业持续竞争优势之间都存在显著的相关性，其中，外取型人力资本是一个重要的中介因素。外取型人力资源管理系统对增强企业的外取型人力资本进而提高企业持续竞争优势有非常积极的作用。当企业采用成本减少战略时，企业实行外取型人力资源管理系统。成本减少战略倾向于工作效率和成本最小化。致力于标准化程序和严格控制的企业最适合采用外取型人力资源管理系统，在招聘时主要关注企业所需的技能，通过外取型人力资源管理系统，员工具有外取型人力资本特征，即员工的观念性知识、通用性知识、动作技能、业务能力、执行能力都有所提高，进而给企业带来持续竞争优势。

从两个中介模型中介效应占总体效应的百分比来看，采取差异化战略的企业与采取成本减少战略的企业相比，内开型人力资本的中介作用更大。这个实证结果有力地说明，随着经济全球化进程的日益加快，企业中有形的物质资本已经不是起决定作用的资本形式，对于企业获取持续竞争优势而言，企业通过培训、薪酬激励等方式注重对员工个人知识、技能和能力的培育，通过这种"内部获取"的方式更易获得具有高稀缺性、不可模仿性以及不可替代性的人力资本，其在企业面临激烈的外部竞争时，起到了更加重要的支撑作用。

第七章　提升企业战略人力资本的
对策建议

第一节　不同竞争战略下企业所需的人力资本
特征要有所差异和侧重

一　以差异化战略为导向的内开型人力资本培育

在全球化竞争日益激烈的情境下，企业面临的技术环境、市场环境、政策环境不断发生改变，企业的战略目标也需随之不断调整。差异化战略和成本减少战略所需的战略人力资本特征不同，差异化战略下内开型人力资本与之匹配。两种人力资本的知识形态、技能形态和能力形态各不相同。差异化战略下，内开型人力资本更加注重员工的专有性知识、心智技能、知识技能、创新能力、组织学习能力，这种人力资本可为企业带来持续竞争优势，企业要注重人力资本的"内部开发"。例如，注重对员工多样化培训的投资，注重建立新型员工关系、满足员工需求，关注知识型员工，进行知识管理，建立员工职业发展通道，结合企业发展战略和员工成长目标为员工提供充足的晋升机会和广阔的职业发展空间。差异化战略下，倡导"以人为本"的企业人力资源管理价值观，通过培育、留用、激励等人力资源管理实践不断提升员工的人力资本价值，使其为企业贡献有价值的力量。

二　以成本减少战略为导向的外取型人力资本获取

成本减少战略下外取型人力资本与之匹配。外取型人力资本注重员工的通用性知识、动作技能、执行能力等，可以为企业节约更多的人力成本。成本减少战略下，企业更加注重人力资本的"外部获取"。需要建立起高效的规模化生产设施，以员工经验为基础降低成本，人力资源管理实践注重加强对成本与管理费用的有效控制，以及最大限度地减少研究与开发、服务、推销等方面的费用成本。在招聘时企业更加关注所需员工的现有岗位技能、业务能力。企业通过人力资源管理系统有效地控制人力资源成本，使企业在经营活动中实现最大的效益和产出。

第二节　依据企业竞争战略采用与之匹配的人力资源管理

一　以差异化战略为导向的人力资源管理

战略目标的不断改变对企业人力资源管理实践提出了更高的要求，不同的竞争战略所需的企业人力资源管理实践也不同。企业采用差异化战略时，主要是争取在产品或服务等方面比竞争对手有更好的独到之处来满足顾客的需求，从而取得市场竞争优势。此类企业强调产品的设计与创新，与之匹配的人力资源管理实践应突出体现创新性和差异化。因此，采用差异化战略的企业对员工的知识、技能、能力要求较高。

培训与开发是差异化战略中人力资源管理实践的重要职能。采用差异化战略的企业注重提高员工的知识、技能和能力，要求更多地关注员工的技能提高和掌握关键技术的员工的稳定性，主要通过培训与开发来实现。例如，设计多样化培训，加强对员工研究能力、创造能力的开发，培养具备创造性思维和分析能力的优秀的研发队伍，为员工提供提高现有技能的机会。同时，此种人力资源管理方式也使员工在劳动力市场上具有更强的竞争力，提升了员工的个人价值和企业的竞争力。

留住员工是差异化战略中人力资源管理实践的重要目标。由于产品的差异化或者创新过程依赖员工个体的专业知识、技能、能力和创造性，而员工的离职可能会给企业带来致命的损失，因此这一战略下的人力资源管理的重点在于提高员工的知识、技能和能力以及如何留住员工。留住人才则需要多种人力资源管理活动的支持，包括薪酬激励要与员工实际工作能力相匹配、健全的晋升制度的建立、福利计划的完善、适当的工作指导、注重个人发展规划和个人价值的不断实现等。同时，要为员工创新提供支持，即在时间、场所、资源等方面为有创新能力的员工提供足够的支持，使他们有发挥自己才能、实现自己价值的机会。这类创新型员工一般素质较高，因此可以在其工作所涉及的范围内赋予他们更大的自主处理权，让员工自主管理，调动员工的积极性，便于员工进行创新性的工作。

二 以成本减少战略为导向的人力资源管理

当企业采用成本减少战略时，企业主要依靠低成本来取得市场竞争优势，采用这种战略的企业往往处于各种危机之中。此类企业要求员工以更经济的方式工作，主要目的是通过降低每个员工的单位产出成本来提高产量。为配合成本领先战略，企业的人力资源管理应突出强调在招聘、使用、调整等环节的有效性、低成本性和较小的不确定性。

招聘是成本减少战略中人力资源管理实践的重要职能。在招聘方面，成本减少战略要求尽量减少雇佣的员工人数，雇佣兼职人员，进行业务外包，采用自动化等方式。成本减少战略下企业很少强调员工的培训与员工的发展，对员工的培训投入较少，也不强调员工的创新性与创造性，更加注重"外部获取"，对企业所需的员工，更多的是从外部直接招聘而非内部培育，在招聘时更加关注企业所需的员工已有的技能。

降低成本是差异化战略中人力资源管理实践的重要目标。因此，在人力资源管理的实践中，要实现员工的有效性利用、低成本性和较小的不确定性；在薪酬福利方面，要尽量降低工资水平；在其他实践方面也要注重对成本与管理费用的控制。这种战略下的人力资源管理重点在于使员工对企业的战略目标有高度的认同感，认识到成本压缩对企业的重要意义。企业要对能够节省成本的行为给予激励，使员工感到他们在工作中所节省的成本对企业经营的重要性。

第八章　战略人力资本与企业持续竞争优势研究的进一步探索

第一节　创新生态系统中的企业战略人力资本

——创新型人力资本

在党和国家大力推进创新驱动发展战略的时代背景下，我国的创新体系不断完善。2016 年，中共中央、国务院发布了《国家创新驱动发展战略纲要》，提出要"明确企业、科研院所、高校、社会组织等各类创新主体功能定位"，首次以国家纲领性文件的形式将企业和社会组织等主体纳入国家创新体系，这既是对企业作为创新主体身份的认可，也是对企业创新潜力的重视。企业参与创新的深度和广度不断增强。而在经济全球化的市场环境中，企业不仅需要依靠内部资源来实现持续有效创新，还需要根据外部环境的变化有效整合内外部创新资源，这就像处于一个生态系统中，企业对外部环境的依赖程度越来越强。企业竞争优势的提升越来越依赖其所处的由企业、科研院所、高校、社会组织等各类创新主体形成的创新生态系统。企业作为创新生态系统中关键的创新引导者与促进者，通过推动自身以及其他合作主体的创新能力开发，促进整个生态系统创新能力的提升，是创新生态系统的内在动力。围绕企业创新边界及其创新生态系统的研究也逐渐成为学术界广泛讨论的焦点和创新理论研究范式的新方向（梅亮等，2014；张省，2018）。

　　在创新生态系统中，企业处于核心层，是推动突破性创新和持续性创新的内在动力的源头。企业层面的创新生态系统可基于战略管理理论、资源基础论、动态能力理论三个不同的理论进行论述。基于战略管理理论的视角认为，创新生态系统强调产业和资源对于企业获取竞争优势的影响，创新生态系统中成员与环境之间的影响不同于自然生态系统，当市场规律和政府政策的外部环境变化时，其调节能力远远强于自然生态系统，规模大的企业还能对环境施加影响，当环境发生改变时，企业迅速做出相应战略调整（冉奥博和刘云，2014）。基于资源基础论的视角认为，创新生态系统的要素本身属于企业资源范畴，创新生态系统的竞争优势反映在资源的属性以及生态系统与环境的共生关系之中（Pucci et al.，2018）。基于动态能力理论的视角认为，组织持续的竞争优势不仅要求具备难以复制的资源，还要求具备难以模仿的动态能力（Huang et al.，2019）。企业可以不断从内外环境中获取有价值的信息并提升知识吸收与开发能力。基于动态能力理论的企业与企业间、企业与其他实体组织间的合作与创新可以塑造创新生态系统。

　　在2015年"两会"期间，习近平总书记指出"人才是创新的根基，创新驱动实质上是人才驱动"，体现了创新人才在实施创新驱动发展战略中的重要支撑作用，要实现创新驱动，必须突出人才的引领作用。赵曙明（2001）指出，在新的全球经济中，企业的竞争能力将越来越多地依赖于企业所能表现出来的创新能力。因为资金、技术等资源能够很迅速地被竞争对手乃至潜在竞争者所模仿，所以其成为竞争优势的可能性越来越小，而人力资本由于是蕴含在员工中的知识和能力，有着很强的背景和路径依赖性，竞争对手很难对其进行模仿，因而成为企业的生存之道及核心竞争力。由此，创新生态系统中，企业以创新为目标导向，对其战略人力资本提出了更高的要求。部分学者提出了"创新型人力资本"这一构念。如吴淑娥等（2013）将具有创新动机和创新能力的人力资本命名为创新型人力资本，认为其载体是处于职位上升期、工资相对较低、知识模块逻辑性强但关联少、知识系统惰性低的员工。

创新生态系统中，企业战略人力资本的价值生成不仅要从企业内部
人力资源管理实践的视角进行研究，也要对企业所处的外部环境加以考
量，对基于创新生态系统视角下的战略人力资本（创新型人力资本）
进行研究。创新生态系统已经打破了组织的边界，企业与创新生态系统
中科研院所、高校、社会组织等各类创新主体形成网络联系，不断提升
创新型人力资本价值，进而提升企业的创新能力。企业需要拥有一批具
有多层次、多领域知识能力结构的高水平的创新型人力资本，需要通过
知识、人才、技术和资本等纽带形成复杂的价值网络，加强知识存储能
力，求得竞合共生，不断适应创新生态系统。创新生态系统概念的提出
及其理论的发展是创新理论发展的里程碑，有利于对战略人力资本进行
更加深入的研究，对提高企业创新能力具有重要的理论意义和实践价值。

第二节　创新生态系统视角下知识管理、社会资本 互动对企业创新能力提升的影响机制研究

创新生态系统中，企业创新能力的提升不但借力于社会资本的积
累，也借力于知识管理将企业的知识资源进行有效的整合。知识资源是
创新生态系统的核心要素，创新的本质在于企业、高校、科研机构等创
新主体知识资源的有效融合。然而，作为一个社会化过程，创新主体间
知识转移往往建立在双方互动的基础之上，因此，企业所拥有的社会资
本是影响其从其他创新主体处获取知识资源的一个重要因素，创新生态
系统中企业的内外部社会资本的积累影响着企业知识的获取、共享、转
化、整合和创新。创新生态系统中企业的知识管理与社会资本的互动对
创新型人力资本价值的生成以及企业创新能力的提升具有重要的推动作
用。创新生态系统中，企业有效盘活自身潜在的内外部社会资本并进行
有效的知识管理是提升创新能力、保持企业持续竞争优势的关键。创新
生态系统视角下知识管理、社会资本互动对企业创新能力提升的影响机

233

制模型如图 8 - 1 所示。

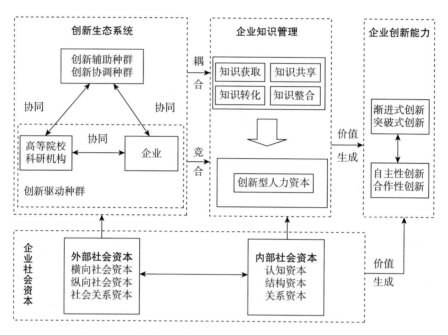

**图 8 - 1 创新生态系统视角下知识管理、社会资本互动对
企业创新能力提升的影响机制模型**

自然界的生态系统由生物种群和无机环境组成，创新生态系统亦如此。创新种群是创新生态系统构成的最主要因素，创新生态系统内多主体间合作促进自身、其他合作主体以及系统整体创新能力的提升。在创新活动中不同种群所发挥的作用不同，按照其在创新活动中所发挥的不同作用，创新种群主要包括创新驱动种群、创新协调种群、创新辅助种群。其中，创新驱动种群包括高等院校、科研机构、企业等创新主体，创新辅助种群包括投资机构、中介机构、行业协会等，创新协调种群包括政府机构等。创新生态系统中不同的种群互动合作，形成一个竞合共生、动态演化的复杂开放系统。

随着创新生态系统的演化，企业的创新能力借力于创新生态系统的资源整合机制、能力集成机制、协同创新机制等得到不断提升。企业的社会资本分为内部社会资本和外部社会资本，外部社会资本指企业与外部利益相关者之间基于各种关系所形成的社会资本。企业通过外部社会资本的作用，与创新生态系统中其他创新主体的网络关系进行联系，获取外部创新知识。将外部的知识通过整理、加工，形成适合企业发展的知识，是企业获取知识的有效途径，也是知识管理的逻辑起点。外部社会资本包括纵向社会资本、横向社会资本和社会关系资本。纵向社会资本指的是企业通过价值链与供应商、客户等利益相关者建立的纵向关系网络，横向社会资本是企业与行业竞争对手、战略联盟以及社会网络中其他企业建立的横向关系网络，社会关系资本是企业与公共组织、市场中介、行业协会、科研机构、政府机构等建立的社会关系网络。企业获取有效的知识资源后，通过知识管理与内部社会资本互动，实现知识获取、知识共享、知识转化、知识整合以及知识创新。企业内部社会资本主要包括企业内部管理者与员工个人之间的关系以及不同部门之间的关系所形成的社会资本，包括结构资本、关系资本和认知资本。关系资本是企业成员因某种联系而形成的网络关系，结构资本是指企业与企业间以及企业内部的认同感、信念以及责任与义务是否一致，认知资本是指企业内部共同的语言和法则。知识共享、转化、整合是知识创新的重要手段和驱动力，也是实现知识价值升华的催化剂。企业知识管理的最终目标是知识的创新，企业通过知识的获取、共享、转化、整合，为企业知识创新提供资源。企业由于连锁效应、模仿效应的存在，也会产生知识溢出，企业知识溢出使企业创新知识流入创新生态系统，形成创新生态系统知识流动的闭环。在创新生态系统中，企业与创新生态系统中的其他创新主体相互依赖，通过外部的社会资本获取外部知识资源。企业在内部通过社会资本和知识管理的互动效应促进知识资源在企业内部的共享、转化、整合、创新，形成创新型人力资本，进而实现创新驱动战略下企业战略人力资本的价值积累和更新以及企业创新能力的提升。

参考文献

安智宇、程金林，2009，《人力资源管理对企业绩效影响的实证研究——组织学习视角的分析》，《管理工程学报》第 3 期。

包宇航、于丽英，2017，《创新生态系统视角下企业创新能力的提升研究》，《科技管理研究》第 6 期。

蔡莉、尹苗苗，2009，《新创企业学习能力、资源整合方式对企业绩效的影响研究》，《管理世界》第 10 期。

曾萍、宋铁波、蓝海林，2011，《环境不确定性、企业战略反应与动态能力的构建》，《中国软科学》第 12 期。

陈国权、陈子栋，2017，《个体主动性人格对学习能力影响的实证研究》，《技术经济》第 4 期。

陈建勋，2010，《不同维度下高层变革型领导行为影响效果的实证研究》，《经济科学》第 1 期。

陈云云、方芳、张一弛，2009，《高绩效 HRM 与员工绩效的关系：人力资本投资意愿的作用》，《经济科学》第 5 期。

陈志辉，2005，《中小企业家人力资本与绩效关系实证分析》，《科学学与科学技术管理》第 7 期。

程德俊、赵曙明，2006，《高参与工作系统与企业绩效：人力资本专用性和环境动态性的影响》，《管理世界》第 3 期。

代明、钟宇钰，2017，《技术资本对企业财务绩效的影响——基于智力资本效率系数的实证研究》，《科技管理研究》第 14 期。

邓少军、焦豪、冯臻，2011，《复杂动态环境下企业战略转型的过程机制研究》，《科研管理》第 1 期。

邓学芬、黄功勋、张学英、周继春，2012，《企业人力资本与企业绩效关系的实证研究——以高新技术企业为例》，《宏观经济研究》第 1 期。

方润生、李垣、冯进路，2002，《管理层人力资本结构的变化对企业绩效的影响》，《科研管理》第 6 期。

高素英、张艳丽、刘兵，2014，《人力资源管理系统与战略人力资本关系研究——竞争战略的调节作用》，《科学学与科学技术管理》第 10 期。

高素英、赵曙明、张艳丽，2011，《人力资源管理实践与企业绩效：基于动态环境的实证研究》，《管理学报》第 7 期。

高素英、赵曙明、张艳丽，2012，《战略人力资本与企业竞争优势关系研究》，《管理评论》第 5 期。

高素英、周建，2010，《战略人力资本管理：揭开人力资源和绩效关系的"黑箱"》，《中国社会科学报》，3 月 4 日。

郭金林、郭瑶玥，2009，《基干企业持续竞争优势的战略人力资本理论初探》，《辽宁工程技术大学学报》（社会科学版）第 1 期。

韩寅，2008，《创新生态视角下技术资本化机制研究》，《科技进步与对策》第 12 期。

何会涛、彭纪生，2008，《人力资源管理实践对创新绩效的作用机理研究——基于知识管理和组织学习视角的整合框架》，《外国经济与管理》第 8 期。

何建武，2017，《论企业竞争战略中的人力资源管理的变革》，《武汉商学院学报》第 5 期。

何悦桐、卢艳秋，2011，《战略柔性对企业创新的影响分析》，《科研管理》第 10 期。

黄芳铭，2005，《结构方程模式：理论与应用》，中国税务出版社。

纪晓丽、周兴驰，2012，《高新企业的战略人力资源管理契合、人力资源管理效能与企业组织绩效的关系研究》，《软科学》第 11 期。

加里·贝克尔，2007，《人力资本理论》，中信出版社。

蒋建武、赵曙明，2011，《人力资源管理实践差异与企业员工创造力影响机理》，《改革》第 9 期。

李仕明、肖磊、萧延高，2007，《新兴技术管理研究综述》，《管理科学学报》第 6 期。

李书玲、韩践、张一弛，2006，《员工的素质能力在 HPWS 与企业竞争优势关系中的中介作用研究》，《经济科学》第 5 期。

李新建、李懿、魏海波，2017，《组织化人力资本研究探析与展望——基于战略管理的视角》，《外国经济与管理》第 1 期。

李雪峰、蒋春燕，2011，《战略人力资源管理与企业绩效：不正当竞争与政府支持的调节作用》，《管理世界》第 8 期。

李妍、丁莹莹，2018，《创新生态系统下知识管理对企业创新绩效的影响及启示》，《天津大学学报》（社会科学版）第 1 期。

李永周、谭园、张金霞，2011，《企业异质型人力资本的体验性特征及应用研究》，《中国软科学》第 12 期。

廖忠祥，2003，《知识型企业的人力资本投资机制研究》，《科研管理》第 6 期。

林新奇、丁贺，2017，《人力资源管理强度对员工创新行为影响机制研究——一个被中介的调节模型》，《软科学》第 12 期。

刘钢、何丹薇，2012，《创业企业组织变革过程中的人力资源管理策略——基于动态竞争视角的案例研究》，《中国人力资源开发》第 3 期。

刘善仕、刘婷婷、刘向阳，2007，《人力资源管理系统、创新能力与组织绩效关系——以高新技术企业为例》，《科学学研究》第 4 期。

刘善仕、姚凯、巫郁华，2005，《打造电信运营企业高绩人力资源管理系统》，《科技管理研究》第 12 期。

刘善仕、周巧笑、黄同圳、刘学，2008，《企业战略、人力资源管理系统与企业绩效的关系研究》,《中国管理科学》第 3 期。

刘善仕、周巧笑、晁罡,2005,《高绩效工作系统与组织绩效:中国连锁行业的实证研究》,《中国管理科学》第 1 期。

刘云、石金涛,2009,《组织创新气氛与激励偏好对员工创新行为的交互效应研究》,《管理世界》第 10 期。

马小勇、牛东晓,2009,《企业知识管理能力高标定位研究》,《科学学与科学技术管理》第 8 期。

迈克尔·A. 希特、C. 切特·米勒、安瑞妮·科勒拉,2008,《组织行为学:基于战略的方法》,冯云霞、笪鸿安、陈志宏译,机械工业出版社。

毛娜、宋合义、谭乐,2010,《环境、战略、人力资源管理的相互作用及对绩效的影响》,《科学学与科学技术管理》第 1 期。

梅亮、陈劲、刘洋,2014,《创新生态系统:源起、知识演进和理论框架》,《科学学研究》第 12 期。

苗慧、宋典,2010,《市场型和培育型战略人力资源管理模式对企业绩效影响的实证研究——基于人力资本属性的探讨》,《科技进步与对策》第 14 期。

倪嘉成、李华晶、林汉川,2018,《人力资本、知识转移绩效与创业企业成长——基于互联网情境的跨案例研究》,《研究与发展管理》第 1 期。

邱立成、刘文军,2005,《战略国际人力资源管理——一个简单的分析框架》,《中国人力资源开发》第 4 期。

权圣容、吴贵生、格佛海,2012,《不确定环境下多元化战略对企业绩效的影响——以韩国企业集团为例》,《科研管理》第 3 期。

冉奥博、刘云,2014,《创新生态系统结构、特征与模式研究》,《科技管理研究》第 23 期。

施杨、李南,2011,《国外高绩效人力资源实践:理论回顾、分析与展望》,《管理评论》第 10 期。

宋萌、王震、张华磊，2017，《领导跨界行为影响团队创新的内在机制和边界条件：知识管理的视角》，《管理评论》第 3 期。

宋志强、葛玉辉、梁丹，2013，《企业高管团队人力资本与内部权力配置关系研究》，《预测》第 2 期。

苏方国、赵曙明，2003，《系统化人力资源实践与企业竞争优势》，《外国经济与管理》第 2 期。

覃大嘉、杨颖、刘人怀、李亚、江峰，2018，《技能员工的创新、承诺与离职：被中介的调节模型》，《管理科学》第 2 期。

唐贵瑶、陈琳、陈扬、刘松博，2019，《高管人力资源管理承诺、绿色人力资源管理与企业绩效：企业规模的调节作用》，《南开管理评论》第 4 期。

唐贵瑶、陈扬、于冰洁、魏立群，2016，《战略人力资源管理与新产品开发绩效的关系研究》，《科研管理》第 11 期。

唐未兵、傅元海、王展祥，2014，《技术创新、技术引进与经济增长方式转变》，《经济研究》第 7 期。

田立法，2017，《最佳人力资源管理实践、组织氛围强势与企业绩效关系研究》，《管理工程学报》第 2 期。

王朝晖，2009，《人力资源管理与组织绩效关系：基于 AMO 理论的分析》，《当代经济管理》第 2 期。

王海花、谢富纪、周嵩安，2014，《创新生态系统视角下我国实施创新驱动发展战略的"四维"协同框架》，《科技进步与对策》第 17 期。

王莉娜、张国平，2018，《信息技术、人力资本和创业企业技术创新——基于中国微观企业的实证研究》，《科学学与科学技术管理》第 4 期。

王少国、潘恩阳，2018，《企业创新与人力资本积累互动机制研究》，《经济社会体制比较》第 1 期。

王侠、吴价宝，2016，《人力资源管理、组织学习和组织绩效三者间关系的实证研究》，《中国管理科学》第 1 期。

王晓文、张玉利、杨俊，2012，《基于能力视角的创业者人力资本与新创企业绩效作用机制研究》，《管理评论》第 4 期。

王重鸣，1990，《心理学研究方法》，人民教育出版社。

温忠麟、侯杰泰、马什赫伯特，2003，《潜变量交互效应分析方法》，《心理科学进展》第 5 期。

吴坤津、刘善仕、彭娟，2013，《家长式人力资源管理研究述评》，《外国经济与管理》第 3 期。

吴明隆，1990，《问卷统计分析实务——SPSS 操作与应用》，重庆大学出版社。

吴淑娥、黄振雷、仲伟周，2013，《人力资本一定会促进创新吗——基于不同人力资本类型的经验证据》，《山西财经大学学报》第 9 期。

肖静华、宛小伟、谢康，2011，《企业人力资源管理质量评价模型及实证分析》，《管理评论》第 8 期。

邢周凌，2009，《承诺型人力资源管理系统与组织绩效的关系研究——基于中部六省高校的实证分析》，《管理评论》第 21 期。

许海峰、陈国宏，2012，《基于资源与能力观的企业竞争优势提升路径选择及趋势分析》，《中国管理科学》第 S1 期。

颜彦，2018，《开放经济环境下提升企业人力资本竞争力在职培训研究》，《中国成人教育》第 8 期。

杨浩、刘佳伟，2015，《最佳人力资源管理实践与企业绩效的关系研究》，《科研管理》第 S1 期。

杨俊祥、和金生，2013，《知识管理内部驱动力与知识管理动态能力关系研究》，《科学学研究》第 2 期。

袁朋伟、董晓庆、翟怀远、冯群，2018，《共享领导对知识员工创新行为的影响研究——知识分享与团队凝聚力的作用》，《软科学》第 1 期。

袁勇志、何会涛、彭纪生，2010，《承诺型人力资源实践与知识共享的作用机制研究——组织内社会资本中介作用的实证检验》，《科学学与科学技术管理》第 1 期。

韵江、刘立，2006，《创新变迁与能力演化：企业自主创新战略——以中国路明集团为案例》，《管理世界》第 12 期。

张伯伦，1961，《垄断竞争理论》，商务印书馆。

张德，2008，《组织行为学》（第 3 版），高等教育出版社。

张瑞娟、孙健敏，2014，《创新导向人力资源管理实践：结构和测量》，《中国人力资源开发》第 23 期。

张瑞娟，2016，《创新导向人力资源管理实践如何影响组织创新：创新氛围和组织结构特征的作用》，《中国人力资源开发》第 15 期。

张省，2018，《创新生态系统理论框架构建与案例研究》，《技术经济与管理研究》第 5 期。

张一弛、李书玲，2008，《高绩效人力资源管理与企业绩效：战略实施能力的中介作用》，《管理世界》第 4 期。

张正堂，2006，《人力资源管理活动与企业绩效的关系：人力资源管理效能中介效应的实证研究》，《经济科学》第 2 期。

张正堂、刘宁，2005，《战略性人力资源管理及其理论基础》，《财经问题研究》第 4 期。

赵曙明、白晓明，2016，《创新驱动下的企业人才开发研究——基于人力资本和生态系统的视角》，《华南师范大学学报》（社会科学版）第 5 期。

赵曙明、高素英、耿春杰，2011，《战略国际人力资源管理与企业绩效关系研究——基于在华跨国企业的经验证据》，《南开管理评论》第 1 期。

赵曙明、孙秀丽，2016，《中小企业 CEO 变革型领导行为、战略人力资源管理与企业绩效——HRM 能力的调节作用》，《南开管理评论》第 5 期。

赵曙明，2001，《企业家的人力资本价值》，《中国人力资源开发》第 11 期。

周英男、杜鸿雁，2007，《企业技术创新过程中的知识产权战略选择模型》，《科学学研究》第 S2 期。

朱伟民，2009，《战略人力资源管理与企业知识创造能力：对科技型企业的实证研究》，《科学学研究》第 8 期。

朱焱、吴盈，2017，《互联网企业专用性人力资本投资对绩效的影响》，《会计之友》第 5 期。

Abdul, A. B. A., Abdul, S. H. A., Manal, A., 2017, "Competitive Advantage Based on Human Capital and Its Impact on Organizational Sustainability: Applied Study in Jordanian Telecommunications Sector", *Journal of Management and Sustainability* 7（1）：64 – 75.

Alfes, K., Shantz, A. D., Truss, C. et al., 2013, "The Link Between Perceived Human Resource Management Practices, Engagement and Employee Behaviour: A Moderated Mediation Model", *The International Journal of Human Resource Management* 24（2）：330 – 351.

Ansoff, H. I., McDonnell, E. J., 1990, *Implanting Strategic Management*, New York: Prentice Hall.

Arthur, J. B., 1992, "The Link Between Business Strategy and Industrial Relations Systems in American Steel Minimills", *Industrial and Labor Relations Review* 45（1）：488 – 506.

Bae, J., Lawler, J. J., 2000, "Organizational and HRM Strategies in Korea: Impact on Firm Performance in an Emerging Economy", *Academy of Management Journal* 43（3）：502 – 517.

Bai, P. M., Dorenbosch, L., 2015, "Age-related Differences in the Relations Between Individual Ised HRM and Organisational Performance: A Large-scale Employer Survey", *Human Resource Management Journal* 25（1）：41 – 61.

Barney, J. B., 1991, "Firm Resources and Sustained Competitive Advantage", *Journal of Management* 17（1）：99 – 120.

Baron, R. M., Kenny, D. A., 1986, "The Moderator-mediator Variable

Distinction in Social Psychological Research: Conceptual, Strategic and Considerations", *Journal of Personality and Social Psychology* 51 (1): 1173 – 1182.

Barton, L. C., Ambrosini, V., 2013, "The Moderating Effect of Organizational Change Cynicism on Middle Manager Strategy Commitment", *The International Journal of Human Resource Management* 24 (4): 721 – 746.

Batt, R., 2002, "Managing Customer Services: Human Resource Practices, Quit Rates and Sales Growth", *Academy of Management Journal* 45 (3): 587 – 597.

Becker, B. E., Huselid, M. A., 1999, "Overview: Strategic Human Resource Management in Five Leading Firms", *Human Resource Management* 38 (4): 287 – 301.

Becker, B. E., Huselid, M. A., 2006, "Strategic Human Resources Management: Where Do We Go from Here?", *Journal of Management* 32 (6): 898 – 925.

Becker, G. S., 1964, *Human Capital*, New York: National Bureau of Economic Research.

Beeker, B. E., Huselid, M. A., 1998, "Hish Performance Work Systems and Firm Performance: A Synthesis of Research and Managerial Application", *Research in Personnel and Human Resources Management* 16 (1): 53 – 101.

Beltrán-Martín, I., Roca-Puig, V., Escrig-Tena, A. et al., 2008, "Human Resources Flexibility as a Mediating Variable Between High Performance Work Systems and Performance", *Journal of Management* 34 (5): 1009 – 1044.

Bhattacharya, M., Gibson, D. E., Doty, D. H., 2014, "The Effects of Flexibility in Employee Skills, Employee Behaviors, and Human Resource Practices on Firm Performance", *Journal of Management* 31 (4): 622 – 640.

Bock, G. W., Kim, Y. G., 2002, "Breaking the Myths of Rewards: An Exploratory Study of Attitudes About Knowledge Sharing", *Information Resources Management Journal* 15 (2): 14 – 21.

Bock, G. W., Zmud, R. W., Kim, Y. G., 2005, "Intention Formation in Knowledge Sharing: Examining the Roles of Extrinsic Motivators, Social Psychological Forces, and Organizational Climate", *MIS Quarterlv* 29 (1): 87 – 111.

Boselie, P., 2010, *Strategic Human Resource Management: A Balanced Approach*, London: McGraw-Hill.

Boxall, P. F., Purcell, J., 2003, *Strategy and Human Resource Management*, New York: Palgrave Macmillan.

Boxall, P., 2003, "HR Strategy and Competitive Advantage in the Service Sector", *Human Resource Management Journal* 13 (3): 5 – 20.

Brooking, A., 1996, *Intellectual Capital: Core Asset for the Third Millennium*, London: International Thomson Business Press.

Buller, P. F., McEvoy, G. M., 2012, "Strategy, Human Resource Management and Performance: Sharpening Line of Sight", *Human Resource Management Review* 22 (2): 43 – 56.

Carmeli, A., Azeroual, B., 2009, "How Relational Capital and Knowledge Combination Capability Enhance the Performance of Work Units in a High Technology Industry", *Strategic Entrepreneurship Journal* 23 (3): 85 – 103.

Carmeli, A., Tishler, A., 2004, "The Relationships Between Intangible Organizational Elements and Organizational Performance", *Strategic Management Journal* 25 (13): 1257 – 1278.

Chen, C. J., Huang, J. W., 2009, "Strategic Human Resource Practices and Innovation Performance: The Mediating Role of Knowledge Management Capacity", *Journal of Business Research* 62 (1): 104 – 114.

Chen, H. M. , Lin, K. J. , 2003, "The Measurement of Human Capital and Its Effects on the Analysis of Financial Statements", *International Journal of Management* 20 (4): 470 – 478.

Chiang, Y. H. , Shih, H. A. , 2011, "Knowledge-oriented Human Resource Configurations, the New Product Development Learning Process, and Perceived New Product Performance", *The International Journal of Human Resource Management* 22 (15): 3202 – 3221.

Coeurderoy, R. , Durand, R. , 2004, "Leveraging the Advantage of Early Entry: Proprietary Technologies Versus Cost Leadership", *Journal of Business Research* 57 (6): 583 – 590.

Coff, R. , David, K. , Campbell, B. A. , 2012, "Rethinking Sustained Competitive Advantage from Human Capital", *Academy of Management Review* 37 (3): 376 – 395.

Colbert, B. A. , 2004, "The Complex Resource-based View: Implications for Theory and Practice in Strategic Human Resource Management", *Academy of Management Review* 29 (3): 341 – 358.

Coleman, J. S. , 1988, "Social Capital in the Creation of Human Capital", *The American Journal of Sociology* 94 (1): 95 – 120.

Collins, H. M. , 1993, "The Structure of Knowledge", *Social Research* 60 (1): 95 – 116.

Cooke, B. , Macau, F. , Wood, J. T. , 2013, "Brazilian Management Gurus as Reflexive Soft-HRM Practitioners: An Empirical Study", *The International Journal of Human Resource Management* 24 (1): 110 – 129.

Covin, J. G. , Slevin, D. P. , 1989, "Strategic Management of Small Firms in Hostile and Benign Environments", *Strategic Management Journal* 10 (1): 75 – 87.

Datta, D. K. , Guthrie, J. P. , Wright, P. M. , 2005, "Human Resource Management and Labor Productivity: Does Industry Matter?", *Academy of*

Management Journal 48 (1): 135 – 145.

Davenport, T. H., Prusak, L., 1998, *Working Knowledge: How Organizations Manage What They Know*, Boston: Harvard Business School Press.

Delaney, J. T., Huselid, M. A., 1996, "The Impact of Human Resource Management Practices on Perceptions of Organizational Performance", *Academy of Management Journal* 39 (4): 949 – 969.

Delery, J. E., Doty, H. D., 1996, "Modes of Theorizing in Strategic Human Resource Management: Tests of Universalistic, Contingency, and Configurational Performance Predictions", *Academy of Management Journal* 39 (4): 802 – 835.

Delery, J. E., Shaw, J. D., 2005, "The Strategic Management of People in Work Organizations: Review, Synthesis, and Extension", *Research in Personnel and Human Resources Management* 20 (3): 165 – 197.

DeSaá-Pérez, P., GarcÍa-FalcÓn, J. M., 2002, "A Resource-based View of Human Resource Management and Organizational Capabilities Development", *The International Journal of Human Resource Management* 13 (1): 123 – 140.

Devanna, M. A., Fombrum, C., Tichy, N. et al., 1982, "Strategic Planning and Human Resource Management", *Human Resource Management* 21 (1): 11 – 17.

Diericks, I., Cool, K., 1989, "Asset Stock Accumulation and Sustainability of Competitive Advantage", *Management Science* 35 (12): 1504 – 1511.

Dutta, S., Narasimhan, O., Rajiv, S., 2005, "Conceptualizing and Measuring Capability: Methodology and Empirical Application", *Strategic Management Journal* 26 (2): 277 – 285.

Dyer, L., Reeves, T., 1995, "HR Strategies and Firm Performance: What Do We Know and Where Do We Need to Go", *International Journal of Human Resource Management* 6 (3): 656 – 670.

Dyer, L. , 1988, "A Strategic Perspective Human Resource Management: Evolving Role and Responsibility", *Aspa Bna Series* 23 (5): 20 –21.

Edvardsson, I. R. , 2004, "Knowledge Management and HRM Strategies", *Strateigc Human Resource Management* 12 (4): 1 –23.

Eisenhardt, K. M. , Martin, J. A. , 2000, "Dynamic Capabilities: What Are They?", *Strategic Management Journal* 21 (2): 1105 –1121.

Fernandez, E. , Montes, J. M. , Vazquez, C. J. , 2000, "Typology and Strategic Analysis of Intangible Resources: A Resource-based Approach", *Technovation* 20 (2): 81 –92.

Fornell, C. , Larcker, D. F. , 1981, "Structural Equation Models with Unobservable Variables and Measurement Error: Algebra and Statistics", *Journal of Marketing Research* 18 (3): 382 –388.

Gao, S. , Zhao, S. M. , Peng, X. Y. , 2009, "Empirical Study on the Relationship Between Human Capital and Firm Performance", Proceedings of 2009 International Conference on Human Resource, *Organizational Behavior and Leadership Science*: 100 –103.

García-Carbonell, N. , Martín-Alcázar, F. , Sanchez-Gardey, G. , 2018, "Determinants of Building Consistent Human Resources Management Systems: A Focus on Internal Communication International", *Journal of Manpower* 39 (3): 354 –377.

Gardner, H. K. , Gino, F. , Staats, B. R. , 2012, "Dynamically Integrating Knowledge in Teams: Transforming Resources into Performance", *Human Resource Management Review* 55 (4): 998 –1022.

Gary, L. , 2012, "What We Know and What We Would Like to Know About Human Resource Management Certification", *Human Resource Management Review* (22): 269 –270.

Gilman, M. , Raby, S. , 2013, "National Context as a Predictor of High-performance Work System Effectiveness in Small-to-medium-sized Enterprises（SMEs）: A UK-french Comparative Analysis", *The International Journal of Human Resource Management* 24（2）: 372－390.

Grant, R. M. , 1996, "Prospering in Dynamically Competitive Environments: Organizational Capability as Knowledge Integration", *Organization Science* 7（4）: 375－387.

Grant, R. M. , 1991, "The Resource-based Theory of Competitive Advantage", *California Management Review* 33（3）: 114－135.

Greer, C. R. , Lusch, R. F. , Hitt, M. A. A. , 2017, "Service Perspective for Human Capital Resources: A Critical Base for Strategy Implementation", *Academy of Management Perspectives* 31（2）: 137－158.

Guadamillas, F. , Donate, M. J. , Pablo, J. D. S. , 2008, "Knowledge Management for Corporate Entrepreneurship and Growth: A Case Study", *Knowledge and Process Management* 15（1）: 32－44.

Guglieliemino, M. , 1979, "Developing the Top-level Executive for the 1980's and Beyond", *Training and Development* 23（9）: 12－14.

Gurbuz, S. , Mert, I. S. , 2011, "Impact of the Strategic Human Resource Management on Organizational Performance: Evidence from Turkey", *The International Journal of Human Resource Management* 22（8）: 1803－1822.

Guthrie, J. P. , Flood, P. C. , Liu, W. C. , MacCurtain, S. , 2009, "High Performance Work Systems in Ireland: Human Resource and Organizational Outcomes", *The International Journal of Human Resource Management* 20（1）: 112－125.

Guthrie, J. P. , Olian, J. D. , 1991, "Does Context Affect Staffing Decisions? The Case of General Managers", *Personnel Psychology* 44（2）: 263－292.

Hambrick, D. C. , 1983, "High Profit Strategies in Mature Capital Goods Industries : A Contingency Approach", *Academy of Management Journal* 26（4）: 687－707.

Han, J. , Chou, P. , Chao, M. et al. , 2006, "The HR Competencies-HR

Effectiveness Link: A Study in Taiwanese High-tech Companies", *Human Resources Management* 45 (3): 391 – 406.

Hanedaa, S., Itob, K., 2018, "Organizational and Human Resource Management and Innovation: Which Management Practices Are Linked to Product and/or Process Innovation?", *Research Policy* (47): 194 – 208.

Hansen, M. T., Nohria, N., Tierney, T., 1999, "What's Your Strategy for Managing Knowledge?", *Harvard Business Review* 34 (4): 1 – 10.

Harvey, G., Williams, K., Probert, J., 2013, "Greening the Air Line Pilot : HRM and the Green Performance of Airlines in the UK", *The International Journal of Human Resource Management* 24 (1): 152 – 166.

Hatch, N. W., Dyer, J. H., 2004, "Human Capital and Learning as a Source of Sustainable Competitive Advantage", *Strategic Management Journal* 25 (12): 1155 – 1178.

Hayton, J. C., 2003, "Strategic Human Capital Management in SMEs: An Empirical Study of Entrepreneurial Performance", *Human Resource Management* 42 (4): 375 – 391.

Hedlund, G., 1994, "Model of Knowledge Management and the N-form Corporation", *Strategic Management Journal* 15 (2): 73 – 90.

Helfat, C. E., Finkelstein, S., Mitchell, W. et al., 2007, *Dynamic Capabilities: Understanding Strategic Change in Organizations*, Blackwell: London.

Henderson, R., Cockburn, I., 1996, "Measuring Competence? Exploring Effect in Pharmaceutical Research", *Strategic Management Journal Winter Special Issue* 15 (1): 63 – 84.

Hitt, M. A., Bierman, L., Shimizu, K. et al., 2001, "Direct and Moderating Effects of Human Capital on Strategy and Firm Performance: A Resource-based Perspective", *Academy of Management Journal* 44 (1): 13 – 28.

Hitt, M. A. , Miller, C. C. , Colella, A. , 2008, 《组织行为学——基于战略的方法》, 冯云霞、笪鸿安、陈志宏译, 机械工业出版社。

Hoffman, N. P. , 2000, "An Examination of the 'Sustainable Competitive Advantage' Concept: Past, Present, and Future", *Academy of Marketing Science Review* 38 (4): 23 –48.

Hsu, I. C. , Lin, C. Y. Y. , Lawler, J. J. et al. , 2007, "Toward a Model of Organizational Human Capital Development: Preliminary Evidence from Taiwan", *Asia Pacific Business Review* 13 (2): 251 –275.

Huang, H. , Chen, J. , Yu, F. et al. , 2019, "Establishing the Enterprises Innovation Ecosystem Based on Dynamics Core Competence—The Case of China's High-speed Railway", *Emerging Markets Finance & Trade* 55 (4): 843 –862.

Huang, J. Q. , 2001, "The Research of the Relationship Between Human Resources Management System and Organizational Performance: The Configurational Theory Perspective", *Zhongshan Management Review* 8 (3): 511 –536.

Huang, L. C. , Ahlstrom, D. , Lee, A. Y. P. , 2016, "High Performance Work Systems, Employee Well-being and Job Involvement: An Empirical Study", *Personnel Review* 45 (2): 296 –314.

Huselid, M. A. , 1995, "The Impact of Human Resource Management Practices on Turnover, Productivity, and Corporate Financial Performance", *Academy of Management Journal* 38 (3): 635 –672.

Ignacio, D. V. , Miguel, A. S. C. , 2009, "Human Capital and Sustainable Competitive Advantage: An Analysis of the Relationship Between Training and Performance", *International Entrepreneurship and Management Journal* 5 (2): 139 –163.

Inmaculada, M. T. , Alberto, A. C. , James, P. G. , 2009, "High Performance Work Systems and Export Performance", *The International*

Journal of Human Resource Management 20 (3): 633 – 653.

Jackson, S. C. , Schuler, R. S. , Rivero, J. C. , 1989, "Organizational Characteristics as Predictors of Personnel Practices", *Personnel Psychology* 42 (4): 727 – 786.

Jiang, J. W. , Wang, S. , Zhao, S. M. , 2012, "Does HRM Facilitate Employee Creativity and Organizational Innovation? A Study of Chinese Firms", *The International Journal of Human Resource Management* 23 (19): 4025 – 4047.

Jiang, K. F. , David, P. L. , Jia, H. et al. , 2012, "How Does Human Resource Management Influence Organizational Outcomes? A Meta-analytic Investigation of Mediating Mechanisms", *Academy of Management Journal* 55 (6): 1264 – 1294.

Kaiser, H. F. , 1974, "An Index of Factorial Simplicity", *Psychometrika* 39 (1): 31 – 36.

Kamoche, K. , Kahindi, A. N. , 2012, "Knowledge Appropriation and HRM: The MNC Experience in Tanzania", *The International Journal of Human Resource Management* 23 (14): 2854 – 2873.

Kamoche, K. , 1996, "Strategic Human Resources Management Within a Resource-capability View of the Firm", *Journal of Management Studies* 33 (2): 213 – 233.

Kanter, R. , 1985, "Supporting Innovation and Venture Development in Established Corporations", *Journal of Business Venturing* 1 (1): 47 – 60.

Katou, A. A. , Budhwar, P. S. , 2010, "Testing Competing HRM-performance Linkage Models: Evidence from the Greek Manufacturing Sector", *European Journal of International Management* 4 (1): 464 – 487.

Katz, R. L. , 1955, "Skill of an Effective Administrator", *Harvard Business Review* 52 (5): 90 – 102.

Kianto, A. , Sáenz, J. , Aramburu, N. , 2017, "Knowledge-based Human

Resource Management Practices, Intellectual Capital and Innovation", *Journal of Business Research* (81): 11 – 20.

Kim, A., Lee, C., 2012, "How Does HRM Enhance Strategic Capabilities? Evidence from the Korean Management Consulting Industry", *The International Journal of Human Resource Management* 23 (1): 126 – 146.

Kogut, B., 2000, "The Network as Knowledge: Generative Rules and the Emergence of Structure", *Strategic Management Journal* 21 (1): 405 – 425.

Koike, K., 1997, *Training of Japan's Corporate Human Resources*, Tokyo: Chuo-koron-sha.

Kor, Y. Y., Leblebici, H., 2005, "How Do Interdependencies Among Human-capital Deployment, Development, and Diversification Strategies Affect Firms' Financial Performance?", *Strategic Management Journal* 26 (10): 967 – 985.

Lado, A. A., Wilson, M. C., 1994, "Human Resource Systems and Sustained Competitive Advantage: A Competency-based Perspective", *Academy of Management Review* 19 (4): 699 – 727.

Latham, G., 2012, "What We Know and What We Would Like to Know about Human Resource Management Certification", *Human Resource Management Review* 22 (4): 269 – 270.

Ledford, J. R. G. E., 1995, "Paying for the Skills, Knowledge, and Competencies of Knowledge Workers", *Compensation Benefits Review* 27 (4): 55 – 62.

Lengnick-Hall, C. A., Beck, T. E., Lengnick-Hall, M. L., 2011, "Developing a Capacity for Organizational Resilience through Strategic Human Resource Management", *Human Resource Management Review* 21 (3): 243 – 255.

Lengnick-Hall, C. A., Lengnick-Hall, M. L., 1988, "Strategic Human Resources Management: A Review of the Literature and a Proposed Typology", *Academy of Management Review* 13 (3): 454 – 470.

Lengnick-Hall, C. A., Lengnick-Hall, M. L., 2006, "HR, ERP, and Knowledge for Competitive Advantage", *Human Resource Management* 45 (2): 179 – 194.

Lepak, D. P., Shaw, J. D., 2008, "Strategic HRM in North America: Looking to the Future", *The International Journal of Human Resource Management* 19 (8): 1486 – 1499.

Lepak, D. P., Snell, S. A., 2002, "Examining the Human Resource Architecture: The Relationships Among Human Capital, Employment, and Human Resource Configurations", *Journal of Management* 28 (4): 517 – 543.

Lepak, D. P., Snell, S. A., 1999, "The Human Resource Architecture: Toward a Theory of Human Capital Allocation and Development", *Academy of Management Review* 24 (1): 31 – 48.

Lepak, D. P., Takeuchi, S., Snell, S. A., 2003, "Employment Flexibility and Firm Performance: Examining the Interaction Effects of Employment Mode, Environmental Dynamism and Technological Intensity", *Journal of Management* 29 (5): 681 – 703.

Li, X. B., Frenkel, S. J., Sanders, K., 2011, "Strategic HRM As Process: How HR System and Organizational Climate Strength Influence Chinese Employee Attitudes", *The International Journal of Human Resource Management* 22 (9): 182 – 184.

Lin, C. Y., Kuo, T. H., 2007, "The Mediate Effect of Learning and Knowledge on Organizational Performance", *Industrial Management & Data Systems* 107 (7): 1066 – 1083.

Lin, H. C., Shih, C. T., 2008, "How Executive SHRM System Links to Firm Performance: The Perspectives of Upper Echelon and Competitive Dynamics", *Journal of Management* 34 (5): 853 – 881.

Liu, W., Lepak, D. P., Takeuchi R. et al., 2003, "Matching Leadership

Styles with Employment Modes: Strategic Human Resource Management Perspective", *Human Resource Management Review* 13 (1): 127 –152.

Lopez-Cabrales, A., Perez-Luno, A., Vabrera, R. V., 2009, "Knowledge as a Mediator Between HRM Practices and Innovative Activity", *Human Resource Management* 48 (4): 485 –503.

MacDuffie, J. P., 1995, "Human Resource Bundles on Manufacturing Performance: Organizational Logic and Flexible Production Systems in the World Auto Industry", *Industrial and Labor Relations Reviews* 48 (2): 197 –221.

Macky, K., Boxall, P., 2008, "High-involvement Work Processes, Work Intensification and Employee Well-being: A Study of New Zealand Worker Experiences", *Asia Pacific Journal of Human Resources* 46 (1): 38 –55.

Martell, K., Caroll, S. J., 1995, "How Strategic is HRM?", *Human Resource Management* 34 (2): 253 –267.

Martin, G., Gollan, P. J., 2012, "Corporate Governance and Strategic Human Resources Management in the UK Financial Services Sector: The Case of the RBS", *The International Journal of Human Resource Management* 23 (16): 3295 –3314.

Mason, G., 1999, "The Labour Market for Engineering, Science and IT Graduates: Are There Mismatches Between Supply and Demand", *Research Report* 12 (2): 22 –56.

McEvily, S. K., Chakravarthy, B., 2002, "The Persistence of Knowledge-based Advantage: An Empirical Test for Product Performance and Technological Knowledge", *Strategic Management Journal* 23 (4): 285 –305.

McGuirk, H., Lenihan, H., Hart, M., 2015, "Measuring the Impact of Innovation Human Capital on Small Firms' Propensity to Innovate", *Research Policy* 44 (4): 965 –976.

Medina, C. C., Cabrales, A. L., Cabrera, R. V., 2011, "Leveraging the Innovative Performance of Human Capital through HRM and Social Capital in Spanish Firms", *The International Journal of Human Resource Management* 22 (4): 807 – 828.

Meier, M., 2011, "Knowledge Management in Strategic Alliances: A Review of Empirical Evidence", *International Journal of Management Review* 13 (1): 1 – 23.

Miles, R. E., Snow, C. C., Meyer, A. D. et al., 1978, "Organizational Strategy, Structure and Process", *The Academy of Management Review* 3 (3): 546 – 562.

Miles, R. E., Snow, C. C., 1984, "Designing Strategic Human Resource Systems", *Organizational Dynamics* 13 (1): 36 – 52.

Milliken, F. J., 1987, "Three Types of Perceived Uncertainty about the Environment: State, Effect, and Response Uncertainty", *Academy of Management Review* 12 (1): 133 – 143.

Moingeon, B., Ramanantsoa, B., Metais, E. et al., 1998, "Another Look at Strategy-structure Relationships: The Resource-based View", *Europe Management Journal* 16 (3): 297 – 305.

Morris, S. S., Snell, S. A., 2007, "Relational Archetypes, Organizational Learning, and Value Creation: Extending the Human Resource Architecture", *Academy of Management Review* 32 (1): 236 – 256.

Mueller, F., 1996, "Human Resources as Strategic Assets: An Evolutionary Resource-based Theory", *Journal of Management Studies* 33 (6): 757 – 785.

Murray, P., 2003, "Organizational Learning, Competencies, and Firm Performance: Empirical Observations", *The Learning Organization* 10 (5): 305 – 316.

Newbert, S. L., 2008, "Value, Rareness, Competitive Advantage, and Performance: A Conceptual-level Empirical Investigation of the Resource-based View of the Firm", *Strategic Management Journal* 29 (7): 745 - 768.

Nickson, D. P. , Baum, T. G. , Losekoot, E. et al. , 2002, "Skills, Organizational Performance and Economic Activity in the Hospitality Industry: A Literature Review", *Economic and Social Science Research Council*, *Working Paper*.

Nonaka, I. , 1994, "A Dynamic Theory of Organizational Knowledge Creation", *Organization Science* 5 (1): 14 - 37.

Odd, N. , 1993, *Human Capital in Organizations: Competence, Training, and Learning*, Oslo and New York: Scandinavian University Press.

Ordaz, C. C. , Cruz, J. G. , Ginel, E. S. et al. , 2011, "The Influence of Human Resource Management on Knowledge Sharing and Innovation in Spain: The Mediating Role of Affective Commitment", *The International Journal of Human Resource Management* 22 (7): 1442 - 1463.

Pennings, J. M. , Lee, K. , Witteloostuijn, A. V. , 1998, "Human Capital, Social Capital, and Firm Dissolution", *Academy of Management Journal* 41 (4): 425 - 440.

Pereira, C. M. M. , Gomes, J. F. S. , 2012, "The Strength of Human Resource Practices and Transformational Leadership: Impact on Organizational Performance", *The International Journal of Human Resource Management* 23 (2): 4301 - 4318.

Peteraf, M. A. , Barney, J. B. , 2003, "Unraveling the Resource-based Tangle", *Managerial and Decision Economics* 24 (4): 309 - 323.

Peteraf, M. A. , 1993, "The Cornerstones of Competitive Advantage: A Resource-based View", *Strategic Management Journal* 14 (3): 179 - 191.

Pfeffer, J. , 1995, "Producing Sustainable Competitive Advantage through the Effective Management of People", *Academy of Management Executive* 9 (1): 55 - 69.

Ployhart, R. E. , Iddekinge, C. H. V. , Mackenzie, J. W. I. , 2011, "Acquiring and Developing Human Capital in Service Contexts: The Interconnectedness of Human Capital Resources", *Academy of Management Journal* 54 (2): 353 – 368.

Ployhart, R. E. , Moliterno, T. P. , 2011, "Emergence of the Human Capital Resource: A Multilevel Model", *Academy of Management Review* 36 (1): 127 – 150.

Ployhart, R. E. , 2015, "Strategic Organizational Behavior (Strobe): The Missing Voice in the Strategic Human Capital Conversation", *Academy of Management Perspectives* 29 (3): 342 – 356.

Porter, M. E. , 1980, *Competitive strategy*, New York: The Free Press.

Pucci, T. , Runfola, A. , Guercini, S. et al. , 2018, "The Role of Actors in Interactions Between 'Innovation Ecosystem', Drivers and Implications", *IMP Journal* 12 (2): 333 – 345.

Richardson, G. B. , 1972, "The Organization of Industry", *Economic Journal* 82 (1): 883 – 896.

Ridder, H. G. , Baluch, A. M. , Piening, E. P. , 2013, "The Whole Is More Than the Sum of Its Parts? How HRM Is Configured in Nonprofit Organizations and Why It Matters", *Human Resource Management Review* 22 (5): 1 – 14.

Roos, J. , Roos, G. , Edvinsson, L. et al. , 1998, *Intellectual Capital: Navigating in the New Business Landscape*, New York: New York University Press.

Schuler, R. S. , Jackson, S. E. , 1989, "Determinants of Human Resource Management Priorities and Implications for Industrial Relations", *Journal of Management* 15 (2): 89 – 99.

Schuler, R. S. , Jackson, S. E. , 1987, "Linking Competitive Strategies with Human Resource Management Practice", *Academy of Management*

Executive 1（3）：207 – 219.

Schuler, R. S., 1992, "Strategic Human Resource Management: Linking People the Business", *Organizational Dynamics* 21（1）：18 – 32.

Schultz, T. W., 1961, "Investment in Human Capital", *American Economic Review* 51（1）：1 – 17.

Selvarajan, T. T., Ramamoorthy, N., Flood, P. C. et al., 2007, "The Role of Human Capital Philosophy in Promoting Firm Innovativeness and Performance: Test of a Casual Model", *International Journal of Human Resource management* 18（8）：1456 – 1470.

Shih, H. A., Chiang, Y. H., Hsu, C. C., 2006, "Can High Performance Work Systems Really Lead to Better Performance?", *International Journal of Manpower* 27（8）：741 – 763.

Simons, T., Pelted, L. H., Smith, K. A., 1999, "Making Use of Difference: Diversity, Debate, and Decision Comprehensiveness in Top Management Teams", *Academy of Management Journal* 42（6）：662 – 673.

Singh, S., Darwish, T. K., Anderson, N., 2012, "Strategic Intent, High Performance HRM, and the Role of the HR Director: An Investigation into Attitudes and Practices in the Country of Jordan", *The International Journal of Human Resource Management* 23（14）：3027 – 3044.

Skaggs, B. C., Youndt, M., 2004, "Strategic Positioning, Human Capital, and Performance in Service Organizations: A Customer Interaction Approach", *Strategic Management Journal* 25（1）：85 – 99.

Smith, K. G., Collins, C. J., Clark, K. D., 2005, "Existing Knowledge, Knowledge Creation Capability, and the Rate of New Product Introduction in High-technology Firms", *Academy of Management Journal* 48（2）：346 – 357.

Snell, S. A., Dean, J. W., 1992, "Integrated Manufacturing and Human Resource Management: A Human Capital Perspective", *Academy of Man-*

agement Journal 35 (3): 467 – 504.

Straub, D. W., 1989, "Validating Instruments in MIS Research", *MIS Quarterly* 13 (2): 147 – 169.

Subramony, M. A., 2009, "Meta-analytic Investigation of the Relationship Between HRM Bundles and Firm Performance", *Human Resource Management* 48 (5): 745 – 768.

Sun, L. Y., Pan, W., 2011, "Differentiation Strategy, High-performance Human Resource Practices, and Firm Performance: Moderation by Employee Commitment", *The International Journal of Human Resource Management* 22 (15): 3068 – 3079.

Susana, P. L., Jose Manuel, M. P., Camilo Jose, V. O., 2005, "Human Resource Practices, Organizational Learning and Business Performance", *Human Resource Development International* 8 (2): 147 – 164.

Swart, J., 2006, "Intellectual Capital: Disentangling an Enigmatic Concept", *Journal of Intellectual Capital* 7 (2): 136 – 159.

Takeuchi, R., Chen, G., Lepak, D. P., 2009, "Through the Looking Glass of a Social System: Cross-level Effects of High Performance Work Systems on Employees' Attitudes", *Personnel Psychology* 62 (1): 1 – 29.

Teo, S. T. T., Clerc, M. L., Galang, M. C., 2011, "Human Capital Enhancing HRM Systems and Frontline Employees in Australian Manufacturing SMEs", *The International Journal of Human Resource Management* 22 (12): 2522 – 2538.

Thite, M., 2004, "Strategic Positioning of HRM in Knowledge-based Organizations", *The Learning Organization* 11 (1): 28 – 44.

Tsui, A. S., Pearce, J. L., Porter, L. W. et al., 1997, "Alternative Approaches to the Employee-organization Relationship: Does Investment in Employees Pay Off?", *Academy of Management Journal* 40 (5): 1089 – 1121.

Valle, R. , Martin, F. , Romero, P. M. et al. , 2000, "Business Strategy, Work Processes and Human Resource Training: Are They Congruent", *Journal of Organizational Behavior* 21 (3): 283 – 297.

Visser, M. , 2010, "Configurations of Human Resource Practices and Battlefield Performance: A Comparison of Two Armies", *Human Resource Management Review* (20): 340 – 349.

Waldman, D. A. , Ramirez, G. G. , House, R. J. et al. , 2001, "Does Leadership Matter? CEO Leadership Attributes and Profitability under Conditions of Perceived Environmental Uncertainty", *Academy of Management Journal* 44 (1): 134 – 143.

Wang, C. Y. P. , Jaw, B. S. , Tsai, C. H. C. , 2012, "Building Dynamic Strategic Capabilities: A Human Capital Perspective", *The International Journal of Human Resource Management* 23 (6): 1129 – 1157.

Wang, X. L. H. , Yun, Z. , Cullinane, N. , 2015, "How Does the Human Resource Department's Client Relationship Management Impact on Organizational Performance in China? Mediate Effect of Human Capital", *South African Journal of Economic and Management Sciences* 18 (3): 291 – 307.

Way, S. A. , Johnson, D. E. , 2005, "Theorizing About the Impact of Strategic Human Resource Management", *Human Resource Management Review* 15 (1): 1 – 19.

Wei, L. Q. , Liu, J. , Herndon, N. C. , 2011, "SHRM and Product Innovation: Testing the Moderating Effects of Organizational Culture and Structure in Chinese Firms", *The International Journal of Human Resource Management* 22 (1): 19 – 33.

Weigelt, C. , 2009, "The Impact of Outsourcing New Technologies on Integrative Capabilities and Performance", *Strategic Management Journal* 30 (6): 595 – 616.

Werbel, J. D. , DeMarie, S. M. , 2005, "Aligning Strategic Human Resource Management and Person Environment Fit", *Human Resource Management Review* 15 (4): 247 – 262.

Wernerfelt, B. A. , 1984, "Resource-based View of the Firm", *Strategic Management Journal* 5 (2): 171 – 180.

Widener, S. K. , 2004, "An Empirical Investigation of the Relation Between the Use of Strategic Human Capital and the Design of the Management Control System", *Accounting Organization and Society* 29 (3): 377 – 399.

Wright, P. M. , Snell, S. A. , 1998, "Toward a Unifying Framework for Exploring Fit and Flexibility in Strategic Human Resource Management", *Academy of Management Review* 23 (4): 756 – 772.

Wright, P. M. , Dunford, B. B. , Snell, S. A. , 2001, "Human Resources and the Resource-based View of the Firm", *Journal of Management* 27 (6): 701 – 721.

Wright, P. M. , McMahan, G. C. , McWilliams, A. , 1994, "Human Resources and Sustained Competitive Advantage: A Resource-based Perspective", *International Journal of Human Resource Management* 5 (2): 301 – 326.

Wright, P. M. , McMahan, G. C. , 2011, "Exploring Human Capital: Putting 'Human' Back into Strategic Human Resource Management", *Human Resource Management Journal* 21 (2): 93 – 104.

Wright, P. M. , McMahan, G. C. , 1992, "Theoretical Perspectives for Strategic Human Resource Management", *Journal of Management* 18 (2): 295 – 320.

Wright, P. M. , Snell, S. A. , 1991, "Toward an Integrative View of Strategic Human Resource Management", *Human Resource Management Review* 1 (3): 203 – 225.

Yeh, C. C. R., Chen, S. J., 2007, *A Study of Human Resource Investment, Human Capital, and Firm Performance*, Guang Zhou: National Sun Yat-sen University.

Youndt, M. A., Snell, S. A., Dean, Jr. J. W. et al., 1996, "Human Resource Management, Manufacturing Strategy, and Firm Performance", *Academy of Management Journal* 39 (4): 836 –866.

Youndt, M. A., Subramaniam, M., Snell, S. A., 2004, "Intellectual Capital Profiles: An Examination of Investments and Returns", *The Journal of Management Studies* 41 (2): 335 –361.

Youndt M. A., 1998, *Human Resource Management Systems, Intellectual Capital, and Organization Performance*, Philadelphia: Pennsylvania State University.

Zhang, Y. L., Gao, S. Y., Zhang, J., 2011, "Competitive Strategy, Strategic Human Capital and Sustain Competitive Advantage", *Proceedings of* 2011 *International Conference on Management Science & Engineering* 524 –531.

Zhao, S. M., Du, J., 2012, "Thirty-two Years of Development of Human Resource Management in China: Review and Prospects", *Human Resource Management Review* 22 (6): 179 –188.

Zhou, K. Z., Li, C. B., 2012, "Research Notes and Commentaries How Knowledge Affects Radical Innovation: Knowledge Base, Market Knowledge Acquisition, and Internal Knowledge Sharing", *Strategic Management Journal* 33 (3): 1090 –1102.

Zhou, Y., Liu, X. Y., Hong, Y., 2012, "When Western HRM Constructs Meet Chinese Contexts: Validating the Pluralistic Structures of Human Resource Management Systems in China", *The International Journal of Human Resource Management* 23 (19): 3983 –4008.

后 记

在本书即将付梓之际，我无法平静，同时也感慨万千。在本书的撰写过程中，太多的人给予了我无私的帮助。此刻，我心中的千言万语只能凝结成两个字"感谢"。

师泽绵绵，恩深情重，寸草之心难报三春之晖！我特向博士导师高素英教授、博士后导师谢寿光社长致以最崇高的敬意和最衷心的感谢！为了本书的完成，高老师倾注了大量的心血，在选题构思、理论分析、实证研究等各个方面谆谆教导。谢社长高瞻远瞩的学术视野、高尚的师德品行使我耳濡目染，让我在"立学"的同时，也收获了"立身、立业"的人生哲学，受益终身。

感谢社会科学文献出版社副总编辑蔡继辉老师，在蔡老师的鼓励、帮助和支持下，本书才得以出版。蔡老师淡泊低调的处世哲学、谦恭豁达的高尚品格、睿智的见解使我受益匪浅。感谢我的同门田立法师兄、邢会师姐、刘建朝师兄和许龙师弟，以及众位学长学姐、师妹师弟，每每与他们交流，都会碰撞出思想的火花。感谢赵文洪和林洪滨师兄，在论文的调研和访谈中，给予了我大力的支持与帮助。感谢参考文献的作者，他们的研究成果给了我极大的帮助和启迪。感谢调查问卷和访谈的被访者，在本书数据获取中，他们给予了巨大的支持。

感谢我的父母和家人，在本书的写作直至出版过程中，家人的理解和关爱无时无刻不温暖着我，鼓励着我。感谢我的儿子李以默，他的成长带给我无尽的快乐，是我不断前进的动力！

张艳丽

2020 年 7 月

图书在版编目(CIP)数据

战略人力资本与企业持续竞争优势/张艳丽著. --
北京：社会科学文献出版社，2020.8
ISBN 978 - 7 - 5201 - 6601 - 0

Ⅰ.①战… Ⅱ.①张… Ⅲ.①企业 - 人力资本 - 研究
- 中国②企业竞争 - 研究 - 中国 Ⅳ. ①F279.2

中国版本图书馆 CIP 数据核字(2020)第 075156 号

战略人力资本与企业持续竞争优势

著　　者 / 张艳丽

出 版 人 / 谢寿光
责任编辑 / 吴　丹　孙　娜
文稿编辑 / 张春玲

出　　版 / 社会科学文献出版社·皮书研究院(010)59367031
　　　　　　地址：北京市北三环中路甲 29 号院华龙大厦　邮编：100029
　　　　　　网址：www. ssap. com. cn
发　　行 / 市场营销中心 (010) 59367081　59367083
印　　装 / 三河市东方印刷有限公司

规　　格 / 开　本：787mm × 1092mm　1/16
　　　　　　印　张：17.25　字　数：247 千字
版　　次 / 2020 年 8 月第 1 版　2020 年 8 月第 1 次印刷
书　　号 / ISBN 978 - 7 - 5201 - 6601 - 0
定　　价 / 89.00 元

本书如有印装质量问题，请与读者服务中心(010 - 59367028)联系